プリント形式のリアル過去問で本番の臨場感！

鹿児島県公立高等学校

2025年春受験用　解答集

本書は，実物をなるべくそのままに，プリント形式で年度ごとに収録しています。
問題用紙を教科別に分けて使うことができるので，本番さながらの演習ができます。

■ 収録内容

・解答集（この冊子です）

書籍ＩＤ番号，この問題集の使い方，最新年度実物データ，教科別入試データ解析，
解答例と解説，ご使用にあたってのお願い・ご注意，お問い合わせ

・2024（令和６）年度 ～ 2022（令和４）年度　学力検査問題

・リスニング問題音声《オンラインで聴く》　詳しくは次のページをご覧ください。

○は収録あり　年度	'24	'23	'22			
■ 問題（一般入学者選抜）	○	○	○			
■ 解答用紙	○	○	○			
■ 配点	○	○	○			
■ 英語リスニング音声・原稿	○	○	○			

全教科に解説があります

注）問題文等非掲載：2022年度社会の3

資料の非掲載につきまして

著作権上の都合により，本書に収録している過去入試問題の資料の一部を掲載しておりません。ご不便をおかけし，誠に申し訳ございません。

JN132125

教英出版

■ 書籍ＩＤ番号

リスニング問題の音声は，教英出版ウェブサイトの「ご購入者様のページ」画面で，書籍ＩＤ番号を入力してご利用ください。

入試に役立つダウンロード付録や学校情報なども随時更新して掲載しています。

書籍ＩＤ番号　185346

（有効期限：2025年9月30日まで）

【入試に役立つダウンロード付録】

「ラストチェックテスト(標準／ハイレベル)」

「高校合格への道」

【リスニング問題音声】

オンラインで問題の音声を聴くことができます。

有効期限までは無料で何度でも聴くことができます。

■ この問題集の使い方

年度ごとにプリント形式で収録しています。針を外して教科ごとに分けて使用します。①片側，②中央のどちらかでとじてありますので，下図を参考に，問題用紙と解答用紙に分けて準備をしましょう（解答用紙がない場合もあります）。

針を外すときは，けがをしないように十分注意してください。また，針を外すと紛失しやすくなりますので気をつけましょう。

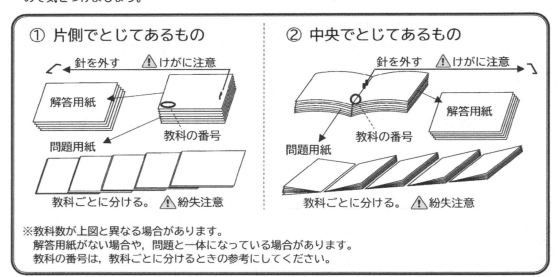

① 片側でとじてあるもの

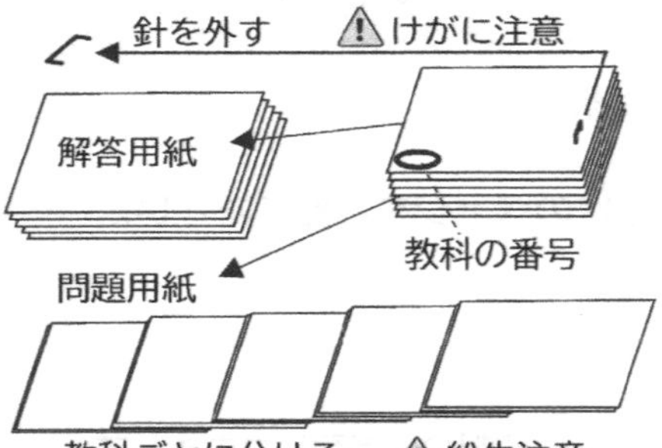

② 中央でとじてあるもの

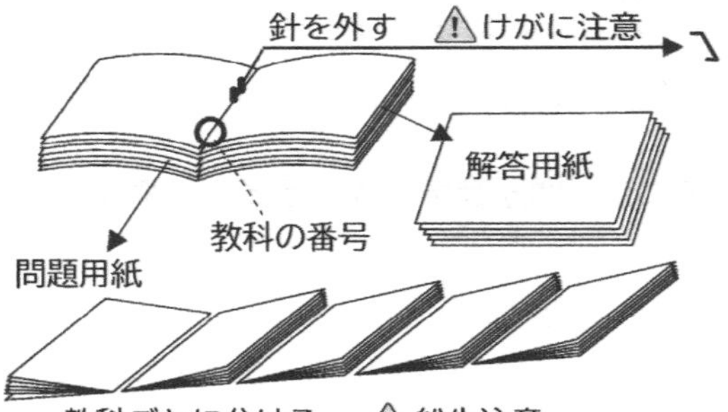

※教科数が上図と異なる場合があります。
解答用紙がない場合や，問題と一体になっている場合があります。
教科の番号は，教科ごとに分けるときの参考にしてください。

■ 最新年度 実物データ

実物をなるべくそのままに編集していますが，収録の都合上，実際の試験問題とは異なる場合があります。実物のサイズ，様式は右表で確認してください。

問題用紙	Ａ４冊子(二つ折り)
解答用紙	Ａ３片面プリント

鹿児島県　公立高校入試データ解析　国語

分野別データ			2024	2023	2022
大問の種類	長文	論説文・説明文・評論	○	○	○
		小説・物語	○	○	○
		随筆・紀行文			
	古文・漢文		○	○	○
	詩・短歌・俳句				
	その他の文章				
	条件・課題作文		○	○	○
	聞き取り				
漢字・語句	漢字の読み書き		○	○	○
	熟語・熟語の構成		○	○	
	部首・筆順・画数・書体		○	○	○
	四字熟語・慣用句・ことわざ				
	類義語・対義語				
文法	品詞・用法・活用				○
	文節相互の関係・文の組み立て				
	敬語・言葉づかい				
文章の読解	長文	語句の意味・補充	○		○
		接続語の用法・補充		○	○
		表現技法・表現の特徴			
		段落・文の相互関係			
		文章内容の理解	○	○	○
		人物の心情の理解	○	○	○
	古文・漢文	歴史的仮名遣い	○	○	○
		文法・語句の意味・知識			
		動作主		○	○
		文章内容の理解	○	○	○
	詩・短歌・俳句				
	その他の文章			○	

形式データ	2024	2023	2022
漢字の読み書き	6	6	6
記号選択	7	7	9
抜き出し	5	5	4
記述	7	6	7
作文・短文	1	1	1
その他			

2025 年度入試に向けて

漢字は，読み書きの問題が３問ずつと，漢字の書体や画数についての問題が１問，毎年出題されている。行書で書かれた漢字の特徴を理解しておこう。古典は，歴史的仮名遣いの問題が毎年出題されているので，確実に正解できるようにしておこう。現代文の問題は，記号を選ぶ問題と記述問題がバランスよく出題されている。記述量の多い問題もあるので，文章中の言葉を使って制限字数内でまとめる練習を繰り返しておこう。

鹿児島県　公立高校入試データ解析　数学

分類		2024	2023	2022
式と計算	数と計算	○	○	○
	文字式	○	○	○
	平方根	○	○	○
	因数分解	○		
	1次方程式	○		
	連立方程式	○	○	
	2次方程式		○	
統計	データの活用	○	○	○
	確率	○	○	○
関数	比例・反比例	○	○	
	1次関数	○	○	○
	2乗に比例する関数	○	○	○
	いろいろな関数			
	グラフの作成			
	座標平面上の図形		○	○
	動点，重なる図形			
図形	平面図形の性質	○	○	○
	空間図形の性質	○	○	○
	回転体			
	立体の切断			
	円周角	○		○
	相似と比	○	○	○
	三平方の定理	○	○	○
	作図	○	○	○
	証明	○	○	○

分類	問題構成	2024	2023	2022
式と計算	小問	[1]1．計算問題等 2．因数分解 3．1次方程式 [2]5．連立方程式の文章問題	[1]1．計算問題等 2．連立方程式 4．位の数 [2]3．2次方程式の文章問題	[1]1．(1)～(3)計算問題 (4)3の倍数の個数 2．等式変形 5．割合
	大問			[5]規則的に並べられた色紙
データの活用	小問	[1]5．標本調査	[1]5．相対度数	
	大問	[3]箱ひげ図等	[3]箱ひげ図等	[2]4．度数分布表
確率	小問	[2]4．6本の棒	[1]3．[4]3(2)	[1]3．箱と玉
	大問			
関数	小問	[2]2．直線，双曲線，放物線の形	[4]1．2．3(1) 座標平面（放物線，直線）	[2]1．変域
	大問	[4]文章問題 1次関数，2乗に比例する関数（道のり，時間，速さ）		[3]座標平面 直線，三角形
図形	小問	[1]4．多角形と角度 [2]1．ねじれの位置 3．作図	[2]1．四角形，正五角形 2．作図	[1]1．(5)三角すい 4．円周角 [2]2．平行四辺形 3．作図
	大問	[5]平面図形 三角形，正三角形，円	[5]平面図形 長方形の折り返し，三角形	[4]平面図形 三角形

2025年度入試に向けて

大問の数は5つで，各大問の出題分野も大きく変わっていないため，対策は立てやすい。ただし，大問4と大問5の最後の小問は難しいので，解ける自信がなければ他の問題の検算を優先した方がよい。素数や有理数，最大公約数などの数に関する問題も出題されるので，用語を理解しておこう。

鹿児島県 公立高校入試データ解析 英語

分野別データ		2024	2023	2022
音声	発音・読み方			
	リスニング	○	○	○
文法	適語補充・選択	○	○	○
	語形変化			
	その他			
英作文	語句の並べかえ			
	補充作文	○	○	○
	自由作文	○	○	○
	条件作文			
読解	語句や文の補充	○	○	○
	代名詞などの指示内容			
	英文の並べかえ			
	日本語での記述	○	○	○
	英問英答	○	○	○
	絵・表・図を選択	○	○	○
	内容真偽	○	○	○
	内容の要約	○	○	○
	その他	○	○	○

形式データ			2024	2023	2022
リスニング	記号選択		5	5	5
	英語記述		3	3	3
	日本語記述				
文法・英作文・読解	読解	会話文	3	3	2
		長文	3	3	3
		絵・図・表	3	3	4
	記号選択		10	12	11
	語句記述		8	7	6
	日本語記述		1	1	1
	英文記述		5	3	4

2025 年度入試に向けて

リスニング問題では，自由作文のような問題が出題される。質問を聞き取る力だけでなく，内容を発想する力と，それを正確に書く力が求められる。
読解問題は読む文量がかなり多い。英文を速く読む力と，内容を日本語で的確に表現する力で差がつく。早めに過去問に取り組むとともに，問題集などで多くの読解問題を解くようにしよう。最初は読むのに時間がかかっても，英文を読むスピードは徐々にあがっていくだろう。

鹿児島県 公立高校入試データ解析 理科

分野別データ		2024	2023	2022
物理	光・音・力による現象	○	○	○
	電流の性質とその利用	○	○	○
	運動とエネルギー	○	○	○
化学	物質のすがた	○		○
	化学変化と原子・分子	○	○	○
	化学変化とイオン	○	○	○
生物	植物の生活と種類	○	○	○
	動物の生活と種類	○	○	○
	生命の連続性と食物連鎖	○	○	○
地学	大地の変化	○	○	○
	気象のしくみとその変化	○		○
	地球と宇宙	○	○	○

形式データ	2024	2023	2022
記号選択	22	19	17
語句記述	13	13	14
文章記述	3	5	4
作図	1	3	3
数値	8	10	9
化学式・化学反応式	1	1	1

2025年度入試に向けて

出題の形式は例年，大問が５題あり，大問１は４つの分野からの小問集合になっていて，大問２～５は４つ分野からそれぞれ２つの大きなテーマを取り上げている。このため，中学校の３年間で学習した内容からまんべんなく出題されているので，苦手な分野・単元がある場合は，その早期克服を目指そう。答えとなる内容は，教科書で学習する内容で十分に対応できるものなので，教科書の確認問題を一通り解き直して，苦手な単元や忘れてしまっている内容がないかを確認するのもよいだろう。

鹿児島県　公立高校入試データ解析　社会

	分野別データ	2024	2023	2022	形式データ	2024	2023	2022
地理	世界のすがた	○	○	○	記号選択	8	6	3
	世界の諸地域 (アジア・ヨーロッパ・アフリカ)	○	○	○	語句記述	3	4	8
	世界の諸地域 (南北アメリカ・オセアニア)	○	○	○	文章記述	4	4	3
	日本のすがた	○	○	○	作図			
	日本の諸地域 (九州・中国・四国・近畿)		○	○	計算			1
	日本の諸地域 (中部・関東・東北・北海道)	○	○	○				
	身近な地域の調査	○	○					
歴史	原始・古代の日本	○	○	○	記号選択	4	3	4
	中世の日本	○	○	○	語句記述	4	7	6
	近世の日本	○	○	○	文章記述	4	3	2
	近代の日本	○	○	○	並べ替え	2	1	2
	現代の日本	○	○	○				
	世界史	○						
公民	わたしたちと現代社会	○	○	○	記号選択	5	4	4
	基本的人権	○	○	○	語句記述	5	4	5
	日本国憲法		○	○	文章記述	3	3	3
	民主政治	○	○	○				
	経済	○	○	○				
	国際社会・国際問題	○		○				

2025年度入試に向けて

記述の形式は，基本的で短いものから，ある程度長い文になるもの，指定語句のあるものなど様々である。キーワードを盛り込んで短くまとめる練習をしたい。地理分野は，複数の資料を比較したり読み取ったりする問題が多い。変化に注意して資料を読み取る練習をしよう。歴史は基本的な問題が出題される。歴史の流れを意識した学習をしたい。公民は，記述問題のレベルが高い。政治経済分野をしっかりと学習しよう。

鹿児島県公立高等学校

《2024　国語　解答例》

1　1．(1)唱　(2)温厚　(3)忠誠　(4)ふか　(5)きゅうかく　(6)すた　　2．十

2　1．ウ　　2．ア　　3．Ⅰ．察する　Ⅱ．聞き手に誤解を与えない　　4．様々なシグナルを通して会話に積極的に関わり、話し手と相互にコミュニケーションを構築することで、人間関係の根幹を支え豊かにする　　5．ウ

3　1．いう　　2．猪のやうなるもの　　3．イ　　4．Ⅰ．どのようなものか見てみたかった
Ⅱ．禍といふもの求めてまいらせよ　Ⅲ．ウ

4　1．エ　　2．Ⅰ．慌てた様子で否定　Ⅱ．いつも通り　Ⅲ．明朗快活な姿は偽りではない　　3．イ→ウ→ア
4．部員の反発を恐れて自分の思いを伝えるかどうかを決められずにいたが、航大の励ましによって、迷いがなくなった様子。

5　〈作文のポイント〉
・最初に自分の主張、立場を明確に決め、その内容に沿って書いていく。
・わかりやすい表現を心がける。自信のない表現や漢字は使わない。
さらにくわしい作文の書き方・作文例はこちら！→https://kyoei-syuppan.net/mobile/files/sakupo.html

《2024　数学　解答例》

1　1．(1)6　(2)$\frac{7}{6}$　(3)$2\sqrt{2}$　(4)8，24，72　(5)イ，エ　　2．$(x-y)(a-b)$
3．160　　4．51　　5．900

2　1．ア　　2．ウ　　3．右図　　4．$\frac{1}{3}$　※5．さつまいも…160　にんじん…80

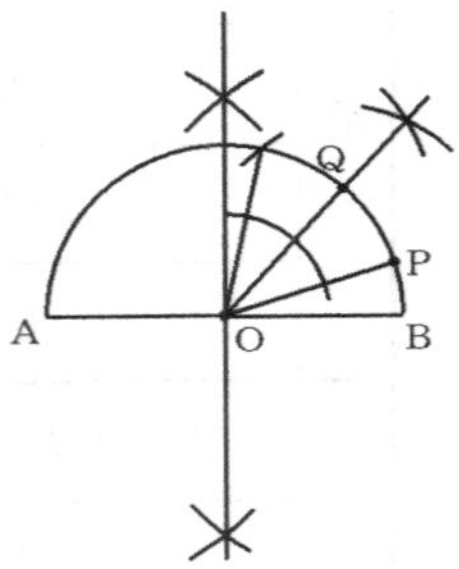

3　1．13.5　　2．ウ，オ　　3．(1)20　(2)9月　理由…20℃は，19℃以上21℃未満の階級に入っており，度数折れ線から9月のほうが10月よりも相対度数が大きいと判断できるから。　　4．①ア　②イ　③ウ　④イ

4　1．イ　　2．5　　3．※(1)$(9+9\sqrt{5})$　(2)4.2

5　1．60　　2．(a)エ　(b)ア　(c)キ　(d)コ　(e)シ　　3．(1)8　※(2)7　(3)49：37

※の方程式と計算過程，求め方は解説を参照してください。

《2024　英語　解答例》

1　1．エ　　2．ア　　3．イ　　4．Friday　　5．ウ→ア→イ→エ　　6．ウ
7．decided to study English every day　　8．I would buy a new big house for my family.

2　1．①ウ　②イ　　2．①umbrella　②uncle　③leave　　3．(1)I went to　(2)I haven't seen　(3)Are they written
4．bought a dog at a pet shop.　Next, I went to a store to buy wood.　Then, I worked hard to make the dog's house.　When I finished making it, I was very happy.

3　Ⅰ．1．エ　2．his friend was absent　3．Cleaning can make us happy　　Ⅱ．1．ア　2．イ　　Ⅲ．ウ

4　1．A．ウ　B．イ　C．ア　　2．A．China　B．heaviest　　3．ウ　　4．save the environment
5．物を作るのに不要な小さな木材や他の木がよりよく育つように切る木を材料として割箸が作られるから。
6．E-books are better than paper books because they are easy to carry.　Also, we can keep many e-books in our phones.

《2024　理科　解答例》

1　1．梅雨前線　　2．①ア　②ア　　3．a．＋　b．－　　4．ア，オ　　5．(1)中和　(2)分解
6．(1)7　(2)①ア　②イ

2　Ⅰ．1．ウ　2．b　3．イ　4．上の地層をつくる岩石ほど粒が大きいので，海の深さはじょじょに浅くなったと考えられる。　　Ⅱ．1．木星型惑星　2．①ア　②イ　3．A．水星　F．土星　4．64

3　Ⅰ．1．エ　2．54.9　3．再結晶　4．物質名…硝酸カリウム　質量…4.0
Ⅱ．1．C　2．(1)$2Cu+O_2 \rightarrow 2CuO$　(2)0.8

4　Ⅰ．1．ヒトのほおの内側の細胞…B　E．ウ　2．細胞壁　3．核
4．光を受けてデンプンなどの養分をつくるはたらき。
Ⅱ．1．(1)有性生殖　(2)a　2．親の染色体がそのまま受けつがれるので，子の形質は，親と同じになる。　3．X．組織　Y．器官

5　Ⅰ．1．(1)a．12　b．3.5　(2)29　2．エ　3．イ
Ⅱ．1．右グラフ　2．a．F_4　b．F_3　3．イ

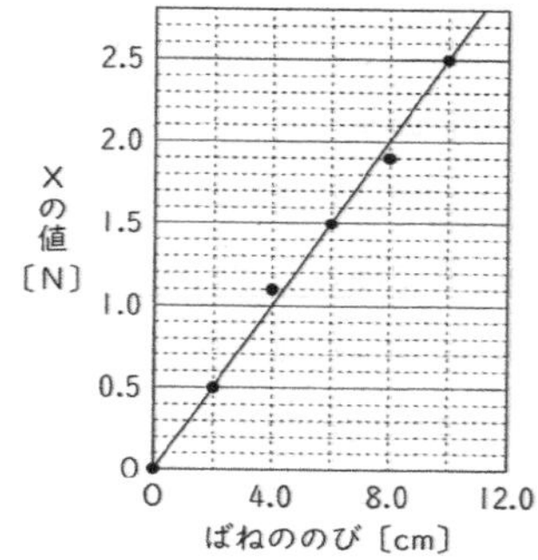

《2024　社会　解答例》

1　Ⅰ．1．ユーラシア　2．エ　3．1群…a　2群…い　3群…イ　4．ウ　5．イ　6．油やしを栽培するために開発を進め，森林が減少していく問題がおきている。　7．インドでは英語を話せる労働者を低賃金で雇うことができ，また，昼夜が逆転していることを利用して24時間対応が可能になるから。
Ⅱ．1．3　2．記号…a　県名…秋田　3．①夏　②南東　③寒流で冷やされる　4．え
5．情報が集まってくる　6．(1)ウ　(2)標高の高い山に囲まれ，降水量が多いという特徴があることから，山地から流れ出る豊富な雪どけ水などの水資源を水力発電に利用できる

2　Ⅰ．1．①土偶　②鉄砲　2．イ　3．ウ→エ→イ→ア　4．ア　5．軍事力の強化　6．主に平民が税などの負担を負っていた社会から，聖職者や貴族も同様に負担する社会の実現を目ざした。　　Ⅱ．1．①自由民権　②ポツダム　2．ア　3．エ　4．大きな負担を負い，多くの犠牲を払った　5．イ→ウ→ア　6．エネルギー供給が石炭から石油に依存するようになっていた中で，原油価格が大幅に上がり，物価が上昇した

3　Ⅰ．1．ユネスコ　2．イ　3．インフォームド・コンセント　4．エ　5．ウ　6．(1)複製　(2)インターネット上の情報を引用する場合にも，書籍からの引用と同様に，情報の発信者の著作権を守るため，出典を明記すること。
Ⅱ．1．SDGs　2．ア　3．流通費用の削減　4．ワーク・ライフ・バランス　5．ウ　6．国債の残高が増加することでその返済の負担を後の世代の人々にますます負わせてしまうことと，国の歳出に占める国債費が増加することで他の予算を圧迫すること。

《2024　国語　解説》

2　1　a．聞き手の「『絶対採用間違いないよ』という応答」は、話し手が提案しようと思っている「新しい企画」を強く肯定し、支持しているものなので、「好意的」が適する。　b．日本語における「聞くこと」が、「コミュニケーションの様々な場面や状況や人間関係が複雑に絡《から》み合いながら多様に変化する」ことは、どのような行為として位置づけられるか。コミュニケーションにおいて、このように「多様に変化する」ことは、柔軟性のある行為だと言える。

2　──線部①の「役割」とアの「仕事」は、「音・訓」で読む重箱読みの熟語である。イの「秘密」は「音・音」。ウの「手本」は、「訓・音」の湯桶読み。エの「砂場」は「訓・訓」。

3　Ⅰは「日本語のコミュニケーション」、Ⅱは「英語のコミュニケーション」に関わる言葉が入る。英語と日本語のコミュニケーションの違いを比べた、ジョン・ハインズの指摘に着目する。「英語におけるコミュニケーションでは、話し手の責任が重く、話し手は聞き手に誤解を与えないように言葉を尽くすことが期待される一方、日本語でのコミュニケーションでは、聞き手の責任が重く、話し手が自分の考えや意図を十分に言語化しなくても、聞き手がそれを察することを期待できると指摘しています」とある。

4　文章全体の内容から、「聞き手」とはどのような存在なのかをまとめる。特に、「聞き手の様々な応答シグナルは、聞いていることを示すだけでなく、聞き手のアイデンティティ、主観や心的態度など『指標的な情報』を提示します」「コミュニケーションにおける聞き手の役割や、聞き手としての行動は、相互行為の構築には欠かせないということがわかります」「相手の言いたいことを『察する』ことは、日本語のコミュニケーションでは欠かせない、聞き手側の会話への積極的な参与を示す指標と言えるかもしれません」「私的であれ公的であれ、会話の中で『聞き手』は、話し手に対する単なるサポート役ではなく、人間関係の根幹を支える大きな存在であるのです」などに着目する。

5　ウは、スピーチの話者の「兄が参加したローイング競技を見に行った」という経験や、話者の思いとはほとんど関係のない応答であり、ただ自分の経験や感想だけを語っている。

3　1　古文で言葉の先頭にない「はひふへほ」は、「わいうえお」に直す。

2　国王が「禍といふもの」を探して持ってきなさいという宣旨を下した結果、見つかったのが「猪のやうなるもの」である。

3　「やうやう年月つもりて、国中の鉄尽き失《う》せぬ。けだもの、ものを欲しがりて荒れにければ」の部分を文脈に沿って読んでいく。鉄以外は食べない「けだもの」に鉄を与えた続けた結果、国中の鉄が尽きてなくなった。鉄を食べられなくなった「けだもの」は、空腹を我慢できず、鉄を欲しがって暴れたのである。よって、イが適する。

4Ⅰ・Ⅱ　国王は、「禍というものは、どのようなものか、禍というものを探し求めて私の元に持ってきなさい」という宣旨を出した。　Ⅲ　【資料】の最後の「安穏な暮らしに飽きて～禍を買ったりするから、そのようなことになったのである」より、国が滅んだのは、わざわざ禍を買うという国王の軽率な行動が原因だったことがわかる。よって、ウが適する。

【古文の内容】

天竺《てんじく》に国があった。天下は(よく)治まり、人民は楽しく暮らして、少しの心配事もない。国王は、楽しさに得意になって、穏やかな暮らしに飽きてしまい、「禍というものは、どのようなものか、禍というものを探し求めて私の元に持ってきなさいという宣旨《せんじ》を下されたので、宣旨は重い意味を持つため、大臣公卿から人民百姓に至るまで、禍を探し求めたところ、イノシシのようなものを一つ見つけ出して、「これこそ禍だよ」と言ったので、喜んで国王に差し上げたところ、国王は愛してこれをお飼いになったが、鉄の他には食べるものがなかった。

だんだんと年月が経って、国中の鉄が尽きてなくなった。けだもの(=イノシシのようなもの)は、食べる物を欲しがって暴れたので、国王は「打ち殺せ」という宣旨を下しなさったけれども、矢が立つことはなく、切っても刀は(その体を)切り裂くことはなかった。火で焼いたところ、鉄のようになって、けだものが立ち寄った所は全て消失した。国城をはじめとして、一国残る所はなかった。一国そのまま滅び失せた。

4　1　航大は、「誰に頼まれたわけでもないのに早起きして学校の花を世話しているような人間が薄っぺらなわけがない」と、凛のことを認める発言をした。――線部①はこの発言に対する凛の反応であり、その直後に「謙遜でなく、本心からそう思っているのだろう。凛の声には、突き刺すような刺々《とげとげ》しさがあった」とある。この部分からは、凛のことを認める発言をした航大に対し、自分にはそんな価値はないと拒絶する凛の気持ちが読み取れる。よって、エが適する。後の方にある「他人に優しく、自分に厳しい。それは立派な心持ちだが、それ故に自分の美点を素直に受け入れられない」という凛の性格も参考になる。

2　――線部②を含む段落と、その前の段落の内容から読み取る。凛の大袈裟な仕草は、航大の言葉を「慌てた様子で」否定したときのものであり、その仕草は「余りにいつも通り」であった。また、――線部②の直前に「普段の明朗快活な姿を、凛は本当の姿ではないと言った～やはりその顔も、彼女を形づくる一部なのだ～偽りではない」とある。つまり、凛が「本当の姿ではないと言った」「普段の明朗快活な姿」は偽りではないと確認でき、航大は「ホッとした」のである。

3　――線部①の後の方に、「他人に優しく、自分に厳しい」という凛の性格が描かれており、そのために彼女は「重苦しく、辛そうだ」と書かれている。そして、航大は、「花がらを摘むように、不当に彼女の心を重くしているものたちを、ひとつひとつ取り払う。それも、彼女の力になるということではないだろうか」と思い立つ。よって、イが最初にくる。その後、航大は、「普段通り、軽口のキャッチボールをするみたいに」話をする。「『馬鹿にしてるでしょ』『多少ね』『そこは嘘でも否定しなさいよ』」というやりとりの後に、「凛はムッとして眉根を寄せるが、くだらないやり取りに呆れたように、唇の端は微かに吊《つ》り上がっていた。雑談に興じているときの、いつもの調子だ」とある。このように心を開き始めた凛の背中を押すように、航大は、一日練習を休んでよく考え、結論を出せばいいと勧めている。よって、ウが２番目にくる。「大丈夫。どんな結論を出そうと、部員の皆は受け入れてくれるって」と言い、凛の背中を押そうとする航大に対して、凛は不安そうにしている。少し後の方に、「一度浮かんだ悪い想像は、簡単には振り払えないのだろう」ともある。そんな不安そうな凛に対して、航大は挑発的な言葉を発して鼓舞しようとしている。よって、アが３番目にくる。

4　文章の前のあらすじにもあるように、凛は部員の反発を恐れて、自分の思いを伝えられずにいた。凛の力になりたいと思った航大は、「普段通り、軽口のキャッチボールをするみたいに」話をして凛を励まし、背中を押そうとする。途中までは不安そうにしていた凛だったが、最後には、「太陽から活力をもらうように、窓から指す陽光を全身で浴び」て、「挑むように航大を指差して不敵に笑」い、「あんたに決められるくらいなら、自分で決める」と言い放った。航大と話をするうちに、次第に迷いや不安がなくなり、確信と自信に満ちた晴れやかな態度になっていくのがわかる。

《2024　数学　解説》

1　1(1)　与式＝41－35＝**6**

(2)　与式$=\frac{3}{4}\times\frac{8}{9}+\frac{1}{2}=\frac{2}{3}+\frac{1}{2}=\frac{4}{6}+\frac{3}{6}=\boldsymbol{\frac{7}{6}}$

(3)　与式$=3\sqrt{2}-\frac{2}{\sqrt{2}}=3\sqrt{2}-\frac{2\sqrt{2}}{2}=3\sqrt{2}-\sqrt{2}=\boldsymbol{2\sqrt{2}}$

(4)　72を素因数分解すると，$2^3\times3^2$となるから，$72=8\times3^2$と表せる。

よって，72の約数のうちの８の倍数は，**8**，$8\times3=$**24**，$8\times3^2=$**72**である。

(5)　イは５の倍数であり，エは５ｎ＋10＝５(ｎ＋２)だから，やはり５の倍数である。

アとウは，例えばｎ＝１のとき５で割り切れない。よって，**イ**，**エ**を選べばよい。

2　与式$=a(x-y)-b(x-y)=\boldsymbol{(x-y)(a-b)}$

3　本体価格をx円とすると，$x\times(1+\frac{10}{100})=176$ より，$x=176\times\frac{10}{11}=160$　　よって，本体価格は **160** 円である。

4　右図のように記号をおく。

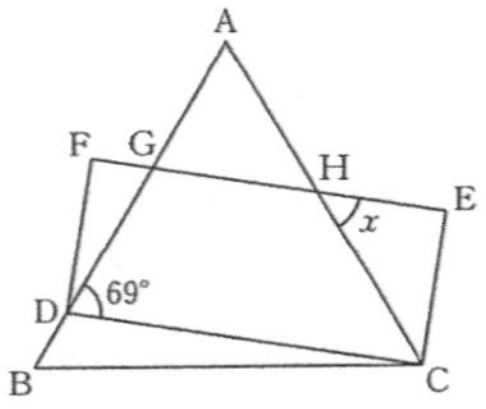

平行線の同位角は等しいから，ＦＥ//ＤＣより，∠ＡＧＨ＝∠ＡＤＣ＝69°

△ＡＢＣは正三角形だから，∠ＧＡＨ＝60°

△ＡＧＨの内角の和より，∠ＡＨＧ＝180°－60°－69°＝51°

対頂角は等しいから，∠x＝∠ＡＨＧ＝**51°**

5　無作為に取り出した40個において，赤玉と白玉の個数の比は，

(40－４)：４＝９：１である。したがって，全体においても赤玉と白玉の個数の比は９：１と推定できるから，

赤玉の個数は，100×９＝**900**(個)と推定できる。

2　1　右図のように記号をおく。正八面体は，平面ＢＣＤＥ，平面ＡＥＦＣ，

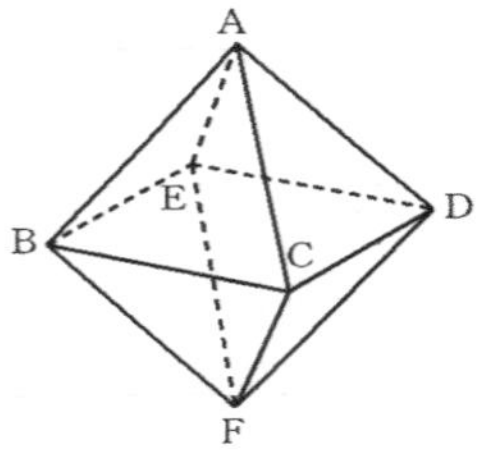

平面ＡＢＦＤのどの平面で切断しても，合同な２つの正四角すいに分けられる。

よって，どの辺を選んでも，ねじれの位置にある辺の本数は変わらない。

例えば，辺ＢＣとねじれの位置にある辺は，辺ＡＥ，ＡＤ，ＦＥ，ＦＤの４本ある。

よって，**ア**が正しい。

2　ａ＜０，ｂ＞０だから，$y=ax+b$のグラフは右下がりの直線になり，

y軸との交点のy座標が０になるので，ウかエが正しい。どちらも双曲線の

形は同じなので，放物線の形に注目する。$\frac{b}{a}<0$だから，$y=\frac{b}{a}x^2$のグラフは下に開いた放物線になる。

よって，**ウ**が正しい。

3　△ＰＯＲが正三角形となるように点Ｒをとり，∠ＰＯＲの二等分線と

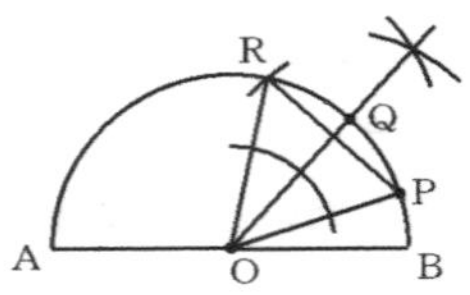

$\overset{\frown}{AP}$の交点をＱとすれば，∠ＰＯＱ＝30°となる。

4　Ａから何を取り出すかに関係なく，Ｂから２を取り出せば，２本の棒の数の積が偶数になる。よって，Ｂから２を取り出す確率を求めればよいので，$\boldsymbol{\frac{1}{3}}$である。

5　さつまいもとにんじんの重さの合計について，$x+y=240$…①

さつまいもxｇに含まれる食物繊維の量は，2200㎎の$\frac{x}{100}$倍だから，$(2200\times\frac{x}{100})$㎎である。にんじんについても同様に表せるから，含まれる食物繊維の量の合計について，$2200\times\frac{x}{100}+2400\times\frac{y}{100}=5440$ より，$11x+12y=2720$…②

①×12－②でyを消去すると，$12x-11x=2880-2720$　　$x=160$

①に$x=160$を代入すると，$160+y=240$　　$y=80$　　よって，さつまいもは **160**ｇ，にんじんは **80**ｇである。

3　1　**【解き方】12個のデータの中央値は，12÷2＝6より，大きさ順に並べたときの6番目と7番目の値の平均である。**

データを小さい順に並べると，5.8，9.5，9.8，10.5，12.4，12.6，14.3……となる。

よって，中央値は，(12.6＋14.3)÷2＝13.45→**13.5**℃である。

2　ア．階級の幅が度数分布表と同じく2℃だから，度数が左から順に，1，5，10，11，4，0となればよいので，正しい。

イ．階級の幅が4℃だから，度数が左から順に，1＋5＝6，10＋11＝21，4＋0＝4となればよいので，正しい。

ウ．階級の幅が6℃だから，度数が左から順に，1＋5＋10＝16，11＋4＋0＝15となればよいので，誤っている。

エ．階級の幅が度数分布表と同じく2℃だから，度数が左から順に，0，0，3，21，7，0となればよいので，正しい。

オ．階級の幅が4℃だから，度数が左から順に，0＋0＝0，3＋21＝24，7＋0＝7となればよいので，誤っている。

カ．階級の幅が6℃だから，度数が左から順に，0＋0＋3＝3，21＋7＋0＝28となればよいので，正しい。

以上より，誤っているものは**ウ**，**オ**である。

3(1)　(28＋8)×5÷9＝**20**(℃)

(2)　9月の方が10月より19℃以上21℃未満の階級の相対度数が高いということは，午前0時に気温が19℃以上21℃未満になっている割合は，9月の方が大きいということだから，9月の方が20℃と計測される確率が高い。

4　①範囲は箱ひげ図全体の長さ，四分位範囲は箱の長さから読み取れる。縦の点線を目盛りと考えると，大口の範囲は12目盛り分より大きい。他に範囲が12目盛り分より大きい地点はないので，範囲は大口が最も大きい。与論島の四分位範囲は明らかに最も小さい。したがって，「**ア**　正しい」。

②鹿児島と志布志を比べると志布志の方が南にあるが，第1四分位数，中央値，第3四分位数すべて鹿児島より小さい。したがって，「**イ**　正しくない」。

③大口では0℃が第1四分位数と中央値の間にある。データの個数は12個であり，12÷2＝6，6÷2＝3より，最小値と第1四分位数の間には3個のデータがあるから，0℃未満の月は少なくとも3つある。しかし，第1四分位数と中央値の間の3個のデータの分布はわからないので，「**ウ**　図2からはわからない」。

④指宿では2℃が第1四分位数と中央値の間にあるので，③より，最低気温が2℃未満だった月が少なくとも3つある。したがって，「**イ**　正しくない」。

4　1　$y=\frac{1}{6}x^2$にx＝12，18，24，30をそれぞれ代入して，yの値が図2と一致すればよい。

x＝18を代入すると，$y=\frac{1}{6}\times18^2=54$となるから，**イ**が正しい。

2　**【解き方】平均の速さは，(進んだ道のりの合計)÷(時間の合計)で求める。**

$y=\frac{1}{6}x^2$にx＝10を代入すると，$y=\frac{1}{6}\times10^2=\frac{50}{3}$，$x$＝20を代入すると，$y=\frac{1}{6}\times20^2=\frac{200}{3}$となる。

したがって，20－10＝10(秒)で$\frac{200}{3}-\frac{50}{3}=50$(m)進んだから，平均の速さは，50÷10＝**5**(m/秒)

3(1)　ドローンがP地点の真上を通過してからt秒後までに，ドローンは$\frac{1}{6}t^2$m進む。マオさんは3tm進むから，Pから(54＋3t)m離れている。したがって，$\frac{1}{6}t^2=54+3t$より，$t^2-18t-324=0$

2次方程式の解の公式より，

$$t=\frac{-(-18)\pm\sqrt{(-18)^2-4\times1\times(-324)}}{2\times1}=\frac{18\pm\sqrt{324+4\times324}}{2}=\frac{18\pm\sqrt{324(1+4)}}{2}=\frac{18\pm18\sqrt{5}}{2}=9\pm9\sqrt{5}$$

$0\leqq t\leqq30$より，$t=9+9\sqrt{5}$　　よって，求める時間は**$(9+9\sqrt{5})$**秒後である。

(2)　**【解き方】まず，R地点がP地点から何m離れているかを求める。**

自動車がＰ地点を通過してからｓ秒後にマオさんに追いついたとすると，4.8ｓ＝54＋３ｓが成り立つ。

これを解くとｓ＝30となるから，Ｒ地点はＰ地点から，54＋３×30＝144(m)離れている。

したがって，ＲＱ間の道のりは900－144＝756(m)だから，求める速さは，756÷180＝**4.2(m/秒)**

5 　１　**【解き方】正三角形ＢＣＤの各頂点を通る円において，円周角の定理を利用する。**

同じ弧に対する円周角は等しいから，∠ＣＧＤ＝∠ＣＢＤ＝**60°**

２　証明の穴埋め問題では，すでに書かれていることがヒントになるのでそれをよく読んで，論理的な説明になるように空欄を埋めていこう。答えがすぐにわからない場合は，仮定を図にかきこみ，問題の内容に応じて，図形の性質，平行線の同位角・錯角，円周角の定理などからわかることも図にかきこんで，答えを考えよう。

３(1)　２よりＡＤ＝ＡＧ＋ＢＧ＋ＣＧだから，

ＡＧ＋ＧＤ＝ＡＧ＋ＢＧ＋ＣＧ　　ＧＤ＝ＢＧ＋ＣＧ＝５＋３＝**8**

図Ⅰ

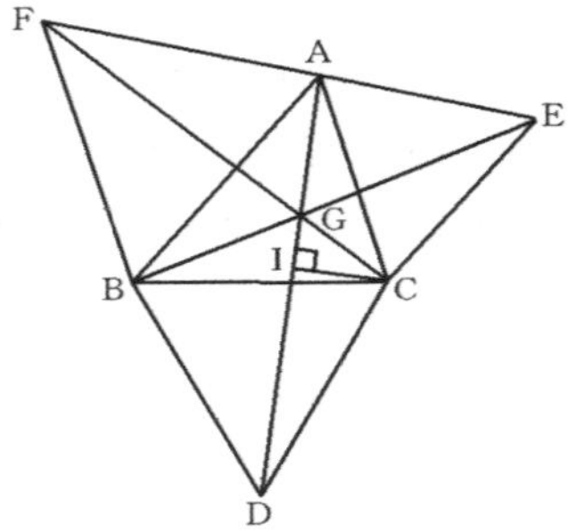

(2)　**【解き方１】ＣからＧＤに垂線ＣＩを引くと，∠ＣＧＩ＝60°だから，△ＣＧＩは３辺の比が１：２：$\sqrt{3}$の直角三角形になる(図Ⅰ参照)。**

$GI=\frac{1}{2}CG=\frac{3}{2}$，$IC=\sqrt{3}GI=\frac{3\sqrt{3}}{2}$，$ID=8-\frac{3}{2}=\frac{13}{2}$

よって，三平方の定理より，

$CD=\sqrt{IC^2+ID^2}=\sqrt{(\frac{3\sqrt{3}}{2})^2+(\frac{13}{2})^2}=\sqrt{\frac{196}{4}}=$ **7**

【解き方２】円周角の定理より図Ⅱのように等しい角がわかるので，△ＢＧＪ∽△ＤＧＣ，△ＢＧＪ∽△ＤＣＪとなることを利用する。

△ＢＣＤの１辺の長さをxとし，xの方程式をたてる。

△ＢＧＪ∽△ＤＧＣより，ＪＧ：ＣＧ＝ＢＧ：ＤＧ　　ＪＧ：３＝５：８

$JG=\frac{3\times5}{8}=\frac{15}{8}$　　$DJ=8-\frac{15}{8}=\frac{49}{8}$

三角形の内角の二等分線の定理より，ＢＪ：ＪＣ＝ＧＢ：ＧＣ＝５：３だから，$BJ=BC\times\frac{5}{5+3}=\frac{5}{8}x$

△ＢＧＪ∽△ＤＣＪより，ＧＢ：ＣＤ＝ＢＪ：ＤＪ　　$5:x=\frac{5}{8}x:\frac{49}{8}$

これを解くと，$x=\pm7$　　$x>0$より，$x=7$だから，ＣＤ＝**7**

図Ⅱ

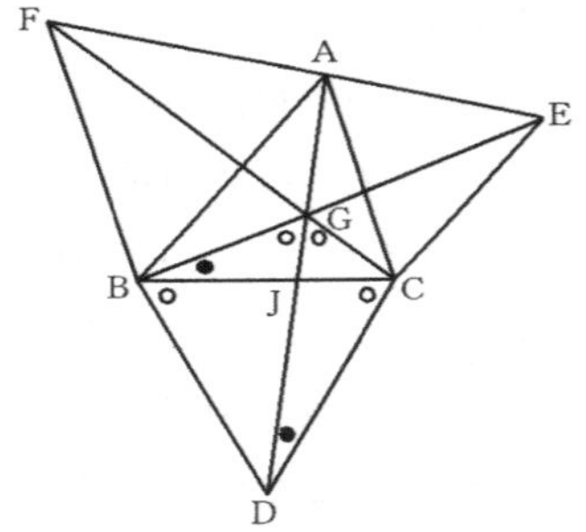

(3)　**【解き方】△ＢＤＣと△ＡＣＥはともに正三角形だから相似である。相似な図形の面積比は相似比の２乗に等しいので，相似比を求める。**

(2)と同様にしてＡＥの長さを求める。

図Ⅲのように作図すると，△ＡＧＫは３辺の比が１：２：$\sqrt{3}$の直角三角形だから，$GK=\frac{1}{2}AG=\frac{1}{2}\times4=2$，$KA=\sqrt{3}GK=2\sqrt{3}$

ＧＥ＝ＡＧ＋ＣＧ＝４＋３＝７，ＫＥ＝７－２＝５

三平方の定理より，$AE=\sqrt{KA^2+KE^2}=\sqrt{(2\sqrt{3})^2+5^2}=\sqrt{37}$

よって，△ＢＤＣと△ＡＣＥの相似比は，ＣＤ：ＡＥ＝７：$\sqrt{37}$だから，

$S:T=7^2:(\sqrt{37})^2=$ **49：37**

図Ⅲ

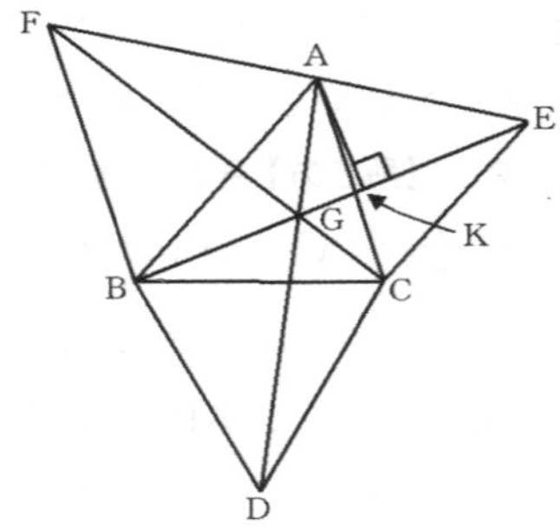

《2024　英語　解説》

1 　１　ジュディ「タカシ，これはあなたのギター？」→タカシ「そうだよ，ギターを習っているんだ」→ジュディ「私も弾き方を習いたいな」より，エ「ギター」が適当。

2　ユカ「こんにちは，ジョニー，あなたは何部に入ることにしたの？」→ジョニー「中学ではバドミントンをしたけど，高校ではテニスをしたいな」→ユカ「私もテニスをしたいな。部活で一緒にやろうね」より，アが適当。

3　メアリー「私は帽子を探しているの。見なかった，タクマ？」→タクマ「黒い帽子？」→メアリー「いいえ。白い帽子よ。黒い猫の絵がプリントされているの」→タクマ「キッチンのテーブルの下で白い帽子を見たよ」より，イが適当。

4　【放送文の要約】参照。

質問「彼らはいつお祭りに行きますか？」…「彼らは金曜日（＝Friday)にお祭りに行きます」

【放送文の要約】

マイ　　：こんにちは，ダニエル。

ダニエル：やあ，マイ。この町で今週の木曜日と金曜日にお祭りがあるよ。僕たちと一緒に行かない？

マイ　　：いいね。でも木曜日は忙しいの。

ダニエル：わかった。次の日はどう？

マイ　　：いいよ！

5　【放送文の要約】参照。

【放送文の要約】

来週，市立動物園を訪問するよ。午前中には，サルやゾウ，ライオンといったたくさんの動物を見るよ。ゥ僕たちはバードハウスにも行くよ。そこではたくさんの美しい鳥を見ることができるよ。それから，ァレストランに行ってランチを食べよう。昼食後には，ィコアラハウスを訪問するよ。コアラに触ったり，一緒に写真を撮ったりすることができるんだ。コアラに触ったことはある？写真を撮ったら，ェショッピングセンターで買い物を楽しむことができるよ。そこで動物クッキーを買うことができるよ。ワクワクする？僕はコアラが好きだから，とてもワクワクするよ。動物園を楽しもう！

6　【放送文の要約】参照。

【放送文の要約】

こんにちは，みなさん。来週，アメリカから生徒たちがやって来ます。３つの班を作ります。各班が発表を行います。第１班は和食について話します。ゥ第２班は，日本で人気のあるスポーツを紹介してください。第３班の生徒たちは鹿児島で訪れるのに良い場所について彼らに話します。ゥすべての班が学校生活を紹介しなければならないことを覚えておいてください。では，発表の準備をしましょう！

7　【放送文の要約】参照。

質問「アスカは男の子を助けることができなかった後，何をすることに決めましたか？」…男の子の英語を理解できなかったことから，毎日英語を勉強する決心をしたので，(She) decided to study English every day.と答える。

【放送文の要約】

こんにちは，みなさん。私はいつも日常生活で英語を使いたいと思っていました。

昨年，私はスーパーに行って，幼い男の子を見かけました。彼は母親を探しているようでした。私は彼を助けたかったので，彼に話しかけました。彼は英語で答えましたが，私には理解できませんでした。とても悲しかったです。すぐに，周囲の人が彼を助けました。この経験から，私は毎日英語を勉強しなければならないと思いました。私は「一生懸命勉強しよう」と思いました。

昨日，スーパーで買い物をしていたら，女性が英語で話しかけてきました。今度は彼女が何を言っているか理解できました！私たちは話をして，彼女が緑茶を探していることがわかりました。私は「わかりました，一緒に来てください」と言って，一緒に緑茶を見つけました。彼女は「ありがとうございます。あなたは英語がとても上手ですね」と言いました。私はそれを聞いて本当にうれしかったです。私は毎日一生懸命英語を勉強したからうまくいきました。

8 【放送文の要約】参照。

デイビッドの質問「お金を何に使うの，ナルミ？」の直前にナルミはお金を家族や友人のために使うと言っているので，家族や友人のためのお金の使い方を答える。会話を通して，仮定法過去が使われているので，I would ～の文で答える。(例文)「私は家族のために新しい大きな家を買うよ」

【放送文の要約】

ナルミ　　：デイビッド，もしたくさんお金があったらどうする？

デイビッド：僕は会社を設立するよ。

ナルミ　　：いいね！私はそのお金を家族や友人のために使うよ。

デイビッド：そのお金で何をするの，ナルミ？

ナルミ　　：(　　　　　　　　　　　　　　　)

2　1 【本文の要約】参照。

【本文の要約】

ニック：もうすぐ春休みだ！

シュン：そうだね。僕は家族で花見パーティーをするよ。

ニック：いいね。誰が来るの？

シュン：叔母，いとこ，そして友人のエミリーだよ。イ②彼女は君の国の出身だよ。

ニック：わあ，僕の国？彼女はどこの都市の出身なの？

シュン：彼女はロンドン出身だよ。

ニック：わあ，僕は彼女とロンドンについて話したいな。ウ①いつ花見パーティーをするの？

シュン：今週の土曜日だよ。来れる？

ニック：行きたいけど，まずは家族に聞いてみないと，明日話そう。

シュン：いいよ。またね。

ニック：じゃあね。

2① 「雨が降っているときに濡れないようにするために使用するもの」…umbrella「傘」　② 「父または母の兄弟」…uncle「叔父」　③ 「ある場所から離れること」…leave ～「～を立ち去る」

【本文の要約】

ビル：お母さん，行ってくるよ。じゃあね。

母　：ビル，午後から雨が降るそうよ。①傘(＝umbrella)は持ってるの？

ビル：うん。かばんの中にあるよ。ありがとう，お母さん。ところで，今日は放課後サムの家に行くよ。

母　：どうして？

ビル：一緒に数学の勉強をするんだ。彼の②叔父(＝uncle)のジョージさんが僕たちに数学を教えてくれるよ。彼はサムのお父さんの兄弟だよ。

母　：それはいいけど，午後６時までに忘れずに家に帰ってくるのよ。あなたは今日ピアノのレッスンがあるのよ。

ビル：うん，わかってるよ。僕は午後５時50分までにサムの家③を出るよ（＝will leave）。

母　：わかったわ。いい１日を過ごしてね。

３⑴　Ａ「ダン，休みはどうだった？家族とどこに行ったの？」→Ｂ「（　　）。楽しかったよ」…「僕は東京へ行ったよ」となるように，I went to (Tokyo.) とする。go を過去形の went にすること。「～へ行く」＝go to ～

⑵　Ａ「マットがどこにいるか知ってる？」→Ｂ「いや，今朝から彼を（　　）」…「今朝からずっと彼を見ていないよ」となるように，I haven't seen (him since this morning.) とする。現在完了〈have/has＋過去分詞＋since …〉の“継続”の否定文「…以来ずっと～していない」にする。　⑶　Ａ「私は今日，これらの本を買ったよ」→Ｂ「あなたのお気に入りの作家によって（　　）？」→Ａ「そうだよ。それらはとても人気があるの。私は読むのが待ちきれないよ」…「あなたのお気に入りの作家によって書かれた本なの？」となるように，Are they written (by your favorite writer?) とする。〈be 動詞＋過去分詞〉で「～される」という意味の受け身の疑問文にする。Were they written でもよい。

４　（例文）「（この前の夏休みに）僕はペットショップで犬を買いました。それから木を買うために店に行きました。僕は犬小屋を作るために一生懸命作業しました。それを作り終えた時，とてもうれしかったです」

「ペットショップで」＝at a pet shop　「犬小屋」＝dog's house　「作り終えた」＝finished making

3 Ｉ　【本文の要約】参照。

１　先生が自分が言っていることを生徒たちに理解してもらえない時の感情だから，エ「悲しい」が適当。ア「正しい」，イ「悪い」，ウ「幸せな」は不適当。

２　「タケルはなぜ黒板を掃除したのですか？」…第３段落１行目より，タケルが黒板を掃除したのは，友達が欠席していたからである。my friend was absent の my を his に変えて答える。

３　タケルはこのスピーチを通して，自分が考える掃除の良い点について説明している。第３段落と第４段落のそれぞれ最後の１文にある cleaning could make us happy の could を can に変えて答える。文の最初は大文字にすること。

【本文の要約】

みなさん，こんにちは！昨日昼休み後に教室の掃除を始めた時，ケビンが私に「掃除の良い点は何？僕はアメリカでは教室の掃除をしなかったんだ」と尋ねました。私は何と言えばいいかわからなかったので，昨夜彼の質問に対する答えを見つけようとしました。今日はそれについてお話しします。

私は１年生の時，掃除が好きではありませんでした。本当に退屈でした。昼休みがもっと長ければいいと思ったし，もっと友達と遊びたかったです。私は時々友達と遊び続けて，掃除をしませんでした。ある日，私たちはまた掃除の時間に遊んでいました。すると，先生が私たちに「掃除をすれば，大切なことが学べるよ。みんなに何度もそのことを言ってるけど，まだ理解してないみたいだね。①エ悲しい（＝sad）**けど，それでもみんながそのことを理解できると信じてるよ」と言いました。私はその時，先生が言ったことを理解していませんでした。**

ある日，友達が欠席していたので，私が黒板を掃除しました。彼はいつも一生懸命掃除していたので，私もとても一生懸命掃除しました。掃除の時間が終わり，数学の先生が教室に入ってきました。先生は黒板を見て「このクラスの黒板はいつもきれいね。気分がいいし，いつもみんなを教えるのが楽しいよ。ありがとう」と言いました。みんなが笑顔になったのを覚えています。先生も微笑んでいました。数学の授業は本当に楽しかったです。3掃除は私たちを幸せにすると感じました。

別の日のことです。私は腕を骨折していたので，掃除の時間に机を動かすことができませんでした。その時，クラスメイトのひとりが私を助けてくれました。私はあまり彼女と話したことがなく，彼女はただのクラスメイトにすぎませんでした。しかし，彼女は机を動かすのを手伝ってくれました。その時，私はただ「ありがとう」と言っただけです。数日間，私たちは一緒に机を動かしました。まもなく，私たちはたくさん話し始めました。今では私たちはとても良い友達で，いつも一緒に楽しい時間を過ごしています。これは3掃除が私たちを幸せにすると感じた２度目の出来事でした。ケビン，昨日君は私に「掃除の良い点は何？」と質問しました。私の答えは，「②掃除は私たちを幸せにする（＝Cleaning can make us happy)」です。ご清聴ありがとうございました。

Ⅱ 【本文の要約】参照。

1 表とベッキーの直前の発言より，芸術と釣りに興味があるベッキーが選んだのは，お皿作りと釣りのプランAである。

2 表と１回前のアユミとベッキーの会話から，ふたりはプランCを選んだことがわかる。プランCは10時に東バスステーションに集合だから，ふたりは10分前の９時50分に待ち合わせする。

【本文の要約】

アユミ ：おはよう，ベッキー。鹿児島で初めて週末を過ごすね？今週末の計画は何？

ベッキー：おはよう，アユミ。まだ決めていないよ。

アユミ ：それはよかった！土曜日に一緒にバス旅行を楽しみたいな。

ベッキー：わあ，素敵ね！行きたいな。どんなプランが楽しめるの？

アユミ ：この表を見てね。４つのプランがあるよ。

ベッキー：私は芸術と釣りに興味があるよ。だから，①アプランA（＝Plan A)がよさそうね。

アユミ ：いいけど，早起きしたくないよ。これはどう？私は音楽を聴くのが好きだよ。

ベッキー：それもよさそうだけど，他人と一緒にお風呂に入りたくないよ。

アユミ ：ああ，そうなの？じゃあ，このプランを選ぼう。2イ芸術と自転車を楽しめるよ。

ベッキー：2イいいよ。いつどこで待ち合わせする？

アユミ ：集合時間の10分前に会おう。だから，②イ午前９時50分に東バスステーション（＝9:50 a.m. at East Bus Station)で待ち合わせしよう。

ベッキー：じゃあ，その時にね。

Ⅲ 【本文の要約】参照。

第４段落３～５行目より，コウヘイにとって最も大切なことは，ウ「周りの人のおかげでスポーツが楽しめるということを忘れるべきではない」が適当。ア「学校ごとにスケジュールが異なるため，合同チームが一緒に練習するのは難しい」，イ「健康を守り，すばらしい思い出を作ることができるので，私たちはスポーツをするべきだ」，エ「高校生は将来の夢のために一生懸命勉強することが大切だ」は不適当。

【本文の要約】

コウヘイは今夏の大きな野球大会でプレーした三校合同チームのキャプテンでした。彼が高校３年生になった時，彼が唯一のメンバーでした。彼の学校の近くにある２つの学校もより多くのメンバーを必要としていたので，彼らは一緒にプレーすることに決めました。

大会前，彼は「合同チームにはさまざまな学校の選手がいるので，一緒に練習するのは難しいです。各学校から僕の学校まで来るのに時間がかかるため，練習時間が足りません。そして，学校ごとにスケジュールが異なるので，僕たちは1週間に3日だけしか練習できません。でも，一緒に野球をする新しい仲間がたくさんできたので，とてもうれしいです」と話ました。

彼のチームは初戦で負けてしまいました。彼は「負けてしまって残念です。しかし，僕は勝つためだけに野球をしているのではないことがわかりました。僕は周囲の人がいなければ野球ができませんでした。僕はチームのメンバーのおかげでこの大会を楽しみ，他のチームのおかげで，試合を楽しむことができました。僕は野球ができて本当にうれしいです」と話しました。

「スポーツで一番大切なことは何ですか？」という質問に対し，彼は「僕たちは自分たちの目標のためにスポーツをしていると思います。例えば，健康を維持するため，すばらしい思い出を作るため，または勝つためにスポーツをします。どれも大切なことですが，ゥ僕にとって一番大切なことは，周りの人のおかげでスポーツが楽しめるということを覚えておくことです」と言いました。

コウヘイは夢のためにさらに一生懸命勉強しています。彼は体育教師になるために大学に行きたいと思っています。彼は生徒たちと一緒に野球を楽しみたいと思っています。私は彼が将来，生徒たちと一緒にとても幸せに過ごすことを願っています。

【対話の要約】

アレックス：この記事で，コウヘイが最も伝えたかったことは何？

リク　　　：ゥ周りの人のおかげでスポーツが楽しめるということを忘れてはいけないということです。

アレックス：私もそう思うよ。それが一番大切なポイントだね。

4 【本文の要約】参照。

1　下線部①の直後のFirst,…。Next, …。Then, …。最初に…。次に…。それから…。」より，ウ「箸の歴史」→イ「3つの国で食べるときに使うもの」→ア「割りばしクイズ」の順である。

2　3つの国で食べるときに使うもののスライドの内容は，第3段落の下線部②の直後に書かれている。写真1が日本，写真2が中国，写真3が韓国である。長い箸とスープスプーンを使うのは中国だから，AにはChinaが入る。また，韓国の箸は金属製で他の国の箸よりも重いので，Bにはheavyの最上級のheaviestが入る。

・the＋最上級＋of the three「3つの中で一番…」

3　下線部③の直後の1文より，2005年には250億膳の割箸を輸入していたが，その後は輸入が減少したので，ウが適当。

4　直後の1文で，日本人は割箸をたくさん使うことが環境によくないのではないかと心配していることを読み取る。よって，割箸の使用を控えるようになったのは環境を守りたいからである。「環境を守る」＝save the environment

5　下線部⑤の2，3文後に書かれている，日本の会社の割箸の作り方が環境によい理由を日本語でまとめる。

6　【対話の要約】参照。紙の本と電子書籍ではどちらの方がいいか，理由も含めて答える。20語程度の条件を守り，ミスのない英文を書こう。「持ち運びしやすい」＝easy to carry　「スマホに電子書籍をたくさん入れておく」＝keep many e-books in our phones

【本文の要約】

普段，食事をするときに何を使いますか？手？スプーン？そうです，箸を使います。しかし，そのことについて考えたことはありますか？私は箸についてあまり知らないことに気付き，この夏，調べることにしました。今日は，箸について話したいと思います。1まず，箸の歴史についてお話しします。次に3つの国で食べるときに使うものを紹介します。それから，みなさんに一般的な使い捨ての割箸について質問します。最後に，日本製の割箸についてお話しします。

あなたは人々がいつ，どこで初めて箸を使ったか知っていますか？多くの人は，3000 年以上前に中国人がそれを使い始めたと考えています。その後，アジアの他の国でも普及しました。現在，世界中の多くの人が箸を使用しています。

次のスライドは，日本，中国，韓国の３か国で人々が食べるときに使用するものを示しています。写真 1 を見てください。これは日本の箸です。実は私のものです。次は写真２です。スープスプーンと箸があります。2A この写真は中国で撮りました。中国人は通常，長い箸とスープスプーンを使用します。日本や中国では，木製やプラスチック製の箸が普及しています。次は写真３です。この写真でもスプーンと箸があります。2B これらの箸は金属製で，日本や中国の箸ほど軽くはありません。この写真は韓国で撮りました。このような箸やスプーンは，多くのレストランで見かけました。

次は割箸クイズを楽しみましょう！それでは始めましょう。　1)私たちは日本製と海外製の割箸ではどちらをよく使っているでしょうか？答えがわかりますか？そうです，私たちは普段，中国など他国製の割箸を使用しています。2)日本は以前より多くの割箸を輸入しているでしょうか？答えは「いいえ！」です。現在，海外から約 150 億膳の割箸を輸入していますが，過去にはもっと多くの割箸を日本に輸入していました。　3)日本が最も多く割箸を輸入していたのはいつでしょうか？ヒントです。私たちが生まれる直前です。答えは 2005 年です！これを見てください。3ウ 2005 年には 250 億膳以上の割箸を日本に輸入していましたが，2005 年以降は数が少なくなりました。多くの日本人が割箸を使うのをやめた理由がわかりますか？おそらく，④環境を守りたかった（＝wanted to save the environment）からだと思います。4 割箸のためにたくさんの木が切り倒されたのではないかと心配したからだと思います。

しかし，割箸の使用はやめるべきでしょうか？日本製の割箸を使うと環境によいと考える人もいます。日本の割箸製造会社の多くは，割箸を作るのに２種類の木を使用します。5 それらの会社は物を作るのに不要な小さな木材や，他の木がよりよく育つように切る木を使用します。興味深いですよね？

箸についてのたくさんのアイデアや事実があることに驚きました。普段使っているものについて学んでみてはいかがですか？私のように興味深い事実を発見しましょう。ご清聴ありがとうございました。

【対話の要約】

エリカ：発表をありがとう。もう一度たくさんの単語が書かれた図を見てもいい？あなたは「単語の大きさが，生徒が何回その単語を使ったかを示しています」と言ったよね。それはとても役に立つと思うよ。

アヤ　：ありがとう。人それぞれ考えが違うね。私はとても驚いたよ。

エリカ：そうだね。あなたのアイデアを教えて。あなたは紙の本と電子書籍のどっちがいいの？そしてそれはなぜ？

アヤ　：(例文)私は持ち運びやすいから，電子書籍は紙の本よりもいいと思うよ。スマホに電子書籍をたくさん入れておけるしね。

エリカ：ありがとう。私もそう思うよ。

《2024　理科　解説》

1　1　梅雨前線に対し，秋頃にできる停滞前線を秋雨前線という。

4　1種類の元素からできている物質を単体，２種類以上の元素からできている物質を化合物という。物質を化学式で表すと，単体か化合物かわかりやすい。水〔H_2O〕は２種類の元素，炭酸水素ナトリウム〔$NaHCO_3$〕は４種類の元素からできている化合物である。鉄〔Fe〕，亜鉛〔Zn〕，水素〔H_2〕は単体である。

5(1)　酸性の水溶液とアルカリ性の水溶液を混ぜ合わせたときに，互いの性質を打ち消し合う反応を中和という。

(2)　生物から出された有機物を無機物にまで分解するはたらきに関わるものを分解者という。

6(1)　図３より，速いほうの波(Ｐ波)はＸだから，その速さは$\frac{70}{10}=7$(km/ｓ)である。　(2)　緊急地震速報は，伝わるのが速いＰ波を感知し，大きな揺れを起こすＳ波の到着を予測してすばやく知らせる仕組みである。

2　Ⅰ．１　アは石灰岩やチャート，イはれき岩や砂岩や泥岩，ウは凝灰岩，エは深成岩について述べている。

２　凝灰岩の層は同じ時代にできたと考えられ，地層は下にあるものほど古いから，ａ～ｅの泥岩の層は古いものから順に，ｂ→(ａ，ｄ)→(ｃ，ｅ)とできたと考えられる。　３　アとエは古生代，イは新生代，ウは中生代の示準化石である。　４　泥岩(粒の直径が 0.06 mm以下)，砂岩(粒の直径が 0.06 mm～２mm)，れき岩(粒の直径が２mm以上)は粒の大きさで区別される。粒の大きさが大きいほど浅いところに堆積するから，地層が泥岩→砂岩→れき岩の順にできたとき，海の深さはじょじょに浅くなっていったと考えられる。

Ⅱ．１　Ｘに属する惑星は小型で主に岩石からなる密度が大きい地球型惑星，Ｙに属する惑星は大型で主に気体からなる密度が小さい木星型惑星である。　３　Ａは水星，Ｂは金星，Ｃは火星，Ｄは海王星，Ｅは天王星，Ｆは土星，Ｇは木星である。　４　図より，Ｅの直径は地球の直径(半径)のおよそ４倍だから，Ｅの体積は地球の体積のおよそ４×４×４＝64(倍)である。

3　Ⅰ．１　アは溶液にとけた物質，イは溶質をとかしている液体(水溶液では水)，ウは一定の体積あたりの質量を表す。　２　20℃の塩化ナトリウムの飽和水溶液 200ｇに塩化ナトリウムが何ｇとけているか求めればよい。表より，20℃の水 100ｇに塩化ナトリウムを 37.8ｇとかすと，飽和水溶液が 100＋37.8＝137.8(ｇ)できるとわかる。飽和水溶液にとけている塩化ナトリウムの質量は，飽和水溶液の質量に比例するから，$37.8\times\frac{200}{137.8}=54.86\cdots\rightarrow54.9$ｇである。　４　とける物質の質量は水の質量に比例するから，表より，10℃の水 50ｇに塩化ナトリウムは$37.7\times\frac{50}{100}=18.85$(ｇ)までとけ，硝酸カリウムは$22.0\times\frac{50}{100}=11.0$(ｇ)までとけるとわかる。よって，硝酸カリウムが 15.0－11.0＝4.0(ｇ)結晶となって出てきた。

Ⅱ．１　〔密度(ｇ/cm³)＝$\frac{\text{質量(g)}}{\text{体積(cm}^3\text{)}}$〕は物質ごとに決まっている。図１で原点とＦを直線で結んだとき，その線上にあるＣはＦと同じ物質と考えられる。同様に考えると，ＡとＤ，ＢとＥがそれぞれ同じ物質と考えられる。

2(1)　銅〔Cu〕と酸素〔O_2〕が結びついて，酸化銅〔CuO〕ができる。反応の前後で原子の種類と数が変わらないことに注意してそれぞれの化学式の前に係数をつけて化学反応式をかけばよい。　(2)　混合物 2.0ｇにふくまれていた銅の粉末の質量をxｇとすると，マグネシウムの粉末の質量は$2.0-x$(ｇ)となる。図２より，銅 0.8ｇがすべて酸化すると，1.0ｇの酸化銅ができるから，混合物からできた酸化物のうち，酸化銅は$1.0\times\frac{x}{0.8}=\frac{x}{0.8}$(ｇ)となる。また，マグネシウム 0.6ｇがすべて酸化すると，1.0ｇの酸化マグネシウムができるから，混合物からできた酸化物のうち，酸化マグネシウムは$1.0\times\frac{2.0-x}{0.6}=\frac{2.0-x}{0.6}$(ｇ)となる。混合物を加熱してできた酸化物の質量が 3.0ｇだから，$\frac{x}{0.8}+\frac{2.0-x}{0.6}=3.0$が成り立ち，これを解くと，$x=0.8$(ｇ)となる。

4　Ⅰ．１～３　厚いしきり(細胞壁)や緑色の粒(葉緑体)が見られたＡの細胞は植物の細胞(オオカナダモの葉の細胞)である。これより，Ｂの細胞は動物の細胞(ヒトのほおの内側の細胞)とわかる。また，酢酸オルセイン液で赤く染まるのは核であり，これは植物と動物の細胞のどちらにも見られる。Ｃはイ，Ｄはエ，Ｅはウ，Ｆはアである。

４　光合成では，水と二酸化炭素を材料にして，光のエネルギーを使い，デンプンと酸素がつくられる。

Ⅱ．１(2)　赤色の花の遺伝子はＡＡまたはＡａ，白色の花の遺伝子はａａである。したがって，できた種子(受精卵)がもつ遺伝子の組み合わせはａａとわかるから，卵細胞と精細胞がもっていた花の色に関する遺伝子はどちらもａである。つまり，ＡａとＡａをかけあわせてできる子(ＡＡ，Ａａ，ａａ)のうち，ａａの遺伝子をもつ種子が成長して白色の花が咲いたということである。　２　１(1)の有性生殖に対し，栄養生殖などの体細胞分裂によって新しい個体をつくるふえ方を無性生殖という。無性生殖によってできた子の遺伝子は親と同じだから，親と子の形質も同じになる。

5　Ⅰ．1(1)　a．〔仕事(J)＝力の大きさ(N)×力の向きに動かした距離(m)〕，1200 g→12Nより，12×1.0＝12(J)である。　b．〔電力(W)＝電圧(V)×電流(A)〕，〔電力量(J)＝電力(W)×時間(s)〕，350 mA→0.35Aより，2.0×0.35×5.0＝3.5(J)である。　(2)　$\frac{3.5}{12}\times 100 = 29.1\cdots \to 29\%$　2　摩擦によって発生する熱を摩擦熱という。なお，アは位置エネルギーと運動エネルギーの和，イは物質そのものがもっているエネルギー，ウは光がもつエネルギーである。　3　水力発電では，高いところにある水がもつ位置エネルギーを利用して，タービンを回転させて発電している。

Ⅱ．1　グラフの線をはさんで●が均等にばらつくように直線をひく。となり合う点と点と直線で結んで折れ線グラフにしないように注意しよう。　2　つり合っている2力と作用・反作用の関係にある2力は，どちらも大きさが等しく，一直線上にあり，向きが反対である。ただし，つり合っている2力は同じ物体に加わっているから，F_2とつり合っているのは，同じようにXを引いているF_4である。また，作用・反作用の関係にある2力は異なる物体に加わっているから，F_2の反作用は，異なる物体を引いているF_3である。　3　XとYを同じ向きに引いているから，XとYの引く力の和は，実験1でばねののびが10 cmのときのXの値の2.5Nに等しくなる。よって，XとYの関係を表すグラフはイのようになる。

《2024　社会　解説》

1　Ⅰ1　ユーラシア大陸　六大陸は，ユーラシア大陸＞アフリカ大陸＞北アメリカ大陸＞南アメリカ大陸＞南極大陸＞オーストラリア大陸の順に広い。

2　エ　地球の中心に引いた線をのばして，地球上の正反対にあたった地点を対蹠点《たいせきてん》という。北緯a度，東経b度の地点の対蹠点は，南緯a度，西経(180－b)度になる。緯度は北緯と南緯を入れ替え，数値はそのまま。経度は，東経と西経を入れ替え，数値は180から引いた値となる。

3　1群＝a　2群＝い　3群＝イ　高温多湿の東南アジアでは，高床にすることで暑さや湿気をやわらげ，洪水の被害を抑える工夫をした伝統的な家屋が多くある。

4　ウ　スペイン語を話す人々をヒスパニックといい，ヒスパニックはメキシコとの国境に近い州に多く住んでいる。アジア系の人々は西海岸の州と東海岸の北部の州に多い。アフリカ系の人々は南部のメキシコ湾に面した州に多い。

5　イ　ア．誤り。中国は2018～2020年，アメリカ合衆国は2001年，2003～2004年，2006～2009年，2017年，2019～2020年，インドは2013～2014年，2019～2020年に前年の生産台数を下回っている。ウ．誤り。インドの生産台数は2000年が最も少なく，全体として増加傾向にある。エ．誤り。2005年の生産台数は，アメリカ合衆国がインドの約3倍である。

6　油やしの農園にするために大規模な開発が進み，熱帯雨林の減少が起きていることが書けていればよい。

7　資料5から，英語を話せる労働者が多いことを読み取る。資料6から，インドでの人件費がアメリカ合衆国に比べて圧倒的に安いことを読み取る。資料7から，インドとアメリカ合衆国のシリコンバレーの時差が13.5時間とほぼ半日であることから，24時間対応ができることを読み取る。

Ⅱ1　3　島根県は，鳥取県・広島県・山口県と隣接している。

2　記号＝a　県名＝秋田県　秋田竿燈まつりは，青森ねぶた祭，仙台七夕まつりと合わせて東北三大祭りといわれる。

3　①＝夏　②＝南東　③＝寒流で冷やされる　季節ごとに向きが変わる風を季節風(モンスーン)という。おもに夏に海洋から大陸へ，冬に大陸から海洋に向かって吹く。㋐の地域の南側に寒流の千島海流（親潮）が流れているため，夏の季節風が千島海流上空で冷やされて，濃霧が発生する。

4　え　　X県（茨城県）は，米・野菜の生産，畜産が盛んである。果実の産出額が高い**あ**は愛媛県，農業産出額総額が最も高く畜産の産出額が高い**い**は鹿児島県，米の産出額が高い**う**は新潟県である。

5　情報が集まってくることが書けていればよい。

6(1)　ウ　　ア．誤り。明らかに寺院（卍）の数の方が神社（⛩）の数より多い。イ．誤り。宮田町付近に等高線が細かく引かれている地域はないので，急な傾斜地ではなく，付近の土地は田（II）に利用されている。エ．誤り。高岡駅から見た高岡城跡の方位は，およそ北東である。　(2)　富山県は標高の高い山が多く，降水量も豊富なことから，水力発電に適しているといえる。

2　Ｉ１　①＝土偶　②＝鉄砲　　縄文時代，自然の豊かな実りを願って，女性をかたどった土偶が多くつくられた。1543年，中国船に乗って種子島に漂着したポルトガル人によって，鉄砲が伝えられ，堺（大阪府）や国友（滋賀県）などでは，刀鍛冶職人によって鉄砲が盛んにつくられるようになった。

2　イ　　メソポタミア文明ではくさび形文字が使われた。アはエジプト文明で使われた象形文字（神聖文字），ウはインダス文明で使われたインダス文字，エは中国文明で使われた甲骨文字。

3　ウ→エ→イ→ア　　ウ（弥生時代）→エ（奈良時代）→イ（平安時代後期）→ア（室町時代）

4　ア　　真言宗は，平安時代初頭に空海によって開かれた。資料１は，雪舟の『秋冬山水図－冬景』である。錦絵は，江戸時代に広まった多色刷りの浮世絵版画である。

5　長州藩，薩摩藩，肥前藩などでは，下級武士や改革派が実権をにぎり，財政の立て直しと軍事力の強化を進めた。藩政改革に成功したこれらの藩が力を蓄え，後に幕末から維新にかけて政治を動かすようになっていった。

6　資料４から，平民が聖職者や貴族を支えていたことを読み取り，資料５から，聖職者・貴族・平民が同様に負担していることを読み取る。

II１　①＝自由民権　②＝ポツダム　　征韓論争に敗れて政府を退いていた板垣退助らが民撰議院設立建白書を提出して，少数の有力者による専制政治をやめ，民撰議院（国会）を開くように主張したことから，自由民権運動が始まった。アメリカ・イギリス・ソ連の首脳がドイツのポツダムで日本の降伏条件を話し合い，アメリカ・イギリス・中国の名でポツダム宣言が発表された。

2　ア　　日米修好通商条約は，アメリカ合衆国と江戸幕府の間で結ばれた。1858年，大老の井伊直弼は，朝廷の許可を得ずに日米修好通商条約に調印した。

3　エ　　資料１は，大久保利通である。アは板垣退助，イは伊藤博文，ウは大隈重信。

4　重税に耐えたこと，多くの犠牲を払ったことを盛り込んであればよい。

5　イ→ウ→ア　　イ（1951年）→ウ（1964年）→ア（1972年）　　エは1923年のことであった。

6　資料４から，石炭から石油へのエネルギー転換（いわゆるエネルギー革命）が起きていたことを読み取る。資料５から，1973年に急激に原油価格が上昇した第１次オイルショック（石油危機）が起きたことを読み取る。資料６から，第１次オイルショックが起きると，物価が急激に上昇したことを読み取る。

3　Ｉ１　ユネスコ　　UNESCOは，国連教育科学文化機関の略称である。

2　イ　　アは（国連）平和維持活動，ウは政府開発援助，エは企業の社会的責任の略称。

3　インフォームド・コンセント　　インフォームド・コンセントは，患者の自己決定権を尊重する取り組みである。

4　エ　　ア．誤り。情報公開制度は，国や地方公共団体がもつ情報を開示するための制度で，国の国民に対する説明責任を強化するための取り組みである。イ．誤り。2001 年の中央省庁再編では，省庁の数は減少した。ウ．誤り。行政改革では，国の経済活動への介入をできるだけ小さくする取り組みが行われた。

5　ウ　　直接請求については，右表を参照。

	必要な署名数	請求先
条例の制定・改廃請求	有権者の50 分の 1 以上	首長
監査請求		監査委員
議会の解散請求	※有権者の 3 分の 1 以上	選挙管理委員会
首長・議会の議員の解職請求		
副知事・副市長村長・選挙管理委員・公安委員・監査委員の解職請求		首長

※有権者数が 40 万人以下の場合。

議会と首長・議会の議員については，住民投票を行い，その結果，有効投票の過半数の同意があれば解散または解職される。

6⑴　複製　　コピーでもよい。

⑵　資料中に，参考資料の出典が明記されていることから考える。

Ⅱ 1　SDGs　　持続可能な開発目標を SDGs といい，17 の目標と 169 のターゲットが掲げられている。

2　ア　　イ．誤り。需要量と供給量が一致し市場の均衡がとれた価格を均衡価格という。ウ．誤り。商品の価格は，一般的に供給量が需要量を下回っている場合に上がる。エ．誤り。水道の価格は地方公共団体，ガスの価格はガス会社によって異なる。

3　流通費用の削減　　卸売業者を介さないことで，費用を落とすことができる。

6　国債費…国債の発行から償還までにかかる費用。国債を発行することは，次世代の負担を増やすことになる。

2023 解答例 令和５年度　鹿児島県公立高等学校

《2023　国語　解答例》

1　１．⑴浴　⑵警告　⑶風潮　⑷とうすい　⑸おこた　⑹はんぷ　　２．イ

2　１．ア　　２．エ　　３．Ⅰ．文字による情報　Ⅱ．深い意味を持つ経験　Ⅲ．世界の仕組みについての知識を学ぶことで自分の経験の狭さから脱し、その知識を組み合わせて現状を分析し、新たな経験に活かしていける

４．ウ

3　１．いて　　２．エ　　３．Ⅰ．めでたき音　Ⅱ．今はかぎり　Ⅲ．人の心を動かす

4　１．ウ　　２．Ⅰ．あざやかな色　Ⅱ．新しく絵を描き直す　Ⅲ．自分の気持ちに素直になって　　３．X．イ　Y．感情を素直に表す鈴音の姿に触発され、抑圧された日々に対する正直な感情を今なら表現できると確信し、この機会を逃すまいと興奮している

5　資料番号…１，２

見出しＡ…鹿児島で開催！　第 47 回全国高等学校総合文化祭

見出しＢ…

今年は、鹿児島県内各地で開催され、参加校は約３千校、参加者は約２万人にもなる大規模な文化祭です。特に、今回は第 47 回大会で、全都道府県開催の一巡目を締めくくる記念すべき大会となります。

各校の文化部の活動や成果を知ることで、大きな刺激を得られるでしょう。また、全国の高校生と交流ができるのも魅力です。

《2023　数学　解答例》

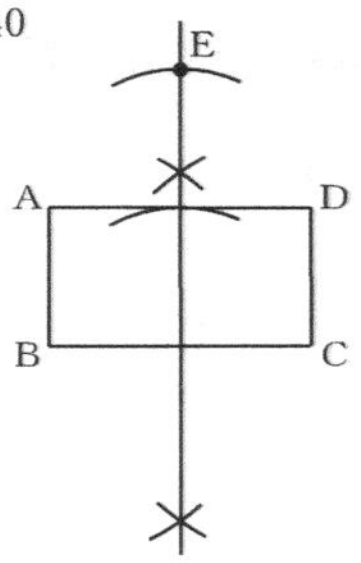

1　１．⑴５　⑵$\frac{1}{10}$　⑶y^2　⑷13　⑸ア　　２．$x=3$　$y=-1$　　３．４　　４．１　　５．0.40

2　１．⑴540　⑵イ　⑶72　　２．右図　※３．４

3　１．エ　　２．⑴13.5　⑵イ　　３．①イ　②ア　③ウ　④ア　⑤ウ

4　１．４　　２．ア，ウ　　３．※⑴（－４，０）　⑵$\frac{2}{9}$

5　１．$3\sqrt{5}$

２．△ＡＥＣは△ＡＢＣを折り返したものだから　∠ＢＡＣ＝∠ＦＡＣ…①

ＡＢ//ＤＣより，錯角は等しいので　∠ＢＡＣ＝∠ＦＣＡ…②

①，②より　∠ＦＡＣ＝∠ＦＣＡ　よって，△ＡＣＦは２つの角が等しいので，二等辺三角形である。

３．$\frac{9}{4}$　　４．$\frac{135}{176}$

※の方程式と計算過程，求め方は解説を参照してください。

《2023　英語　解答例》

1　１．エ　　２．ア　　３．ウ　　４．December　　５．ア　　６．エ　　７．never give up her dream

８．We will sing a song for them.

2　１．①ウ　②イ　　２．①arrive　②kitchen　③vegetables　　３．⑴I saw it　⑵will be sunny　⑶how to use

４．I found a crying girl.　She said she couldn’t find her father.　So I took her to the police station.　Then, her father came.　Finally, she met her father.　We were very happy.

3 Ⅰ．1．イ　2．His host family and his friends did.　3．ウ　Ⅱ．1．ア　2．エ　Ⅲ．イ

4 1．(A)ウ　(B)イ　(C)ア　2．Wetlands are now getting smaller　3．ウ　4．エ　5．湿地は水をきれいにし，二酸化炭素を保持できること。　6．We can clean our town.　We can ask our friends to clean our town together.

《2023　理科　解答例》

1 1．8　2．CO_2+2H_2O　3．ア　4．7　5．(1)500　(2)C．ウ　D．ア　E．イ　(3)60　(4)ウ

2 Ⅰ．1．溶岩　2．噴火のようすはおだやかで，火山噴出物の色は黒っぽい。　3．ア　4．b．エ　c．ウ
Ⅱ．1．温度が低いから。　2．イ　3．a．自転　b．球形　4．2.2

3 Ⅰ．1．一極…亜鉛板　電流の向き…X　2．イ　3．(1)a．化学　b．電気　(2)亜鉛原子が亜鉛イオンになるときに失った電子を銅イオンが受けとって銅原子になる
Ⅱ．1．空気より密度が大きい　2．a．イ　b．5.00　3．25.00

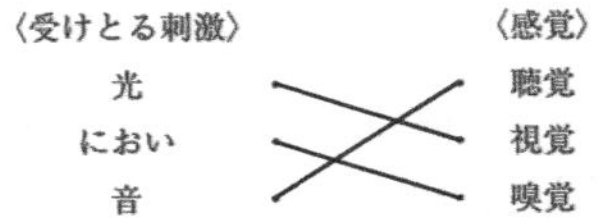

4 Ⅰ．1の図

4 Ⅰ．1．右図　2．(1)0.28　(2)末しょう神経　(3)①イ　②ア
Ⅱ．1．うろこ　2．A．カ　D．イ　3．②イカ　③ネズミ
4．動物名…カエル　理由…幼生のときは水中で生活するが，成体のときは陸上で生活することもできるため。

5 Ⅰ．1．屈折　2．20　3．①イ　②ア
4．右図　Ⅱ．1．回路　2．右グラフ
3．0.5　4．エ→ウ→ア→イ

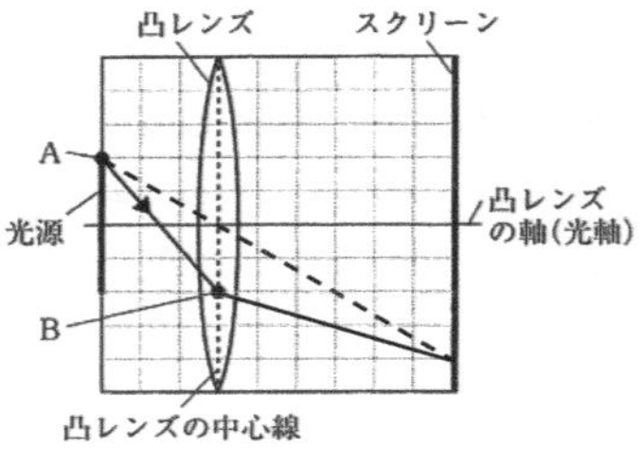

5 Ⅰ．4の図

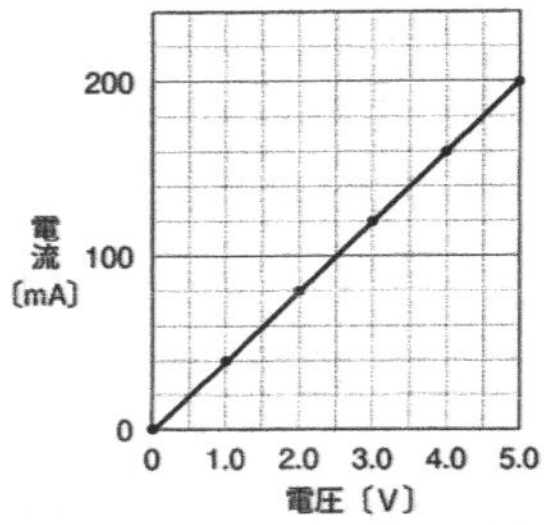

《2023　社会　解答例》

1 Ⅰ．1．インド洋　2．ウ　3．エ　4．①イスラム教　③仏教　5．国境でのパスポートの検査がなく，共通通貨のユーロを使用しているため。　6．1963年のブラジルは，コーヒー豆の輸出にたよるモノカルチャー経済の国であったが，近年は大豆や鉄鉱石など複数の輸出品で世界的な輸出国となっている。　Ⅱ．1．酪農
2．千島海流〔別解〕親潮　3．ア　4．水はけがよい　5．冬でも温暖な気候をいかして生産を行うことで，他の産地からの出荷量が少なくて価格が高い時期に出荷できるから。　Ⅲ．1．ウ　2．記号…イ／すぐ側に山があり崖崩れの危険性があるため，土砂災害の避難所に適さないから。

2 Ⅰ．1．①摂関　②御成敗式目〔別解〕貞永式目　2．渡来人　3．インドや西アジアの文化の影響を受けたものが，遣唐使によって日本に伝えられるなど，国際色豊かであった。　4．ウ→ア→エ→イ　5．イ　6．貧富の差が大きくなる　Ⅱ．1．①国際連盟　②大正デモクラシー　2．エ　3．与謝野晶子　4．政党　5．ア
Ⅲ．シベリア出兵を見こした米の買い占めによって米の価格が急激に上昇したから。

3 Ⅰ．1．幸福　2．イ　3．環境アセスメント〔別解〕環境影響評価　4．ア　5．投票率の低い若い世代の投票できる機会を増やしたり，選挙への関心を高めたりすることで，投票率を上げること。　Ⅱ．1．間接税
2．クーリング・オフ(制度)　3．ウ　4．エ　5．出資した金額以上を負担しなくてもよい　Ⅲ．鹿児島県を訪れる外国人の人数が年々増えており，外国人にも分かるように日本語だけでなく外国語や絵なども用いられている。

《2023　国語　解説》

1　２　書体には、一画ずつ正確に書く「楷書《かいしょ》」、点画を続けたり省略したりして書く「行書《ぎょうしょ》」、可能な限り点画を省略して書く「草書《そうしょ》」がある。行書の特徴は、例に挙げられている「茶」の場合、「くさかんむり」の横画と左はらい（楷書では第一画と第四画）が切れずに連続している点が「点画が一部連続し」に当たり、本来の書き順は「くさかんむり」の横画が第一画だが、この例では第三画になっている点が「筆順が変化している」に当たるので、イが適する。

2　１　ａ．前の「身近な問題を日常的にこなすためには～自分の経験だけで大丈夫かもしれません」と、後の「身近で経験できる範囲の外側にある問題や、全く新しい事態にある問題について、考えたり、それに取り組んだりしようとすると～自分の経験だけではどうにもなりません」は逆の内容の話題なので、「しかし」が入る。　ｂ．形式段落４～７で説明した内容を、８の最初の一文でまとめて言い換えているので、「つまり」が入る。よって、アが適する。

２　「不要」とエの「未知」は、上の漢字が下の漢字を打ち消している。下の漢字を打ち消す漢字は、「不」以外に「無」「非」などが用いられる。アの「失敗」とウの「過去」は、同じような意味の漢字の組み合わせ。イの「信念」は、上の漢字が下の漢字を修飾している。

３Ⅰ　形式段落９の「文字による情報を通して、ほかの人の成功や失敗がどうだったのかとか、ほかの人の経験がどうなのかということを学ぶ」の部分がノートの内容に合致する。　Ⅱ「同じ夜の星を見る少年と天文学者」の例は形式段落11に書かれており、「十分な知識があれば、深い意味を持つ経験ができる」とある。　Ⅲ「学校で学ぶ意義」は形式段落14に「学校の知というのは、そういう意味で意義がとてもよく分かるわけです」とあるので、続く「世界がどうなっているかという知識をみんなが勉強して、それを使って目の前の現実を解釈して、新しい事態への対応（新たな経験）に活《い》かしていける」の部分を使ってまとめる。

４　「知識の活用の本質」とは、直前の「過去についての知識を組み合わせて現状を分析し、未来に向けていろいろなことをする」の部分を指している。ウの「社会科や理科の学習内容を生かして通学路の危険な箇所を把握し」が前半部分、「災害時に的確な行動をとれるようハザードマップを作成したい」が後半部分に合致する。

3　１　古文の「わゐうゑを」は、「わいうえお」に直す。

２　②　本文冒頭の「（用光《もちみつ》は）弓矢の行方知らねば」から「といひければ」までが用光の動作である。

③　――線部②に続く「宗《むね》との大きなる声にて、『主たち～もの聞け』といひければ」が宗との動作である。

３Ⅰ　用光の演奏が素晴らしいということがわかる根拠を挙げる問題。用光が笛を吹く場面に「めでたき音を吹き出でて、吹きすましたりけり（＝すばらしい音を吹き出して、心をすまして吹き続けた）」とある。　Ⅱ　生徒Ｃの「（用光が）どんな思いで演奏していたんだろう」という問いに、生徒Ａが「死を覚悟していたんだと思うよ」と言っており、生徒Ｂがそれを「たしかに」と受けていることから、演奏する場面の「今はかぎり（これが最後）」がふさわしい。　Ⅲ　生徒Ａの「演奏には万感の思いが込もっていたんだろうね」という言葉に、生徒Ｂは「だから～何も奪わずに去っているんだね」と答えている。物を奪おうとしていた海賊が、素晴らしい笛の音を聞いて奪うのをやめたという内容から、音楽にある力とは、「人の心を動かす」力だと考えられる。

【古文の内容】

（用光は）弓矢を扱うことができないので、防ぎ戦う方法もなく、今は間違いなく殺されるだろうと思って、篳篥《ひちりき》を取り出して、船の屋根の上に座って、「そこの者たちよ。今はとやかく言っても始まらない。早くなんでも好きなものをお取りください。ただし、長年、心に深く思ってきた篳篥の、小調子《こちょうし》という曲を、吹いてお聞かせ申そう。そのようなことがあったと、のちの話の種とされるがよい」と言ったところ、宗とが大きな声で、「お前たち、しばらく待ちなさい。このように言うことだ。（篳篥の演奏を）聞け」と言ったので、船をその場にとどめて、それぞれ静かになったところ、用光は、これが最後と思われたので、涙を流して、すばらしい音を吹き出して、心をすまして吹き続けた。海賊たちは、静かになって、黙っていた。じっくりと聞いて、曲が終わって、先ほどの（宗との）声で、「あなたの船にねらいをつけて、（自分たちの船を）寄せたけれども、曲の音色に涙がこぼれて（しまったので）、去ってしまおう」と言って、漕《こ》いで行ってしまった。

4　1　――線部①の「僕だってそうだ」とは、直前に描かれている、「大会がなくなって、ふてくされて練習に身が入らなくなっている」「彼ら」の様子と同じように、「市郡展の審査がない」こと、つまり力を試す場所がないということが、「思いのほか響いていて、うまく絵が描けなくなっていた」ということである。

2 Ⅰ　「ここ数年」どのような「嘘《うそ》の絵」を描いていたのかを読み取る。墨で汚された絵を黒く塗っている場面に、「なんかこの絵は嘘っぽい」「嘘をついてきれいな絵を描く」という表現がある。「僕」は、「あざやかだった絵の上に」ローラーで黒のアクリルガッシュを塗っていった。つまり、「嘘の絵」は、「あざやかな色」で塗ってあったのである。　Ⅱ　冒頭に「この絵をどうしよう」とあるように、本文は、千暁《かずあき》が汚された絵をどのように修正すればよいかと悩む場面から始まっている。この時点では、「新しく描き直す、なんてことは、今までの労力的にもできないし」と考えていた。しかし、絵を黒く塗り、「嘘の絵を描いていたことに気づいた」ことは、この後スクラッチ技法で「新しく絵を描き直す」ことのきっかけになったといえる。　Ⅲ　ここより前に、「嘘をついてきれいな絵を描く必要だってないはずだ」とある。この後千暁は、鈴音の「感情を爆発させている姿」を描きたいと強く思い、自分の気持ちに素直になって絵を描いている。

3 X　鈴音が大声で激しく泣き出した理由は、真っ黒に塗りつぶされた絵を見て、「ごめっ…ごめん、…ごめんなざっ、…」「絵っ、……絵、汚して、だか、……だからそんなっ、」「まっくろぉおおおお!!」と言っていることから読み取れる。自分が絵を汚したことで、千暁が絵を真っ黒に塗りつぶしたのだと思い、絵を台無しにしてしまって申し訳ないと思っている。よって、イが適する。　Y　――線部③の「狩猟」とは、その前にある「慎重につかみ取れ。決して逃すな。対象を捉えろ、この鈴音の爆発を捉えろ、削り出し、描け」とあるように、スクラッチ技法で、鈴音の泣いている姿を描き出すことを指している。それは「嘘の絵」ではなく、「獲物を捕まえろ。生け捕れ」とあるように、今まで描けなかった本当に描きたい絵が描けそうで、それを逃したくないという心情が反映されている。

《2023　数学　解説》

1　1(1)　与式$=7-2=\mathbf{5}$

(2)　与式$=(\frac{5}{10}-\frac{2}{10})\times\frac{1}{3}=\frac{3}{10}\times\frac{1}{3}=\mathbf{\frac{1}{10}}$

(3)　与式$=x^2+2xy+y^2-x^2-2xy=\boldsymbol{y^2}$

(4)　絶対値が7より小さい整数は，±1，±2，±3，±4，±5，±6，0だから，$6\times2+1=$**13(個)**ある。

(5)　**【解き方】$\sqrt{\bigcirc}$の形で表して$\sqrt{}$の中の数を比べる。**

$3\sqrt{2}=\sqrt{18}$，$2\sqrt{3}=\sqrt{12}$，$4=\sqrt{16}$で，$18>16>12$だから，$3\sqrt{2}>4>2\sqrt{3}$である。よって，**ア**が正しい。

2　$3x+y=8$…①，$x-2y=5$…②とする。

①×２＋②でyを消去すると，$6x+x=16+5$　　$7x=21$　　$x=$**３**

①に$x=3$を代入すると，$9+y=8$　　$y=$**－１**

3　100＋50＝150(円)，100＋10＝110(円)，50＋10＝60(円)，10＋10＝20(円)の**４通り**ある。

4　9÷11＝0.8181…となるから，小数第n位の数は，nが奇数のとき８，偶数のとき１となる。

よって，小数第20位の数は**１**である。

5　**【解き方】(度数)＝(度数の合計)×(相対度数)から，各中学の度数をまず求める。**

200 cm以上220 cm未満の階級の度数は，Ａ中学校が20×0.35＝７(人)，Ｂ中学校が25×0.44＝11(人)である。

よって，求める相対度数は，$\dfrac{7+11}{45}=$**0.40**

2　**1**(1)　**【解き方】n角形の内角の和は，180°×(n－２)で求められる。**

正五角形の内角の和は，180°×(５－２)＝**540°**

(2)　アは長方形の定義，**イ**はひし形の定義，ウは平行四辺形の定義である。エを定義とする四角形は存在しない。

(3)　右図のように記号をおく。正五角形の１つの内角は540°÷５＝108°である。

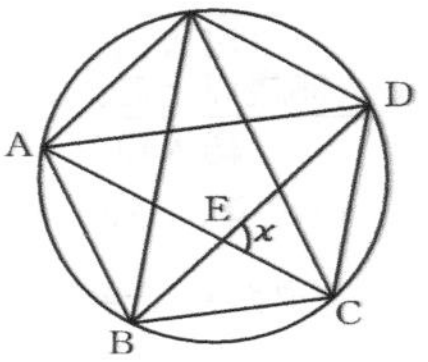

△ＡＢＣはＢＡ＝ＢＣの二等辺三角形で，∠ＡＢＣ＝108°だから，

∠ＡＣＢ＝(180°－108°)÷２＝36°

△ＢＣＤも二等辺三角形だから，先ほどと同様に，∠ＤＢＣ＝36°

三角形の１つの外角は，これととなり合わない２つの内角の和に等しいから，

△ＢＣＥにおいて，∠x＝∠ＥＣＢ＋∠ＥＢＣ＝36°＋36°＝**72°**

2　線分ＢＥと線分ＣＥの長さが等しいので，ＥはＢＣの垂直二等分線上にある。

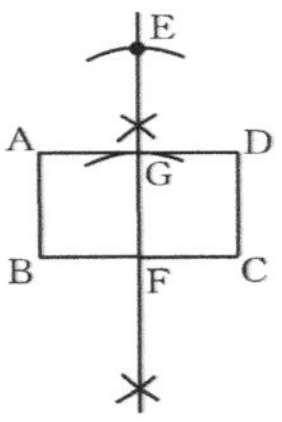

△ＢＣＥの面積は，$\dfrac{1}{2}$×ＢＣ×(高さ)，長方形ＡＢＣＤの面積は，ＢＣ×ＡＢだから，２つの面積が等しくなるのは，$\dfrac{1}{2}$×(高さ)とＡＢが等しいとき，つまり，△ＢＣＥの高さがＡＢの長さの２倍のときである。

線分ＡＥの長さは線分ＢＥの長さより短いので，Ｅは直線ＢＣよりも下の方にはない。

したがって，ＢＣの垂直二等分線とＢＣ，ＡＤとの交点をそれぞれＦ，Ｇとすると，

ＧＥ＝ＦＧとなるように，ＢＣの垂直二等分線上でＡＤよりも上の方にＥをとればよい。

3　**【解き方】この直方体の展開図は右のようになる。**

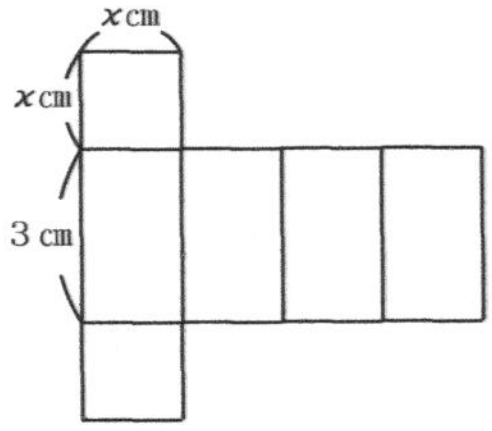

底面積の和は，$x^2\times2=2x^2$(cm²)　　側面積は，$3\times4x=12x$(cm²)

したがって，表面積について，$2x^2+12x=80$　　$x^2+6x-40=0$

$(x+10)(x-4)=0$　　$x=-10,\ 4$　　$x>0$より，$x=4$

よって，底面の正方形の１辺の長さは**４cm**である。

3　**1**　**【解き方】増減だけに注目して人口総数の変化を見ていく。**

表で５年ごとの人口総数の変化を見ていくと，1950年→(増)→1955年→(減)→1960年となっているから，アとイは適当でないとわかる。さらに見ていくと，1960年→(減)→1965年→(減)→1970年→(減)→1975年→(増)→1980年→(増)→1985年となっているから，適当なものは**エ**である。

2(1)　このヒストグラムは，都道府県ごとに，$\dfrac{(15歳未満の人口)}{(総人口)}$×100(%)を計算し，それを階級の幅が１%の各階級に割りふったものである(都道府県は全部で47あるので，度数の合計は47になる)。鹿児島県は約13.3%なので，13%以上14%未満の階級に含まれる。その階級値は，(13＋14)÷２＝**13.5(%)**

⑵　**【解き方】箱ひげ図からは，右図のようなことがわかる。半分にしたデータ（記録）のうち，小さい方のデータの中央値が第１四分位数で，大きい方のデータの中央値が第３四分位数となる（データ数が奇数の場合，中央値を除いて半分にする）。**

ア～エの箱ひげ図では最小値と最大値が同じなので，その他の値で比較する。データは全部で47個ある。

47÷２＝23余り１より，真ん中の１個を除いてデータを下位23個と上位23個に分ける。23÷２＝11余り１だから，47個のデータを小さい順に，11個，①1個，11個，②1個，11個，③1個，11個と並べると，①が第１四分位数，②が中央値，③が第３四分位数である。ヒストグラムから，①，②，③がそれぞれどの階級に含まれるか調べると，①は11％以上12％未満，②と③は12％以上13％未満とわかる。この条件にあてはまる箱ひげ図は**イ**である。

３　**【解き方】図２と図３は以下のように作ったものである。まず1960年について，43市町村ごとに $\frac{(15歳未満の人口)}{(総人口)}$ ×100（％）を計算し，その43個のデータをもとに作成した箱ひげ図を図２に並べる。次に，$\frac{(65歳以上の人口)}{(総人口)}$ ×100（％）を計算し，その43個のデータをもとに作成した箱ひげ図を図３に並べる。この作業を1970年，1980年，……2020年とすべて行って，図２と図３ができている。したがって，各箱ひげ図は43個のデータからできている。**

①範囲は箱ひげ図全体の長さが表しているから，図２において，1990年よりも2000年の方が小さい。したがって，「**イ**　正しくない」。

②図３において，1980年の第３四分位数は15％と20％の間にあるから，「**ア**　正しい」。

③43÷２＝21余り１，21÷２＝10余り１だから，43個のデータを小さい順に，10個，ａ1個，10個，ｂ1個，10個，ｃ1個，10個と並べると，ａが第１四分位数，ｂが中央値，ｃが第３四分位数である。図２において，2010年も2020年も第３四分位数が15％より小さいので，15％を超えているデータの個数は多くても10個であるとわかるが，どちらが多いかはわからない。したがって，「**ウ**　図２や図３からはわからない」。

④図３において，2000年の第１四分位数は25％より大きいから，③より，少なくても43－10＝33（個）のデータが25％を超えている。したがって，「**ア**　正しい」。

⑤平均値は最小値と最大値の間にあるが，箱ひげ図から具体的な平均値は読み取れない。したがって，図２と図３において1990年の平均値が同じになる可能性もあれば，いずれかが大きくなる可能性もあるので，「**ウ**　図２や図３からはわからない」。

4　１　Ａは $y=\frac{1}{4}x^2$ のグラフ上の点だから，$y=\frac{1}{4}x^2$ に $x=4$ を代入すると，$y=\frac{1}{4}\times4^2=4$ より，Ａ（４，４）

２　Ｂの x 座標が小さくなっていくと，Ａは動かないので，直線ＡＢはだんだん水平になっていく。したがって，「ア　直線ＡＢの傾き」は小さくなっていき，y 軸との交点は上に移動していくから，「イ　直線ＡＢの切片」は大きくなっていく。また，Ｃは放物線上を左上に上がっていくので，「ウ　点Ｃの x 座標」は小さくなっていき，「エ　△ＯＡＣの面積」は大きくなっていく。よって，**ア**，**ウ**が適当である。

３⑴　**【解き方】Ｃの座標→直線ＡＢの式→Ｂの座標，の順に求めていく。**

$y=\frac{1}{4}x^2$ にＣの x 座標の $x=-2$ を代入すると，$y=\frac{1}{4}\times(-2)^2=1$ となるから，Ｃ（－２，１）である。

直線ＡＢの式を $y=mx+n$ とする。Ａの座標から $4=4m+n$，Ｃの座標から $1=-2m+n$ が成り立つ。

これらを連立方程式として解くと，$m=\frac{1}{2}$，$n=2$ となるから，直線ＡＢの式は，$y=\frac{1}{2}x+2$

この式にBのy座標の$y=0$を代入すると，$0=\frac{1}{2}x+2$より$x=-4$となるから，**B(－4，0)**

(2)　**【解き方】aもbも1以上6以下だから，$-1\leqq a-2\leqq 4$，$0\leqq b-1\leqq 5$なので，Pは右図の点線とx軸に囲まれた範囲のいずれかに収まる。したがって，図の太線上にPがくるような出方が何通りあるかを調べる。**

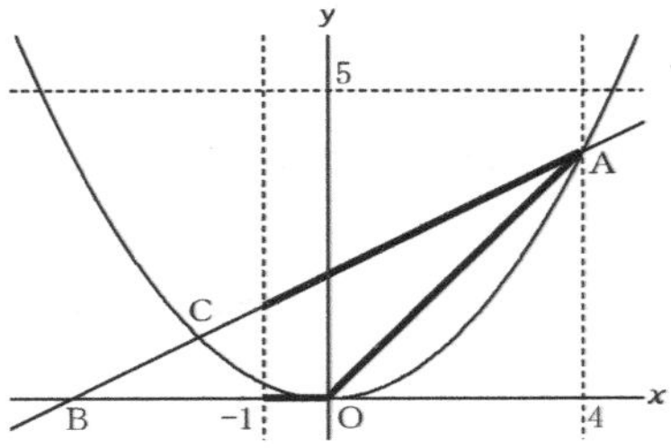

直線ABの式から，AB上でx座標が－1，0，1，2，3，4それぞれのときのy座標を調べる。OB上でx座標が－1，0のときのy座標は0である。直線OAの傾きはAの座標より$\frac{4}{4}=1$だから，直線OAの式は$y=x$であり，OA上でx座標が0，1，2，3，4のときのy座標を調べる。以上をまとめると，右表のようになる。よって，△OABの辺上にくるようなPの座標は，(－1，0)(0，0)(0，2)(1，1)(2，2)(2，3)(3，3)(4，4)の8通りあるから，条件に合う出方は8通りある。

x座標	－1	0	1	2	3	4
AB	$\frac{3}{2}$	2	$\frac{5}{2}$	3	$\frac{7}{2}$	4
OB	0	0				
OA		0	1	2	3	4

大小2個のさいころの目の出方は全部で6×6＝36(通り)あるから，求める確率は，$\frac{8}{36}=\mathbf{\frac{2}{9}}$

5　1　三平方の定理より，$\mathrm{AC}=\sqrt{\mathrm{AB}^2+\mathrm{BC}^2}=\sqrt{6^2+3^2}=\sqrt{45}=\mathbf{3\sqrt{5}}$(cm)

2　まず，問題文の仮定を図にかきこんで，証明のために必要な条件を探そう。条件が足りない場合は，問題の内容に応じて，図形の性質，平行線の同位角・錯角，円周角の定理などからわかることもかきこんでみよう。

3　**【解き方】図2でCFの長さがわかればよいので，CF＝acmとすると，△ACFが二等辺三角形だから，AF＝CF＝acmとなる。三平方の定理より，aの方程式を立てる。**

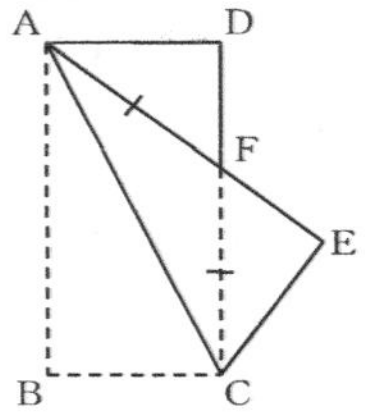

CE＝CB＝3cm，FE＝AE－AF＝6－a(cm)だから，三平方の定理より，

$\mathrm{CE}^2+\mathrm{FE}^2=\mathrm{CF}^2$　　$3^2+(6-a)^2=a^2$　　これを解くと，$a=\frac{15}{4}$

よって，$\mathrm{DF}=6-\frac{15}{4}=\mathbf{\frac{9}{4}}$(cm)

4　**【解き方】右の「1つの角を共有する三角形の面積」を利用する。したがって，△ACFの面積と，AI：AC，AJ：AFがわかればよい。**

1つの角を共有する三角形の面積

右図のように△PQRと△PSTが1つの角を共有するとき，△PSTの面積は，

$\triangle\mathrm{PST}=\triangle\mathrm{PQR}\times\frac{\mathrm{PS}}{\mathrm{PQ}}\times\frac{\mathrm{PT}}{\mathrm{PR}}$

で求められる。

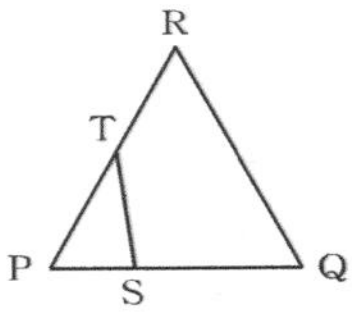

図3において，図2の△ACFと同様に△DBHも二等辺三角形であり，BHの長さもCFと同様に$\frac{15}{4}$cmとなるから，$\mathrm{AH}=\mathrm{DF}=\frac{9}{4}$cmである。

AB//DCより，△AHI∽△CDIだから，$\mathrm{AI}:\mathrm{CI}=\mathrm{AH}:\mathrm{CD}=\frac{9}{4}:6=3:8$

したがって，AI：AC＝3：(3＋8)＝3：11

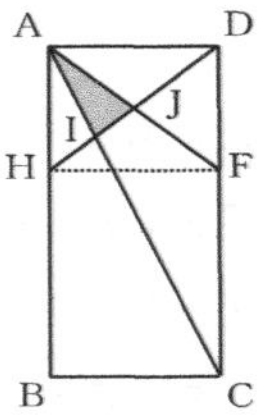

四角形AHFDは長方形で，長方形(平行四辺形)の対角線は互いの中点で交わるから，

AJ：AF＝1：2

$\triangle\mathrm{ACF}=\frac{1}{2}\times\mathrm{CF}\times\mathrm{AD}=\frac{1}{2}\times\frac{15}{4}\times3=\frac{45}{8}$(cm²)

よって，$\triangle\mathrm{AIJ}=\triangle\mathrm{ACF}\times\frac{\mathrm{AI}}{\mathrm{AC}}\times\frac{\mathrm{AJ}}{\mathrm{AF}}=\frac{45}{8}\times\frac{3}{11}\times\frac{1}{2}=\mathbf{\frac{135}{176}}$(cm²)

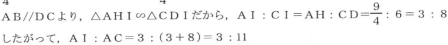

《2023　英語　解説》

1　1　ケンタの1回目の発言「ルーシー，素敵な靴を履いているね」とルーシーの1回目の発言「昨日買ったの」より，エが適当。

2　ユミの1回目の発言「私は春が一番好き」とマークの2回目の発言「僕も」より，ア「春」が適当。

3　ベッキー「トモヤ，英語のテストに向けて何ページ読まなければならないの？」→トモヤ「40ページだよ」→ベッキー「何ページ終わったの？」→トモヤ「26ページだよ」→ベッキー「あと14ページ読まないとね。がんばってね」より，ウが適当。

4　【放送文の要約】参照。質問「ボブは12月にオーストラリアに帰りますか，それとも1月に帰りますか？」…オーストラリアに帰るのは1月10日の2週間前だから，12月（＝December）である。

【放送文の要約】

サキ：来月オーストラリアに帰るそうね，ボブ。向こうにどれくらい滞在するの？

ボブ：2週間だよ。僕は1月10日に日本に戻るよ。

サキ：じゃあ，元旦はオーストラリアで過ごすのね。

ボブ：うん，家族と一緒だよ。

5　【放送文の要約】参照。1文目の「日本人とアメリカ人がどれだけ肉を食べたか」より，アが適当。

【放送文の要約】

2020年に日本人とアメリカ人がどれだけ肉を食べたかについてお話しします。彼らはしばしば牛肉，鶏肉，豚肉の3種類の肉を食べます。これを見てください。日本人は豚肉と同じくらい鶏肉を食べました。アメリカ人はどうでしょうか？鶏肉を最もたくさん食べました。アメリカでは牛肉が最もよく食べられていると思うかもしれませんが，そうではありません。興味深いですね。

6　【放送文の要約】参照。

【放送文の要約】

「スターライトコンサート」へようこそ！コンサートを楽しむために，いくつかのルールを覚えておいてください。水やお茶を飲むことができます。お望みなら写真を撮ってインターネットに載せることができます。音楽に合わせてダンスを楽しむことができます。しかし，このホール内では電話で話すことはできません。コンサートを楽しんで良い思い出を作ってください。ありがとうございました。

7　【放送文の要約】参照。質問「トモコは好きな歌手から何を学びましたか？」…彼女は自分の夢を決してあきらめないことを学んだので，never give up her dream と答える。主語が She の文だから，her dream にすること。

【放送文の要約】

こんにちは，みなさん。今日は，私が学んだことを1つお話しします。先週，私はテレビで好きな歌手のインタビューを見ました。彼女は有名になる前に大変な時期を経験しました。彼女はとても貧しくて仕事をしなければならなかったので，音楽を学ぶ時間がありませんでした。彼女はどのようにして有名になったのでしょうか？その答えはインタビューの中にありました。「私は夢を諦めたことがありません」と彼女は言いました。私は自分の夢を決して諦めてはいけないと学びました。私は彼女の言葉が将来，大いに自分の励みになることを願っています。

8　【放送文の要約】参照。

ナオコ：オーストラリアからの数人の学生が，来週私たちのクラスを訪問します。

ポール：そうだね，ナオコ。僕は君に彼らを歓迎するために何かしてあげてほしいな。

ナオコ：教室で彼らを喜ばせるアイデアがあります。

ポール：ああ，そうなの？君は彼らのために何をするつもりなの？

ナオコ：(例文)彼らのために歌を歌います。(We will sing a song for them.)

2　1【本文の要約】参照。

【本文の要約】

コウヘイ：やあ，今話しかけてもいいですか？

エラ　　：いいよ。どうしたの，コウヘイ？

コウヘイ：来週，英語の授業でスピーチをしなければならないんです。授業の前に，僕の英語のスピーチをチェックしてほしいです。②〈イ〉手伝っていただけませんか？

エラ　　：ええ，もちろん。あなたはスピーチで何について話すの？

コウヘイ：家族のことを話します。

エラ　　：わかったわ。①〈ウ〉何分間話すの？

コウヘイ：３分間です。

エラ　　：なるほど。放課後に時間はある？

コウヘイ：はい，あります。僕が職員室に行きます。よろしいですか？

エラ　　：いいよ。じゃあそのときにね。

2【本文の要約】参照。①「場所に到着すること」…arrive「到着する」　②「料理のために使う部屋」…kitchen「台所」　③「ジャガイモ，ニンジン，タマネギのような食べられる植物」…vegetables「野菜」

【本文の要約】

ジョン　：おはよう，お父さん。

オリバー：おはよう，ジョン。ああ，今夜ここで友達とパーティーをするんだよね？

ジョン　：そうだよ。とてもうれしいよ。ベンとロンが来るんだ。

オリバー：彼らは何時に来るんだい？

ジョン　：彼らは５時半に駅に①着く(＝arrive)よ。だから５時45分から５時50分の間に来ると思うよ。

オリバー：そうなんだね。

ジョン　：②台所(＝kitchen)を使ってもいい？僕たちは一緒にピザを作るんだ。

オリバー：それはいいね。テーブルの上のすべての③野菜(＝vegetables)を使っていいよ。

ジョン　：ありがとう。ジャガイモとタマネギを使うよ。

3(1)　A「いつその映画を見たの？」より，B「昨日見たよ」＝I saw it yesterday. とする。the movie を代名詞の it に置き換える。　(2)　A「今日は雨が降っているよ。明日はどう？」より，「明日は晴れるそうだよ」＝I hear that it will be sunny tomorrow.とする。未来の文では，will の直後の be 動詞は原形の be にする。　(3)　A「この古いカメラを使うことができる？」→B「いや，でも父はその(　　)を知っているよ」より，「使い方」＝how to use が入る。

4　25 語～35 語の条件を守ること。(例文)「帰宅途中，私は泣いている女の子を見つけました。彼女はお父さんが見つからないと言いました。そこで私は彼女を警察署に連れて行きました。そのとき，彼女のお父さんがやってきました。ついに彼女はお父さんに会えました。とてもよかったです」

3　Ⅰ【本文の要約】参照。

2　「コウジが悲しいとき，だれが彼をサポートしましたか？」…第３段落４～５行目より，ホストファミリーや友達である。Who が主語で過去形の一般動詞を使った疑問文では，～ did.の形で答える。

【本文の要約】

みなさん，こんにちは！私が約１年前に横浜からここに来たのをみなさんは覚えていますか？今日は私の経験について話したいと思います。

私は 13 歳の時，新聞を読んでこの島で勉強することを知りました。とても興味を持ちました。私は自然，特に海とそこに住む動物が好きでした。私は両親に「鹿児島の離島で勉強してもいい？」と言いました。両親と何度も話をした後，両親はついに１年間ここに住み，勉強することを許してくれました。私は去年の４月にここに来ました。

最初はとても①イわくわくしていた（＝excited）ので，例えば，新しい友達と一緒に勉強したり，ホストファミリーと一緒に生活したり，ボートで釣りをしたり，何でも楽しめました。しかし，６月になって，私は自信を失いました。お皿を洗おうとして，たくさん割ってしまいました。おにぎりを作ったとき，塩を使いすぎました。本当にたくさん失敗をしました。何もうまくできませんでした。2悲しいときは，ホストファミリーや友達に自分の気持ちを話しました。すると彼らは私の気持ちを理解し，サポートしてくれました。彼らは私に「やってみれば何でもできるよ。ミスをすることを心配しなくていいよ。自分の失敗から学ぶことが大切だよ」と言ってくれました。

今，私は楽しく多くのことをしようとしています。ここに来る前は夕食後に皿洗いをしませんでしたが，今は毎日しています。ここに来る前は，他の人と話すことを楽しんでいませんでしたが，今はこの島で友達と話すことを楽しんでいます。私はよく他人に助けを求めましたが，今はそうしていません。②ウこの島で私は大きく変わりました。

私はもうすぐここを去らなければなりません。私はここでの経験から多くのことを学びました。私は今，自分が精神的に自立していると思います。皆さん，ありがとうございました。私はこの島での生活を決して忘れません。

Ⅱ【本文の要約】参照。

1　マキの３回目の発言より，ファミリーコンサートは最も大きいホールで行われる。よって，ウェブサイトの Our Halls より，最も大きいホールは West Hall「西ホール」である。

2　マキの５回目の発言より，マキは３月の２週目にテスト，３月 12 日に妹の誕生日会がある。よって，ウェブサイトの March「３月」のカレンダーのピアノコンサートがある日の中では，14 日が最適である。

【本文の要約】

マキ　　　：アレックス，これ見て。鹿児島音楽ホールでコンサートを楽しめるよ。

アレックス：それはいいね。僕は音楽が好きだよ。どんなコンサートを楽しめるの？

マキ　　　：ピアノコンサートとファミリーコンサートの２種類があるよ。

アレックス：ファミリーコンサートって何？

マキ　　　：私は以前，ファミリーコンサートに行ったことがあるよ。ヒット曲を聴いたり，ミュージシャンと一緒に歌ったりできるの。楽しいよ。彼らはいつも①ア西（＝West）ホールでファミリーコンサートをするの。多くの家族がコンサートに来るから，1最も大きなホールがファミリーコンサートに使われるの。

アレックス：もう１つのはどう？

マキ　　　：有名なミュージシャンの素晴らしいピアノ演奏が楽しめるよ。

アレックス：僕はピアノを弾くのが好きだから，ピアノコンサートに行きたいな。一緒に行かない？

マキ　　　：そうね，2私は３月６日と８日にテストがあるから，２週目はコンサートに行けないよ。それから３月 12 日の夕方に妹の誕生日パーティーをするよ。②エ３月 14 日(＝March 14)はどう？

アレックス：いいね！待ちきれないよ。

Ⅲ【本文の要約】【テッド先生とモネの対話の要約】参照。ア「良い牛を育てるために，学生はコンピュータ技術を使う必要がありません」，ウ「生徒たちは，牛が病気になったときにたくさんの愛情を注がなければなりません」，エ「学生たちが健康になるためには牛肉をたくさん食べなければなりません」は不適当。

【本文の要約】

「私は高校生活が大好きです」とジロウは言いました。ジロウは鹿児島の農業高校の生徒です。彼とクラスメートはとても忙しいです。彼らは夏休みや冬休みにも毎日学校に行き，牛の世話をします。彼らは牛小屋を掃除し，牛に餌を与えます。そのうちの１頭がシズカです。今，彼らには大きな夢があります。彼らはシズカを日本一の牛にしたいと思っています。

牛を飼育する際に最も大切なことは何でしょうか？「彼らを健康に保つことです」とジロウの先生は言いました。「誰も病気の牛を欲しがる人はいません。ですから私たちは毎日牛の世話をしています。私たちはコンピュータ技術を駆使して，彼らを健康に保っています。それはとても役に立ちます」

ジロウは同じ質問に答えました。「先生と同じ意見です。彼らを健康に保つのは簡単ではありません。牛はよく食べてよく眠らなければなりません。ですから，私たちは彼らに適切な食べ物を与えます。毎日彼らを歩かせます。牛用のベッドを作ります。多くの人は，良い牛を育てるためには愛情が大切だと考えています。それは事実ですが，彼らの健康にはそれだけでは十分ではありません」

今，次郎とクラスメートは牛の健康を保つために一生懸命働いています。「私たちは最善を尽くします」とジロウと 11 人のクラスメートは言いました。

【テッド先生とモネの対話の要約】

テッド：この記事で最も重要なポイントは何？

モネ　：イ学生たちは優秀な牛を育てるために，牛を健康に保つよう気をつけなければならないということですね。

テッド：いいね！その通りだよ！ そこがポイントだよ。

4 【本文の要約】参照。

1　第２段落の下線部①の後で，これから話す４つのポイントを順に説明している。１．Aウ「日本の鳥」→２．Bイ「鳥のお気に入りの場所」→３．Cア「湿地についての問題」→４．「なぜ湿地は大切なのか」

2　第６段落１行目より，Wetlands are now getting smaller を抜き出す。

3　下線部③の２文後，３文後より，ヒヨドリが最もよく見られ，2016 年～2020 年にスズメが見られた数はウグイスよりも少なくなったので，ウが適当。

5　直後の First ～. Second ….の部分を日本語でまとめる。

6　【アンとケンの対話の要約】参照。　「(人)に～するように頼む」＝ask＋人＋to ～

【本文の要約】

みなさん，こんにちは。鳥は好きですか？私は鳥が大好きです。今日は，鳥とその好きな場所，湿地についてお話ししたいと思います。

今日は４つのポイントについてお話しします。(A)ウ第一に，日本の鳥についてお話ししたいと思います。(B)イ第二に，鳥の好きな場所について説明します。(C)ア第三に，彼らが好きな場所についての問題をお話しします。それから，湿地がなぜ私たちにとっても重要なのかを説明します。

日本には何種類の鳥がいるかご存知ですか？日本の鳥愛好家たちは毎年，鳥について学ぶために協力しています。2016 年から 2020 年にかけて，379 種類の鳥類が発見されました。このグラフをご覧ください。日本でよく見られる３種類の鳥は，ヒヨドリ，ウグイス，スズメです。3ウ私たちはヒヨドリを最もよく見かけました。1997 年から 2002 年まではウグイスよりもスズメの方がよく見られましたが，2016 年から 2020 年にかけてスズメは３番目になりました。

次に，鳥が好きな「湿地」についてお話しします。湿地について聞いたことがありますか？湿地は水で覆われた陸地です。なぜ鳥は湿地が好きなのでしょうか？

湿地は多くの生物にとって最良の環境を提供します。湿地には水がたくさんあります。そこにはたくさんの種類の植物が生育しています。これらの植物は多くの昆虫や魚にとっての住処と餌になります。鳥はそれらの植物や昆虫，魚を食べます。湿地は鳥類にとって最適な環境です。なぜなら，鳥類にとって④エ餌(＝food)が多いからです。

2湿地は今や小さくなっており，それは大きな問題です。国際連合のウェブサイトで情報が見つかります。「1970 年からわずか 50 年で，世界の湿地の 35%が失われました」なぜ小さくなっているのでしょうか？湿地ごとにその理由は異なります。人類は⑤エ水(＝water)を使いすぎています。例えば，彼らはそれを飲料，農業および産業に使用します。地球温暖化は湿地にも悪影響を及ぼしています。これらの理由から，湿地は森林よりも急速に失われつつあります。これは鳥にとって非常に深刻なことです。

私たちはこのことを解決しなければならないでしょうか？はい，しなければなりません。鳥たちのお気に入りの場所は，人間にとってもとても大切な場所です。それは私たちの生活と環境の両方を支えています。湿地が私たちにもたらす２つのことをお話しします。5第一に，湿地は水をきれいにします。雨が降った後，水は湿地に留まります。すると，水に含まれる泥が沈み，きれいな水が川に流れ込みます。私たちは快適な生活の中でそのきれいな水を使用しています。第二に，湿地は二酸化炭素を保持することができます。植物は枯れた後も体内に二酸化炭素を保持しています。実際，湿地は森林よりも二酸化炭素を保持するのに優れています。それらは地球温暖化を防ぐのに非常に有用です。

鳥や湿地を守るために，一緒に何かしてみませんか？ご清聴ありがとうございました。

【アンとケンの対話の要約】

アン：あなたのプレゼンは良かったよ。私は次の授業で話すの。これを見て。私たちのクラスメートの 80%は環境について心配しているけど，半数以上は環境を守るために何もしていないよ。良くないことだと思うの。私たちはこれを変えるために何かをするべきよ。

ケン：僕たちに何ができるかな？

アン：6私たちは町を掃除することができるよ。友達に一緒に掃除をするように頼むよ。

ケン：それはいい考えだね。

《2023　理科　解説》

1　1　図 i のように，ＡとＢの合力を表す矢印は，ＡとＢを２辺とする平行四辺形の対角線になるので，８Ｎである。

図 i

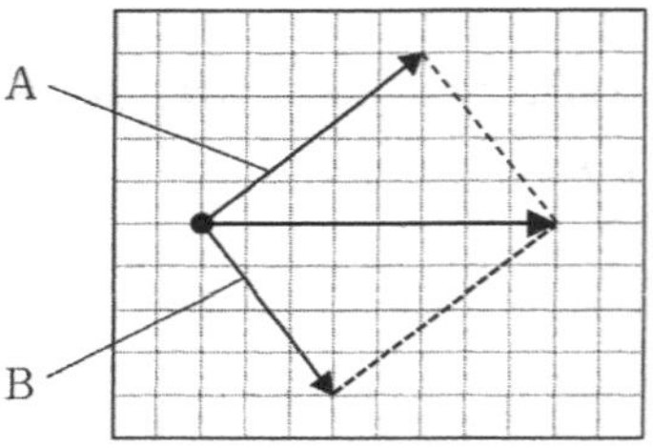

2　化学反応式をかくときは，矢印の左右で原子の種類と数が等しくなるように係数をつける。二酸化炭素〔CO_2〕と水〔H_2O〕ができ，矢

印の左側の炭素原子〔C〕は1個，水素原子〔H〕は4個，酸素原子〔O〕は4個だから，矢印の右側の二酸化炭素分子は1個，水分子は2個である。

3　顕微鏡の倍率が低いほど，広い視野で観察できる。〔顕微鏡の倍率(倍)＝接眼レンズの倍率(倍)×対物レンズの倍率(倍)〕より，顕微鏡の倍率が最も低いアが正答となる。

4　震度は0，1，2，3，4，5弱，5強，6弱，6強，7の10階級に分けられている。

5(1)　〔圧力(Pa)＝$\frac{力(N)}{面積(m^2)}$〕，10 kg→10000 g→100Nより，$\frac{100}{0.2}$＝500(Pa)となる。　**(2)**　Aはつり合いがとれた状態で，Bは植物の数が増えたことを示している。植物の数が増えると植物を食べる草食動物の数が増え(ウ)，草食動物の数が増えると，草食動物を食べる肉食動物の数が増え，草食動物に食べられる植物の数が減り(ア)，肉食動物の数が増えると，肉食動物に食べられる草食動物の数が減り(イ)，やがてもとのつり合いのとれた状態にもどる。　**(3)**　〔仕事率(W)＝$\frac{仕事(J)}{時間(s)}$〕より，〔時間(s)＝$\frac{仕事(J)}{仕事率(W)}$〕として，$\frac{44100}{735}$＝60(秒)となる。

(4)　プラスチックは人工的に合成された樹脂(合成樹脂)で作られている。

2　Ⅰ．**2**　マグマのねばりけが強いほど，噴火のようすが激しく，火山噴出物の色が白っぽい。　**3**　蒸発皿に入れて水を加え，指でおして洗うことで，混ざっている砂や泥などを取り除く。　**4**　降灰予想では，桜島からの火山灰が南東へ移動しているので，風は北西から吹いていて，風向は北西であることがわかる。また，30 km→30000mより，30000÷10＝3000(秒)→50分となる。

Ⅱ．**2**　地球の自転によって，時間の経過とともに太陽は東から西へ動く。よって，太陽投影板で太陽がずれた方向のAには西と記入されている。　**3**　図2より，9月27日と9月29日の黒点の位置が変化していることから，太陽は自転していることがわかる。また，黒点が周辺部にある9月27の方が黒点が中央部にある9月29日よりも黒点の形が細長いことから，太陽が球形であることがわかる。　**4**　10 cm→100 mmより，黒点の直径は太陽(の像)の直径の$\frac{2}{100}$＝$\frac{1}{50}$(倍)である。よって，黒点の直径は地球の直径の109×$\frac{1}{50}$＝2.18(倍)→2.2倍となる。

3　Ⅰ．**1**，**2**　ダニエル電池では，亜鉛板で亜鉛が電子を失って亜鉛イオンとなり〔$Zn \rightarrow Zn^{2+}+2e^-$〕，この電子が導線中を亜鉛板から銅板へ移動する。銅板の表面で銅イオンが電子を受け取って銅原子となる〔$Cu^{2+}+2e^- \rightarrow Cu$〕。このように，電子は亜鉛板から銅板へ移動し，電子が移動する向きと電流の向きは反対だから，電流は銅板(＋極)から亜鉛板(－極)へXの向きに流れる。　**3(1)**　物質のもつ，化学変化によって他のエネルギーに変換されるエネルギーを化学エネルギーという。ダニエル電池のような電池では化学エネルギーが電気エネルギーに変換されている。　**(2)**　亜鉛板と硫酸銅水溶液が直接反応すると，亜鉛がイオンになるときに失った電子を直接銅イオンが受け取って，亜鉛板の表面に銅原子ができる反応が起きる。

Ⅱ．**1**　空気より密度が大きい気体は下方置換法で，空気より密度が小さい気体は上方置換法で集めることができる。　**2**　炭酸水素ナトリウムとうすい塩酸の反応によって二酸化炭素が発生する。発生した二酸化炭素の質量は表の〔反応前のビーカー内の質量(g)＋加えた炭酸水素ナトリウムの質量(g)－反応後のビーカー内の質量(g)〕で求めることができる。よって，[加えた炭酸水素ナトリウムの質量／発生した二酸化炭素の質量]は[2.00／1.04]，[4.00／2.08]，[6.00／2.60]，[8.00／2.60]，[10.00／2.60]となるので，うすい塩酸 40.00 gと反応する炭酸水素ナトリウムの最大の質量は4.00 g～6.00 gの範囲にあり，その質量は発生した二酸化炭素の質量に比例するので，2.00×$\frac{2.60}{1.04}$＝5.00(g)となる。　**3**　実験2で発生した二酸化炭素の質量から，ベーキングパウダー12.00 gにふくまれている炭酸水素ナトリウムは 5.00×$\frac{1.56}{2.60}$＝3.00(g)となる。よって，ベーキングパウダー100.00 gには3.00×$\frac{100.00}{12.00}$＝25.00(g)の炭酸水素ナトリウムがふくまれている。

4　Ⅰ．1　光を受けとる感覚器は目で感覚は視覚，においを受けとる感覚器は鼻で感覚は嗅覚，音を受けとる感覚器は耳で感覚は聴覚である。　2(1)　3回の結果の平均は$\frac{1.46+1.39+1.41}{3}$＝1.42(秒)で，これは5人の反応にかかる時間だから，1人あたりの時間は，$\frac{1.42}{5}$＝0.284→0.28 秒である。　(3)　刺激に対して意識とは無関係に起こる反応を反射という。反射が起こるとき，刺激の信号がせきずいで命令の信号に変わり，せきずい→筋肉の順に伝わって反応が起こる。刺激の信号はせきずいから脳へも伝わる。

Ⅱ．1　は虫類のトカゲと魚類のメダカのからだの表面にはうろこがある。　2　A(コケ植物)は種子をつくらない(胞子をつくる)が，B(種子植物)は種子をつくる。また，C(裸子植物)は胚珠がむきだしだが，D(被子植物)は胚珠が子房に包まれている。なお，E(単子葉類)は子葉が1枚だが，F(双子葉類)は子葉が2枚である。

3　Gのカエル，トカゲ，メダカは背骨がある脊椎動物，Hのカブトムシは背骨がない無脊椎動物であり，②は背骨がないイカである。また，Iはカエル(両生類)，トカゲ(は虫類)，メダカ(魚類)だから子の生まれ方が卵生，Jは子の生まれ方が胎生であり，①はスズメ(鳥類)，③はネズミ(ほ乳類)が入る。

4　両生類のカエルの幼生(オタマジャクシ)はえら呼吸と皮膚呼吸をし，水中で生活するが，成体は肺呼吸と皮膚呼吸をし，陸上で生活することもできる。

5　Ⅰ．2　光源を焦点距離の2倍の位置に置くと，反対側の焦点距離の2倍の位置のスクリーンに光源と同じ大きさの実像がうつる。表より，XとYの距離が等しいX＝20(㎝)のときだとわかる。

図ii

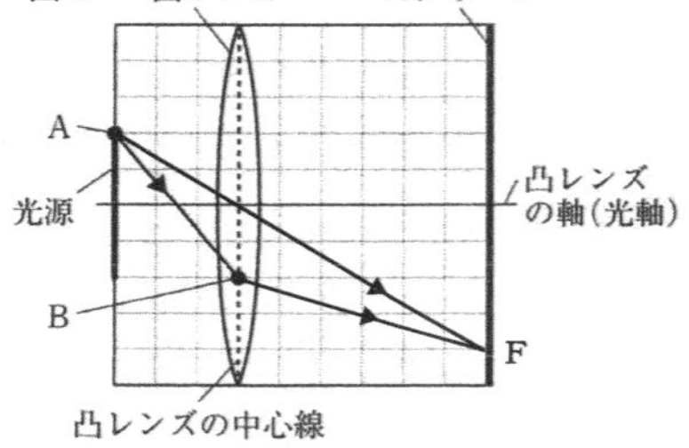

3　凸レンズの下半分を厚紙でかくすと，凸レンズで屈折してスクリーンに集まる光の量が半分になるので，像の明るさは暗くなるが，像の形は変わらない。

4　まず，Aの先端から出て凸レンズの中心を通り直進する光を作図し，スクリーンとの交点の実像ができる点Fを求める。次に，BからFに進む光を作図する。

Ⅱ．2　原点を通る比例のグラフになる。　3　〔電流(A)＝$\frac{電圧(V)}{抵抗(\Omega)}$〕より，$\frac{5.0}{10}$＝0.5(A)となる。

4　実験1では，それぞれの抵抗器にかかる電圧の和が 5.0Vであるのに対し，実験2ではそれぞれの抵抗器にかかる電圧が5.0Vになるので，〔電力(W)＝電圧(V)×電流(A)〕より，実験2のaとbの方が実験1のaとbよりも電力が大きい。実験2では抵抗が大きいaの方が電流が小さいので，電力が最も大きいのは実験2のb，次に大きいのは実験2のaである。実験 1 ではaとbの電流が等しいので，〔電圧(V)＝抵抗(Ω)×電流(A)〕より，抵抗が大きいaの方が電圧が大きく，電力が大きい。よって，電力が大きい方から実験2のb(エ)，実験2のa(ウ)，実験1のa(ア)，実験1のb(イ)となる。なお，それぞれの電力は，実験1のaが3.0×0.2＝0.6(W)，実験1のbが2.0×0.2＝0.4(W)，実験2のaが5.0×$\frac{1}{3}$＝$\frac{5}{3}$(W)，実験2のbが5.0×0.5＝2.5(W)である。

《2023　社会　解説》

1　Ⅰ．1　インド洋　　三大洋は，面積の広い順に，太平洋＞大西洋＞インド洋。

2　ウ　　東京から北東の方位にあるウとエのうち，10000 ㎞の円より内側のウを選ぶ。イは距離は約 8000 ㎞だが，方位が北西である。

3　エ　　B国は南アフリカ共和国だからエを選ぶ。アはCのニュージーランド，イはAのケニア，ウはDのアメリカ合衆国。

4　①＝イスラム教　③＝仏教　　Wはサウジアラビア，Xはインド，Yはタイ，Zはオーストラリアだから，①

はイスラム教，②はヒンドゥー教，③は仏教，④はキリスト教である。

5　指定語句をしっかりとつなげるように表現しよう。パスポート＝ＥＵ圏内では，国境を越える際にパスポートの提示が必要ない国が多い。ユーロ＝ＥＵ圏内では，共通通貨ユーロを使用している国が多い。

6　1963 年のブラジルは，コーヒー豆の輸出に依存したモノカルチャー経済であったが，2020 年には，世界でも有数の資源や農産物の輸出大国になったことを読み取る。

Ⅱ．1　酪農　　農業の中でも，家畜を飼育するのは畜産といい，畜産の中でも，生乳や乳製品を生産するのは酪農という。

2　千島海流〔別解〕親潮　　日本近海の海流は右図を参照。

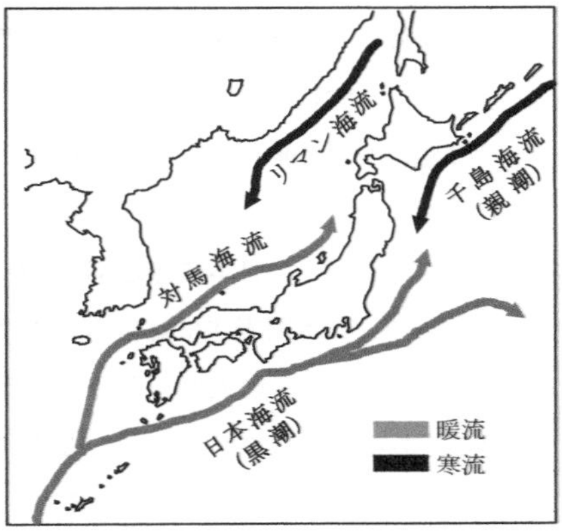

3　ア　　Ｂ県は神奈川県である。Ａ県の秋田県とＣ県の愛知県を含めた３県の特長を考える。秋田県は過疎化が進み高齢者の割合が高く，日本最大の工業地帯である中京工業地帯のある愛知県は，第２次産業人口の割合が高い。また，東京大都市圏にある神奈川県は第３次産業人口の割合が高い。よって，神奈川県はア，秋田県はイ，愛知県はウである。

4　水はけがよい　　水はけがよい扇状地は果樹栽培などに適し，水持ちがよい三角州は稲作などに適している。

5　資料２から，宮崎県の冬が暖かいことを読み取る。資料３から宮崎県産のピーマンは，茨城県産や岩手県産の出荷量の少ない冬に多く出荷していることを読み取る。次に資料４から冬のピーマンの平均価格が高いことを読み取れば，解答例のようになる。

Ⅲ．1　ウ　　Ａ．誤り。■で囲まれた①の範囲には，消防署（Y），交番（X），郵便局（〒），老人ホーム（⌂），電波塔（♁）がある。Ｂ．正しい。（実際の距離）＝（地図上の直線の長さ）×（縮尺の分母）より，

３×25000＝75000（㎝）＝750（m）

2　イ　　洪水の場合は，川などから離れた高台が適している。土砂災害の場合は，近くにがけや斜面のない場所が適している。

2　Ⅰ．1　①＝摂関　②＝御成敗式目〔別解〕貞永式目　　①藤原氏は，自分の娘を天皇に嫁がせ，生まれた男子を天皇に立てて，自らが外戚となって摂政や関白の地位を独占し，政治の実権をにぎる摂関政治をすすめた。
②承久の乱に勝利し，幕府の支配が西国まで広がり，御家人と荘園領主の間で領地をめぐる争いが増えるようになった。そこで第三代執権の北条泰時は，裁判を公平に行うための基準を示すために御成敗式目を制定した。

2　渡来人　　渡来人は，土木工事や金属加工の技術，機織りの技術，須恵器の製法など，優れた大陸の技術を伝えた。また，漢字を読み書きする文化とともに，仏教や儒教なども伝えた。

3　インドや西アジアからシルクロードを通って中国にもたらされた品々が，遣唐使によって日本に持ち込まれたことと，天平文化が国際色豊かな仏教文化であることを表現しよう。

4　ウ→ア→エ→イ　　ウ（７世紀前半）→ア（８世紀後半）→エ（10 世紀中頃）→イ（11 世紀後半）

5　イ　　壬申の乱は 672 年に起きた乱で，天智天皇の死後，天智天皇の弟である大海人皇子と天智天皇の子である大友皇子が皇位をかけて戦った争いである。惣は室町時代の農村の自治組織である。

6　地主と小作人の差を，貧富の差で表現する。

Ⅱ．1　①＝国際連盟　②＝大正デモクラシー　　①国際連盟は，アメリカのウィルソン大統領の提唱で，パリ講

和会議で設立が決められた。　②「大正時代」,「民主主義」から大正デモクラシーを導く。

2　エ　　X．1894 年，陸奥宗光外相のときにイギリスとの間で日英通商航海条約に調印し，領事裁判権の撤廃に初めて成功した。関税自主権の回復は，1911 年の小村寿太郎外相のときに，アメリカとの間で実現した。

Y．下関条約で日本が遼東半島を獲得すると，日本の大陸進出を警戒したロシアは，ドイツ・フランスとともに，遼東半島を清に返還するように圧力をかけた(三国干渉)。

3　与謝野晶子　　日露戦争に反対した人物として，詩人の与謝野晶子，キリスト教徒の内村鑑三，社会主義者の幸徳秋水を覚えておきたい。

4　政党　　犬養毅が五・一五事件で暗殺されたことで，政党政治が終わり，軍部の発言力が強くなっていった。

5　ア　　サンフランシスコ平和条約の締結は 1951 年のことであり，朝鮮戦争の始まりは 1950 年であった。イは 1972 年，ウは 1964 年，エは 1991 年。

Ⅲ　商人たちがシベリア出兵を見こして米を買い占めたことで，米の価格が急激に上昇したことを読み取る。

3　Ⅰ．1　幸福　　日本国憲法第 13 条の権利を幸福追求権という。

2　イ　　日本国憲法に定められてはいないが，社会などの変化に応じて，幸福追求権などに基づいて認めようとする人権を「新しい人権」と呼ぶ。新しい人権には，「環境権」「プライバシーの権利」「知る権利」「自己決定権」などがある。イはプライバシーの権利にあたる。アは自由権，ウは国家賠償請求権，エは団体交渉権であり，いずれも日本国憲法で定められている。

3　環境アセスメント〔別解〕環境影響評価　　近年の環境アセスメントをめぐる問題として，リニア中央新幹線建設工事における自然破壊が挙げられる。リニア中央新幹線が通過する静岡県内のトンネル工事に際して，大井川の水流が減少するとして，静岡県知事が工事の許可を出さず，静岡工区の工事が進んでいない状況にある。

4　ア　　予算の議決・条約の承認・内閣総理大臣の指名において，衆議院と参議院が異なる議決をした場合，必ず両院協議会を開かなければならない。衆議院が議決をした後，10 日以内に議決をしないときに衆議院の議決を国会の議決とするのは，内閣総理大臣の指名である。

5　資料３から 18〜29 歳の投票率が最も低いことを読み取り，この世代の投票率を上げるために，資料１や資料２があると関連付けよう。その際，資料４から 18〜29 歳の年代が選挙に行かない一番の理由が「選挙にあまり関心がなかったから」であることを読み取り，「選挙への関心を高めるため」と加えよう。

Ⅱ．1　間接税　　税を納める人と負担する人が異なる税を間接税，一致する税を直接税という。

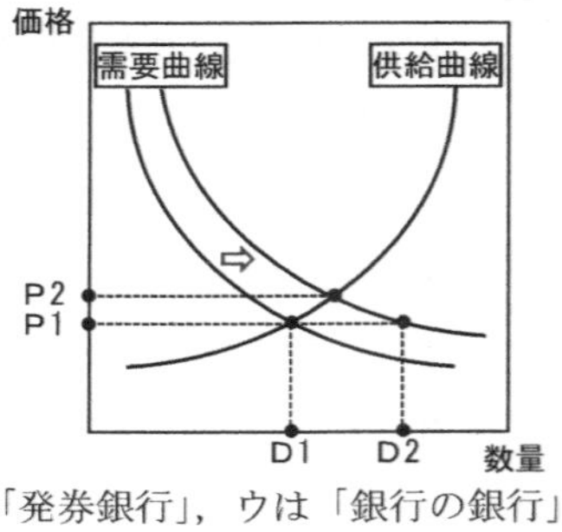

3　ウ　　右図において，初めの均衡価格がＰ1 のときの需要量をＤ1 とする。好況になって消費が増え，需要量がＤ2 に増えて需要曲線が右に移動すると，均衡価格はＰ2 に上昇する。物価が上がり続ける現象をインフレーション，下がり続ける現象をデフレーションという。

4　エ　　日本銀行は家計や企業との取引を行わない。アは「政府の銀行」，イは「発券銀行」，ウは「銀行の銀行」の説明。

5　出資した金額を失うだけでそれ以上の負担をしない有限責任と，企業の負債を全額負担する無限責任の違いを理解しよう。

Ⅲ　資料２から，鹿児島県を訪れる外国人が増えていることを読み取り，彼らに分かりやすいように英語・韓国語・中国語での表記やピクトグラムで案内していることを資料１から読み取ろう。

2022 解答例 令和4年度 鹿児島県公立高等学校

《2022　国語　解答例》

[1] 1．(1)粉薬　(2)裁　(3)鉱脈　(4)かたず　(5)しっと　(6)ひた　　2．十四

[2] 1．エ　　2．Ⅰ．思い込みや古い常識　Ⅱ．自分とは異なる他者との対話　　3．イ，エ　　4．学校で学べるさまざまな知識どうしをうまく結びつけることができず、学んだ知識を自分の人生や生き方に役立てることもできないということ。　　5．ア

[3] 1．ようよう　　2．エ　　3．ウ　　4．Ⅰ．門口三尺掘れ　Ⅱ．諸肌を脱いで汗水を流している　Ⅲ．一文稼ぐことがどれほど大変か

[4] 1．エ　　2．イ　　3．Ⅰ．呼出の新弟子　Ⅱ．新弟子の方が上手になるかもしれないという不安　　4．ア
5．篤は、ずっと目標としてきた直之さんから、この一年の努力や成長を認められたことで自信が芽生えたから。

[5] (例文)

私は、「大島つむぎ」を未来に残したい。しかし、近年では着物を着る機会が減ったため、今後生産量も生産従事者もさらに減少するであろうことが問題として想定される。

私は大島つむぎの良さを世界中の人に理解してもらいたい。そのために、大島つむぎを使った洋服、バッグ、ネクタイなどの情報をＳＮＳで発信したいと思う。

《2022　数学　解答例》

[1] 1．(1)27　(2)$\frac{5}{6}$　(3)4　(4)30　(5)8　　2．$\frac{3a+5}{2}$　　3．$\frac{1}{4}$　　4．25　　5．ウ

[2] 1．$25a \leqq y \leqq 0$　　2．イ，エ　　3．右図　　4．(1)480　※(2)$x=17$　$y=35$

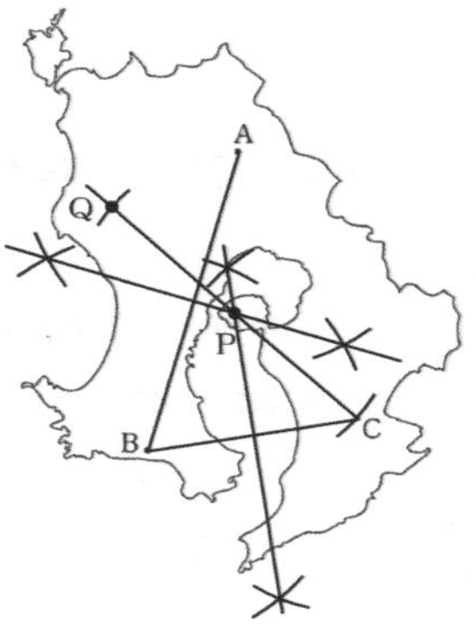

[3] 1．24　　2．(1)$3 \leqq a \leqq 6$　(2)$(a-1,\ a+1)$　※(3)$3+\sqrt{3}$

[4] 1．60　　2．2：1

3．△ＢＤＦと△ＥＤＣにおいて，

△ＥＢＤと△ＦＤＣは正三角形だから，ＢＤ＝ＥＤ…①　ＤＦ＝ＤＣ…②

∠ＢＤＥ＝60°，∠ＦＤＣ＝60°であるから，∠ＢＤＦ＝120°，∠ＥＤＣ＝120°

したがって，∠ＢＤＦ＝∠ＥＤＣ…③

①，②，③より，２組の辺とその間の角がそれぞれ等しいから，△ＢＤＦ≡△ＥＤＣ

4．$6\sqrt{7}$　　5．$\frac{7}{4}$

[5] 1．白／31　　2．(1)ア．n　イ．$\frac{n}{2}$　ウ．$\frac{n}{2}$　エ．5n　※(2)5n－1

※の方程式と計算過程，求め方は解説を参照してください。

《2022　英語　解答例》

[1] 1．ア　　2．ウ　　3．Saturday　　4．ウ→イ→ア　　5．イ　　6．(1)The young girl did.　(2)ウ
7．I want to clean the beach with my friends.

2 1．①エ　②イ　2．①breakfast　②climb　③March　3．①I like them　②He has visited　③It was built　4．(Xの例文)it is bigger than Y. You can carry a lot of things in the bag. Also, you don't have to worry about the thing in the bag if it starts to rain.

3 Ⅰ．1．ア　2．be careful of Amami rabbits　Ⅱ．1．イ　2．②イ　③ウ　④ア　Ⅲ．エ

4 1．イ　2．They didn't have enough time to talk with each other.　3．エ　4．笑顔で話せば相手もうれしく感じ，親切にすれば相手も優しくしてくれるということ。　5．Thank you for everything you've done for me. You're the best mother in the world.　6．イ，ウ

《2022　理科　解答例》

1 1．①ア　②イ　2．ウ　3．エ　4．①ア　②イ　5．⑴斑状組織　⑵分解者　⑶発熱反応　⑷6

2 Ⅰ．1．右図　2．150　3．a．0.4　b．慣性　4．エ　Ⅱ．1．交流　2．コイルの内部の磁界が変化すると，その変化にともない電圧が生じてコイルに電流が流れる現象。
3．棒磁石をより速く動かす。　4．ウ

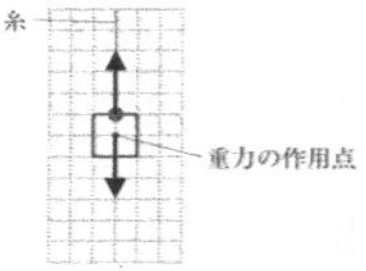

3 Ⅰ．1．⑴赤血球　⑵a．血しょう　b．組織液　2．⑴ア．13　イ．26　ウ．26　⑵AA，Aa
Ⅱ．1．a．胸部　b．6　2．記号…ア　名称…花弁　3．⑴B，C　⑵A／光が当たってもタンポポの葉がなければ，二酸化炭素は減少しないことを確かめるため。

4 Ⅰ．1．P波　2．⑴C　⑵右グラフ　⑶21
Ⅱ．1．移動性高気圧　2．エ　3．イ　4．冷たく乾燥している。

5 Ⅰ．1．電解質　2．イ　3．右グラフ　4．$2HCl \rightarrow H_2 + Cl_2$
Ⅱ．1．ウ　2．ア　3．$\frac{W-28}{7}$　4．A，B

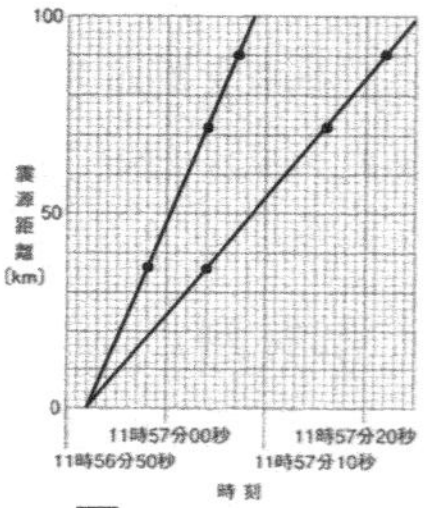

4 Ⅰ．2⑵のグラフ

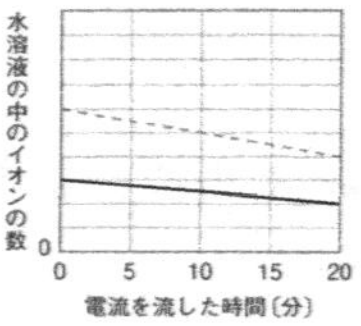

5 Ⅰ．3のグラフ

《2022　社会　解答例》

1 Ⅰ．1．アルプス　2．南緯30度　3．ア　4．イ　5．小麦　6．⑴1番目…イギリス　2番目…ドイツ　⑵風力発電と太陽光発電の発電量の割合がともに増加している。　Ⅱ．1．2　2．カルデラ　3．ウ
4．⑴栽培　⑵排他的経済水域　5．太平洋や日本海から吹く湿った風が山地によってさえぎられ，乾いた風が吹くから。　Ⅲ．記号…Y　理由…航空機で輸送するのに適した，比較的重量が軽い品目がみられるから。

2 Ⅰ．1．参勤交代　2．イ　3．金剛力士像　4．輸入した品物を他の国や地域へ輸出　5．エ
6．ウ→イ→エ→ア　Ⅱ．1．①伊藤博文　②世界恐慌　2．ウ　3．樋口一葉　4．三国協商　5．ア
6．エ→ア→ウ　Ⅲ．政府が地主のもつ農地を買い上げ，小作人に安く売りわたしたことで，自作の農家の割合が増えた。

3 Ⅰ．1．公共の福祉　2．エ　3．ユニバーサルデザイン　4．国民のさまざまな意見を政治に反映できる
5．ウ　6．イ　Ⅱ．1．18　2．消費者契約法　3．X．供給量が需要量を上回っている　Y．下がる
4．ア　5．2万4千　Ⅲ．予約販売にすることによって，事前に販売する商品の数を把握し，廃棄される食品を減らすことができるから。

《2022　国語　解説》

1　1(2)「裁《さば》く」は熟語「裁判《さいばん》」から思い起こすことができる。　(4)「固唾《かたず》をのむ」という慣用句も覚えておきたい。意味は、物事の経過が気になって緊張して見守るさま。　2　行書で書くと、楷書とは筆順や字形が異なるものがあるので、確認しておきたい。出題されている漢字は、楷書で書くと「閣」で、十四画である。

2　2Ⅰ．1つ目の［Ⅰ］の直後に「～を考え直してみること」とある。本文には「これらを～考え直してみることが『深く考える』ことの意味」とあるため、「これら」が指す「当然視されていること、常識と思われていること、昔から信じ込まれていること」と同意の九字の語句を探す。２つ目の［Ⅰ］の直後に「～に一人だけで気がつくことは難しい」とあり、本文の――線部①の 10～11 行目に「～に、自分だけで気がつくことはなかなか難しい」とあることに着目する。その直前の「自分の思い込みや古い常識」(九字)が適する。　Ⅱ．Ⅰで抜き出した語句の直後の段落の冒頭に「それに気づかせてくれるのが、自分とは異なる他者との対話です」とある。「深く考える」ためには、これ「が必要である」ということ。

3　イは本文の――線部②の後の「哲学は一般の人が、一般的な問題について考えるための学問です」に合致する。エはその２段落後の「しかし哲学のもうひとつの重要な仕事は、それぞれの専門的な知識を、より一般的で全体的な観点から問い直すことです」に合致する。

4　――線部③の段落で述べられている語句を用いてまとめると、「自分がどう生きるのかと」いう「哲学の問い」がなければ、「学校で学べるさまざまな知識」を「自分の人生や生き方と」「結びあわせる」ことができず、学んだ知識を自分の人生や生き方に役立てることができないということ。

5　「横断的・総合的である」とは、前にあるように「複数の学問分野、複数の社会の領域に関わって」いることである。これに当てはまるのは、アの「ゴルフの技術と栄養学を学ぶ」である。イは「文法と日本の古典文学」が共に国語の分野、ウは「人物と風景の描き方」は共に絵画の分野、エは「発声と曲想」が共に音楽の分野で、「複数の学問分野」には該当しない。よってアが適する。

3　1　古文の「ア段＋う」は、「オ段＋う」に直す。

2　②の「亭主」は「主人」の意。ここでは樋口屋《ひのくちや》の店主を指す。(注)によると「樋口屋」には店名と店主の意味がある。③の「かの男」は「あの男」の意。これまでに登場した「下男《げなん》」か「酢を買ひに来る人」のうち、亭主に諭されていることから「下男」がふさわしい。よってエが適する。

3　客が「むつかしながら一文《いちもん》がの」と言ったのに、下男が「そら寝入り」(＝「寝たふり」)をしていたのは、一文の商売では大した利益にならないと思ったからである。よってウが適する。

4　【古文の内容】を参照。Ⅰ．第２段落１～２行目の「夜明けて亭主は、かの男よび付けて、何の用もなきに『～』といふ」に着目する。　Ⅱ．「かの男」が大変な思いをして作業に臨んでいる様子は、「諸肌《もろはだ》ぬぎて、鍬《くは》を取り、堅地《かたち》に気をつくし、身汗水なして」の部分からわかる。　Ⅲ．亭主が下男に「身をもってわからせたかった」のは、最後の２行の「それ程にしても銭が一文ない事、よく心得て、かさねては一文商《あきなひ》も大事にすべし」ということである。

【古文の内容】

ある時、夜が更《ふ》けて樋口屋の門をたたいて、酢を買いにくる人がいた。（その音は）戸を隔てて奥へはかすかに聞こえた。下男が目を覚まし、「どれほどですか」と言う。（客は）「ごめんどうでしょうが一文分を」と言う。（下男は）寝たふりをして、その後返事もしないので、（客は）しかたなく帰った。

夜が明けて亭主（＝樋口屋の主人）は、あの男（＝下男）を呼び付つけて、何の用もないのに「門口《かどぐち》（の土）を三尺掘れ」と言う。お言葉に従って久三郎（下男）は、諸肌を脱いで、鍬《くわ》を（手に）取り、堅い地面に苦労して、汗水を流して、やっとのことで掘った。その深さが三尺という時に、（主人は）「銭はあるはずだが、まだ出てこないか」と言う。（下男は）「小石・貝殻以外は何も見えません」と申し上げる。（主人は）「それ程に掘っても銭が一文もないことを、よく心得て、これからは一文（を儲けるため）の商売も大事にしなくてはならない。」（と言った。）

4　1　ア・イ・ウの「られ」は受け身の助動詞「られる」の連用形。エの「られ」は可能の助動詞「られる」の終止形「られる」の一部。よってエが適する。

2　達樹《たつき》の「今度、呼出《よびだし》の新弟子が入るらしい」という言葉に対して、篤《あつし》が「マジっすか」「本当っすか」と疑っているような態度をとっている。「眉間に皺《しわ》を寄せる」とは、不満に思う様子を表す言葉。達樹の「本当だよ。嘘《うそ》ついてどうすんだよ」からもわかるように、疑われて不満に思っていることを表している。よってイが適する。

3　「異変」とは、前のあるように「午後の篤は、何度か手が止まってしまい、たびたび注意を受けていた」ということ。あとで「白状した」内容に「その新弟子は～そのうち自分より上手くこなすかもしれないと不安になり、思考とともに、手も止まっていた」とあることから、冒頭の「呼出の新弟子が入るらしい」ということを聞いてから不安を感じていたということがわかる。

4　直前に「篤が深々と頭を下げると」とあるが、それは直之《なおゆき》さんが篤のこの一年の努力をほめて励ましたことに対するものである。「直之さんは急に真顔になって」照れかくしをしていたが、篤が自分の言葉を素直に受け取ってくれた態度に、励ますことができたことをうれしく思い、笑ってみせたのである。よってアが適する。

5　この「不安」とは、呼出の新弟子が自分より上手に仕事をこなすかもしれないという不安であるが、直之さんに「この一年でお前は充分変わったよ」という言葉をかけられた。「同い年なのに仕事ができて、しかも頼りがいのある直之さんみたいになりたいと、ずっと思ってきた」「その直之さん本人から認められ、胸がすっと軽くなるのがわかった」「こんな俺でも、大丈夫なんだな」とあり、目標としてきた直之さんに認められたことで少し自信が芽生えたため、「一年後はまだわからないことだらけだ」が、「それでも、もう不安に思わなかった」のだ。

《2022　数学　解説》

1　1(1)　与式$=32-5=27$

(2)　与式$=\frac{1}{2}+\frac{7}{9}\times\frac{3}{7}=\frac{1}{2}+\frac{1}{3}=\frac{3}{6}+\frac{2}{6}=\frac{5}{6}$

(3)　与式$=(\sqrt{6})^2-(\sqrt{2})^2=6-2=4$

(4)　1から9までの自然数のうち，3の倍数は$9\div3=3$(個)ある。1から99までの自然数のうち，3の倍数は$99\div3=33$(個)ある。よって，2けた(10から99まで)の自然数のうち，3の倍数は$33-3=30$(個)ある。

(5)　**【解き方】相似な立体の体積比は，相似比の3乗に等しいことを利用する。**

三角すいＡＢＣＤと三角すいＡＥＦＧは相似であり，相似比はＡＢ：ＡＥ＝2：1だから，体積比は，$2^3:1^3=8:1$である。よって，三角すいＡＢＣＤの体積は三角すいＡＥＦＧの体積の8倍である。

2　与式より，$2b=3a+5$　　$b=\frac{3a+5}{2}$

3　【解き方】$\sqrt{ab}$が自然数になるのは，ａｂが平方《へいほう》数(自然数を２乗した数)になるときである。

玉の取り出し方は全部で，３×４＝12(通り)ある。そのうち，$\sqrt{ab}$が自然数となるのは，右表の○印の３通りだから，求める確率は，$\frac{3}{12}=\frac{1}{4}$

ａｂの値

		b			
		6	7	8	9
a	2	12	14	⑯	18
	4	24	28	32	㊱
	6	㊱	42	48	54

4　ＯＣをひく。△ＯＢＣはＯＢ＝ＯＣの二等辺三角形だから，

∠ＢＯＣ＝180°－65°×２＝50°　同じ弧に対する円周角の大きさは中心角の大きさの半分だから，$\angle x=\frac{1}{2}\angle \mathrm{BOC}=\frac{1}{2}\times 50^\circ=25^\circ$

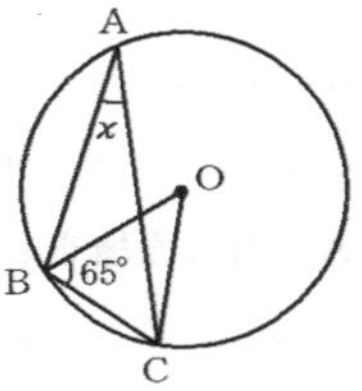

5　【解き方】選手数を百の位までのがい数で表して考える。

1964年，2021年の選手数はそれぞれ，約5200人，約11100人である。

よって，1964年，2021年の女性の選手数はそれぞれ，約$5200\times\frac{13}{100}=676$(人)，約$11100\times\frac{49}{100}=5439$(人)である。

したがって，求める割合は，5439÷676＝8.0…より，約８倍である。

2　1　【解き方】ａ＜０より，関数$y=ax^2$のグラフは下に開いた放物線であり，xの絶対値が大きいほど，yの値は小さくなる。

$-5\leqq x\leqq 2$のとき，yの最小値は$x=-5$のときの$y=a\times(-5)^2=25a$，yの最大値は$x=0$のときの$y=0$だから，yの変域は，$25a\leqq y\leqq 0$

2　イは，１組の向かい合う辺(ＡＤとＢＣ)の長さが等しく，平行であるので，平行四辺形になる。

エについて，右のように作図する。平行線の錯角・同位角はそれぞれ等しいから，∠Ｂ＝∠Ｄ＝●だとわかる。よって，２組の向かい合う角の大きさが等しいから，平行四辺形になる。

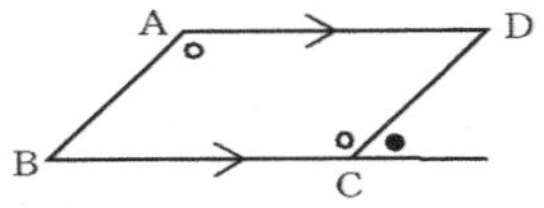

3　Ｐは，２点Ａ，Ｂからの距離が等しい位置にあるので，線分ＡＢの垂直二等分線上にある。

同様に考えると，Ｐは線分ＢＣ，ＣＡの垂直二等分線上にもあるので，線分ＡＢ，ＢＣ，ＣＡの垂直二等分線のうち２本をひき，その交点がＰとなる。

Ｑは，Ｐを回転の中心として，Ｃを180°回転移動した点なので，直線ＣＰ上にあり，ＰＣ＝ＰＱとなる。

4(1)　表より，60分以上の生徒は100人のうち27＋13＝40(人)いるから，60分以上の生徒の割合は，およそ$\frac{40}{100}=\frac{2}{5}$だと推定できる。よって，1200人における60分以上の生徒の人数は，約$1200\times\frac{2}{5}=480$(人)と推定できる。

(2)　【解き方】度数分布表から平均値を求めるときは，$\frac{\{(\text{階級値})\times(\text{その階級の度数})\}\text{の合計}}{(\text{度数の合計})}$を計算すればよい。

表にまとめると右のようになる。度数の合計について，

$8+x+y+27+13=100$　$x+y=52$…①

平均値について，$\frac{30x+50y+3140}{100}=54$　$3x+5y=226$…②

②－①×３でxを消去すると，$5y-3y=226-156$

$2y=70$　$y=35$

①に$y=35$を代入すると，$x+35=52$　$x=17$

階級(分)	階級値(分)	度数(人)	(階級値)×(度数)
以上～未満 0 ～ 20	10	8	80
20 ～ 40	30	x	$30x$
40 ～ 60	50	y	$50y$
60 ～ 80	70	27	1890
80 ～100	90	13	1170
計		100	$30x+50y+3140$

3　1　△ＡＢＣは底辺をＡＢ＝(ＡとＢのx座標の差)＝８－２＝６とすると高さが(ＡとＣのy座標の差)＝12－４＝８となるので，面積は，$\frac{1}{2}\times 6\times 8=24$

2(1)　Ａ(２，４)が直線$y=-x+2a$上にあるとき，$4=-2+2a$より，$a=3$

Ｂ(８，４)が直線$y=-x+2a$上にあるとき，$4=-8+2a$より，$a=6$

よって，ａの範囲は$3\leqq a\leqq 6$である。

(2)　【解き方】Ｑは直線$y=-x+2a$と直線ＡＣとの交点なので，連立方程式を解くことで座標が求められる。

直線ACの式を$y=mx+n$とすると，A(2，4)を通るから$4=2m+n$，C(10，12)を通るから$12=10m+n$が成り立つ。これらを連立方程式として解くと，$m=1$，$n=2$となるから，直線ACの式は$y=x+2$である。

Qは直線$y=-x+2a$…①と直線$y=x+2$…②との交点なので，この2式を連立方程式として解く。

①に②を代入すると，$x+2=-x+2a$　　$2x=2a-2$　　$x=a-1$

②に$x=a-1$を代入すると，$y=a-1+2$　　$y=a+1$　　よって，Q$(a-1，a+1)$と表せる。

(3)　**【解き方】△APQの面積をaの式で表すことで，aについての方程式をたてる。**

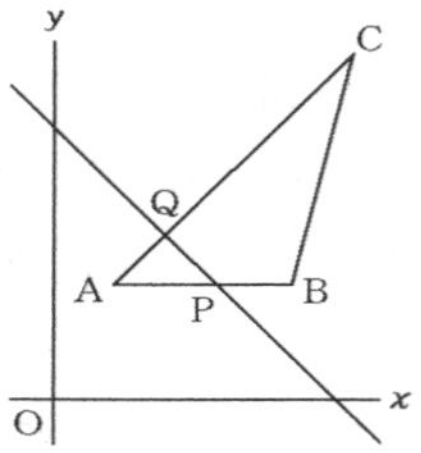

Pは直線$y=-x+2a$上の点で，y座標がA，Bのy座標に等しく$y=4$だから，

$4=-x+2a$　　$x=2a-4$　　よって，P$(2a-4，4)$である。

△APQは底辺をAP＝(AとPのx座標の差)$=2a-4-2=2a-6$とすると，

高さが(AとQのy座標の差)$=a+1-4=a-3$となるから，面積は，

$\frac{1}{2}(2a-6)(a-3)=(a-3)^2$と表せる。

また，$△APQ=\frac{1}{8}△ABC=\frac{1}{8}\times24=3$だから，$(a-3)^2=3$　　$a-3=\pm\sqrt{3}$　　$a=3\pm\sqrt{3}$

(1)より，$3\leqq a\leqq6$だから，$a=3+\sqrt{3}$

4　1　△EBDと△FDCは正三角形なので，∠EDB＝∠FDC＝60°

よって，∠EDF＝180°－60°－60°＝60°

2　∠EBD＝∠FDC＝60°より，同位角が等しいので，AB//FD

よって，△BEG∽△FDGだから，EG：DG＝BE：FD

BE＝BD＝12cm，FD＝DC＝6cmだから，EG：GD＝12：6＝2：1

3　まず，問題文の仮定を図にかきこんで，証明のために必要な条件を探そう。条件が足りない場合は，問題の内容に応じて，図形の性質，平行線の同位角・錯角，円周角の定理などからわかることもかきこんでみよう。

4　**【解き方】右のように作図し，三平方の定理を利用して，BFの長さを求める。**

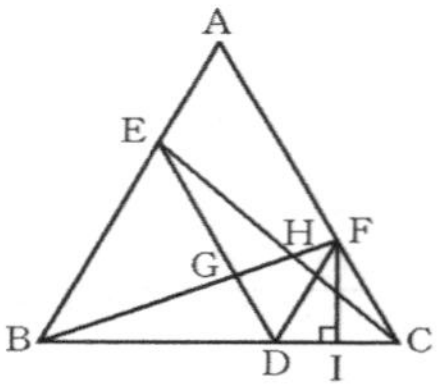

△DFIは3辺の長さの比が$1：2：\sqrt{3}$の直角三角形だから，$DI=\frac{1}{2}DF=3$(cm)，

$FI=\sqrt{3}DI=3\sqrt{3}$(cm)　　また，$BI=12+3=15$(cm)

△BFIについて，三平方の定理より，$BF=\sqrt{BI^2+FI^2}=\sqrt{15^2+(3\sqrt{3})^2}=6\sqrt{7}$(cm)

5　**【解き方】∠DBG＝∠HEG(△BDF≡△EDCより)，∠BGD＝∠EGHだから，△BDG∽△EHGである。相似な三角形の面積比は相似比の2乗に等しいことを利用する。**

△BDGと△EHGの面積比は，$BG^2：EG^2$で求められる。

2より，△BEG∽△FDGでEG：DG＝BG：FG＝2：1だから，

EG：ED＝BG：BF＝2：(2＋1)＝2：3

よって，$EG=\frac{2}{3}ED=\frac{2}{3}\times12=8$(cm)，$BG=\frac{2}{3}BF=\frac{2}{3}\times6\sqrt{7}=4\sqrt{7}$(cm)

したがって，$△BDG：△EHG=BG^2：EG^2=(4\sqrt{7})^2：8^2=7：4$だから，△BDGの面積は，

△EHGの面積の$\frac{7}{4}$倍である。

5　1　13÷4＝3余り1より，長方形13は，「白，赤，白，青」を3回くり返し，その次に白を並べる。

よって，長方形13の右端の色紙は白色で，横の長さは(1＋3＋1＋5)×3＋1＝31(cm)

2(1)　長方形2nについて，色紙は全部で偶数枚並び，そのうち奇数番目のときは白の色紙を並べる。

よって，白の色紙は2回に1回使うので，2n÷2＝$_{ア}$n(枚)使う。

nが偶数のとき，2nは4の倍数となるので，長方形2nの右端の色紙は青色となる。赤の色紙，青の色紙はとも

に，４回に１回使うので，赤の色紙を２ｎ÷４＝イ$\frac{n}{2}$(枚)，青の色紙を２ｎ÷４＝ウ$\frac{n}{2}$(枚)使う。

よって，長方形２ｎの横の長さは，$1\times n+3\times\frac{n}{2}+5\times\frac{n}{2}=$エ$5n$(cm)

(2)　【解き方】ｎが奇数のとき，長方形２ｎは，長方形２，長方形６，長方形10，…を表すから，右端の紙が赤である。よって，長方形２ｎにさらに白と青の色紙を並べた，長方形２ｎ＋２は，ｎが偶数のときと同じように赤と青の色紙の枚数を考えられる。

長方形２ｎは，白の色紙をｎ枚使う。

長方形２ｎ＋２は，赤の色紙，青の色紙をともに$(2n+2)\div4=\frac{n+1}{2}$(枚)ずつ使う。

長方形２ｎから長方形２ｎ＋２までに白と青の色紙を並べたから，長方形２ｎは，赤の色紙を$\frac{n+1}{2}$枚，

青の式を$(\frac{n+1}{2}-1)$枚使う。

よって，長方形２ｎの横の長さは，$1\times n+3\times\frac{n+1}{2}+5\times(\frac{n+1}{2}-1)=5n-1$(cm)

《2022　英語　解説》

1　1　ケンジの１回目の発言「僕は父とスタジアムで野球の試合を見たよ」より，アが適当。

2　デイビッド「僕はこの手紙をアメリカに送りたいです。いくらですか？」→郵便局員「190 円です」→デイビッド「200 円です。ありがとうございました。良い１日を」→郵便局員「すみません，お待ちください。10 円をお忘れですよ」→デイビッド「あっ，ありがとうございます」より，ウが適当。

3　タケル「金曜日に映画を見に行くつもりなんだけど，一緒に行かない？」→メアリー「行きたいけど，金曜日はやることがたくさんあるの。次の日はどう？」→「次の日？別にいいよ」より，メアリーとタケルは土曜日に映画に行く。Saturday が適当。

4　【放送文の要約】参照。

【放送文の要約】

来週の天気はこちらです。ウ明日の月曜日は雨でしょう。次の日も雨がたくさん降るので傘が必要です。イ水曜日から金曜日までは外出に最適です。それらの日にピクニックに行くのもいいでしょう。ア週末は風がとても強いでしょう。帽子をかぶるなら気をつけなければなりません。良い１週間をお過ごしください。

5　【放送文の要約】参照。部屋割りに関する説明はないので，イが適当。

【放送文の要約】

イングリッシュキャンプへようこそ。ア私たちは２日間，ここに滞在する予定です。他のメンバーと一緒に頑張って，このキャンプを楽しんでください。エみなさんが今日何をするかを確認しましょう。まず，グループワークです。午後１時 20 分に始まります。グループでお互いをよく知るためにゲームをします。その後，３時に料理を楽しみます。先生方と一緒にカレーライスを作ります。その後，５時に夕食を食べて，７時にお風呂に入ります。ウみなさんは 10 時までに寝なければなりません。キャンプ中は頑張って英語を使うようにしてください。日本語は使わないでください。以上です。ありがとうございました。

6　【放送文の要約】参照。

(1)　質問「誰がおばあさんを助けましたか？」…Who が主語の疑問文に対して，～did.の形で答える。

(2)　質問「このスピーチにおけるショウヘイのメッセージは何ですか？」…スピーチを通して人助けをすることの大切さが伝えられているので，ウ「私たちはできる限り他人を助けるべきです」が適当。

【放送文の要約】

僕は先週起こったことについて話したいです。火曜日，僕はおばあさんを見かけました。彼女は大きなかばんを持っていました。重そうでした。僕はただ彼女を見ていました。(1)するとl若い女の子がおばあさんのところへ走って行き，かばんを持ってあげました。その女の子は僕より年下に見えました。彼女はそのおばあさんを助けましたが，僕は助けられませんでした。「どうして助けなかったんだろう？」と僕は思いました。

次の日，道で携帯電話を見つけました。誰かが心配していると思いました。それで警察署に持って行きました。そこには男性がいました。彼は僕を見て「それは私の携帯電話だと思います。見せてもらえますか？」と言いました。そして彼は「ありがとうございました」と言いました。彼のうれしそうな顔を見て僕もうれしかったです。

これは僕の話です。若い女の子のようになることが大切です。

7 【放送文の要約】参照。ボランティアの内容を自由に答える。I want to ～.の形で答えるとよい。

【放送文の要約】

カズヤ　：やあ，キャシー。アメリカでボランティア活動をしたことはある？

キャシー：ええ，もちろんよ。高校でボランティア活動をしたいの？

カズヤ　：うん，したいよ。

キャシー：何をしたいの？

カズヤ　：(例文)友達とビーチを掃除したいんだ。

2　1【本文の要約】参照。

【本文の要約】

ケンタ：サム，昨夏の東京オリンピックを見た？

サム　：うん，たくさん試合を見たよ。オリンピック史上初めて行われたものもあったよね？僕はその試合にとても興奮したよ。

ケンタ：何のスポーツが好きなの？

サム　：僕はサーフィンが好きだよ。オーストラリアではよくサーフィンをしたよ。②ィ君は？

ケンタ：僕の好きなスポーツはテニスだよ。

サム　：ああ，君はテニスが一番好きなんだね。僕もオーストラリアで兄と一緒にやったよ。そうだ，次の日曜日は空いているよ。①ェ一緒にやらない？

ケンタ：いいよ！次の日曜日が待ち遠しいよ！それではまた。

サム　：またね。

2①「人が起きたあと，朝に食べる食べ物」…breakfast「朝食」　②「より高いまたは一番高い場所に上がること」…climb「登る」　③「１年で３番目の月」…March「３月」

3【本文の要約】参照。

② 現在完了〈have/has＋過去分詞〉の“経験”の文「～したことがある」にする。

③ 〈be 動詞＋過去分詞〉で「～される」という意味の受け身の形にする。

【本文の要約】

ソウタ　：やあ，ルーシー。どんな本を読んでいるの？ああ，それらは歴史の本？

ルーシー：ええ。①私はそれらが好きなの(＝I like them)。とても興味深いわ。

ソウタ　：それなら，君はこれを気に入るかもしれないね。これは出水の古民家の写真だよ。

ルーシー：わー！とてもきれいね。あなたがこの写真を撮ったの？

ソウタ　：いや，父が撮ったんだ。②彼は写真を撮りに何度もそこに行ったことがあるんだ(＝He has visited it many times to take pictures)。そこで一番古い建物だそうだよ。

ルーシー：その家は築何年なの？

ソウタ　：③250 年以上も前に建てられたんだ(＝It was built more than 250 years ago)。

ルーシー：まあ，早く見たいわ。

4　リンダ「私はかばんを買いたいわ。ＸとＹのどちらを買うべきかしら。アドバイスをちょうだい！」…理由を二つ答えること。（Ｘの例文）「君はＸを買うべきだよ。なぜならＹよりも大きいからね。そのかばんでたくさんのものを運べるよ。それに，君は雨が降り始めてもかばんの中のものを心配する必要がないんだ」

3　Ⅰ【本文の要約】参照。

1　「９月の自動車事故は８月の２倍」，「事故は 12 月に最も多い」より，アが適当。

【本文の要約】

奄美大島と徳之島は昨年，世界自然遺産に認定されました。アマミノクロウサギはこれらの島にしか生息しておらず，現在絶滅の危機に瀕しています。最も大きな理由のひとつは自動車事故です。 このグラフは，過去 20 年間にアマミノクロウサギの自動車事故が月に何件発生しているかを示しています。1ア９月の自動車事故は８月の２倍になっています。なぜなら秋から冬にかけて，アマミノクロウサギが活発になるからです。1ア事故は 12 月に最も多く起こっています。その月は人々が車を運転する機会が多いからです。この写真を見てください。現地の人々は彼らを保護し始めました。島のいくつかの場所にこの看板が設置されています。「車の運転手はここでアマミノクロウサギに注意し(＝be careful of Amami rabbits)なければならない」ということです。私たち全員が彼らのために何かすることがとても大切です。

Ⅱ【本文の要約】参照。

1　サツマ水族館の利用案内の How much?の表より，６歳から 15 歳で 20 人以上の団体割引があるので，600 円である。

2　サツマ水族館の利用案内の What time?の表より，「Giving Food to Shark」→「Let's Touch Sea Animals」→「Dolphin Show」の順に見れば，２時 30 分までにイベントを全部見ることができる。

【本文の要約】

エレン：こんにちは，ミカ！私は明日，水族館に行くのを楽しみにしているわ。確認を済ませておきたいの。まず，入場料はいくら払えばいいの？

ミカ　：うちのクラスの生徒は 40 人で，私たちはみんな 14 歳か 15 歳だから，みんな①イ 600円払うべきよ。でも学校がすでにお金を払っているので，あなたが明日支払う必要はないわ。

エレン：わかったわ。ありがとう。次に，明日の予定を確認しましょう。私たちは午前９時 30 分に水族館の前で集合する予定よ。午前中は，クラスのメンバー全員が「Dolphin Training」と「Talking about Sea Animals」を見に行くわ。午後は，何をするか選べるの。そして，午後２時 30 分に水族館を出るわ。

ミカ　：そうね。あなたは午後に何がしたい？

エレン：私はそこのイベントを全部楽しみたいわ。午後 12 時 30 分に「②イ Giving Food to Shark」を見てみましょう。そのあとは「③ウ Let's Touch Sea Animals」を楽しみ，そのあとは「④ア Dolphin Show」を楽しみましょう。

ミカ　：それは最高の計画だわ！そこを出るまでにイベントを全部楽しめるわ。

Ⅲ【本文の要約】参照。スミス先生「このスピーチで最も重要なポイントは？」→アミ「(　　)」→スミス先生「すばらしい！その通りだね！それが重要なポイントだよ」…エ「私たちは，世界のプラスチック汚染を防ぐために，身近なものをもっと使うべきです」が適当。ア「私たちが新しい種類のプラスチック製品を開発すれば，プラスチック汚染を防ぐことができます」，イ「竹紙ストローはプラスチックのストローより丈夫なので，もっと作るべきです」，ウ「鹿児島には竹がたくさんあるので，竹製品をもっと買うべきです」は不適当。

【本文の要約】

今日，プラスチック汚染は世界最大の問題のひとつになっており，プラスチック製品を使用するのはよくないと考える人がたくさんいます。そのかわりに，紙製品の開発や使用が増えています。鹿児島では，私たちに身近なものでできた新しい種類の紙製品を買うことができます。ご存知ですか？

「竹紙ストロー」はその一例です。それらは竹紙で作られているので，とても珍しいです。さらに，それらは紙のストローよりも丈夫です。今，あなたは鹿児島の一部店舗でそれを買うことができます。

なぜストローを作るのに竹が使用されるのでしょう？いくつか理由があります。鹿児島には竹がたくさんあり，鹿児島県は日本最大の竹の生産地です。鹿児島の人々は竹の使い方をよく知っています。それで，多くの種類の竹製品がそこで作られています。竹紙ストローはそのひとつです。

そのストローはプラスチック汚染を防ぐのに役立つのでしょうか？その答えは「Yes！」です。もし竹製品を使い始めるなら，プラスチック汚染の問題について考える機会を得ることになります。私たちに身近なものを使うことによって，プラスチック製品の使用をやめることができます。そうすれば，私たちは社会をより住みやすい場所にすることができます。あなたは他に何を使うことができるでしょう？それについて考えましょう。

4　【本文の要約】参照。

1　母はサラの試合を見に行くことができなかったので，イは本文の内容に合わない。

2　「母がサラに話しかけたとき，なぜ彼女は悲しそうだったのですか？」…下線部①の段落の１～２行目の母の言葉を引用して答える。We→They，don't→didn't にすること。

3　直前の３行より，サラは母に言った言葉を思い出して自分のことが嫌いになったと考えられる。エが適当。

4　下線部③の段落の３～４行目のジョンからのアドバイスの内容を日本語にする。

5　直前の段落の最後の２行の内容を参考に，サラが母に本音で感謝を伝える内容にする。15 語程度の条件を守ること。(例文)「私のためにしてくれたすべてのことに感謝しているよ。お母さんは世界で一番の母親だよ」

6　ア「×サラと母は当初，予定を書くためによくホワイトボードを使っていました」　イ○「サラは部活でサッカーを始める前は，家で両親の手伝いをしました」　ウ○「病院での職場体験中，サラは最終日の昼食後にジョンと話をしました」　エ×「サラは最初のメッセージをホワイトボードに書きましたが，母親は応えませんでした」…本文にない内容。　オ「サラは今，母と話すことができるので，×ホワイトボードにメッセージを書きません」

【本文の要約】

サラの家の冷蔵庫には小さなホワイトボードが貼ってあります。当初，母はその日の自分の予定を書くためだけに購入しましたが，今ではサラにとって特別な意味を持っています。

6イサラは幼い頃，家でできるだけ両親の手伝いをしていました。彼女の両親は看護師として働いていました。サラは両親がすることがたくさんあることを知っていました。

サラは中学１年生になると，女子サッカー部でサッカーを始めました。彼女の生活は大きく変わりました。彼女はとても忙しくなりました。サラと母はよく一緒に買い物に行っていましたが，サラが部活に入ってからは行けませんでした。彼女は良い選手になるために一生懸命サッカーの練習をしました。

2ある朝，母は悲しそうな顔で「お互いに話す時間が十分にとれていないわね」と言いました。サラは，それは他の中学生も同じだろうと思っていたので，大きな問題ではないと思いました。しかし，あとになって，彼女は母の悲しそうな顔を何度も思い出しました。

サラは次の月曜日にサッカーの試合をする予定でした。彼女は母に「私の最初の試合を見に来てくれない？」と頼みました。母は予定を確認して「行けたらいいけど，行けないわ。仕事に行かなければならないの」と言いました。するとサラは「お母さんは良い看護師かもしれないけど，良い母親ではないわ」と言いました。サラは意地の悪いことだとわかっていましたが，自分を止めることができませんでした。

3試合当日，彼女はホワイトボードに書かれた母からのメッセージを見つけました。「頑張ってね。いい試合を！」それを見たサラは，母への言葉を思い出しました。「それらは母をとても悲しませたわ」とサラは思いました。サラは自分のことが嫌いになりました。

２週間後，サラは病院で３日間，職場体験をしました。彼女の母がかつて勤めていた病院でした。看護師は患者を助け，笑顔で話しかけていました。サラは彼らのようにしたかったのですが，患者とうまくコミュニケーションが取れませんでした。

6ウ最後の日の昼食後，彼女は自分の悩みを看護師のジョンに話しました。彼は母の友人でした。「患者とうまくコミュニケーションを取るのは難しいです」とサラは言いました。「簡単なことだよ。4君が彼らと話すときに笑顔を見せれば，彼らはうれしいよ。君が彼らに親切にすれば，彼らは君にやさしくしてくれるよ。僕は君のお母さんを覚えているよ。彼女はいつも周りの人のことを考えていたよ」とジョンは言いました。彼の言葉を聞いたとき，サラは母の顔を思い出しました。彼女は「お母さんはいつも忙しいのに，毎日夕食を作って私を学校に連れて行ってくれる。お母さんは私のためにたくさんのことをしてくれているわ」と思いました。

その夜，サラは台所に行き，ペンを取りました。彼女はホワイトボードに母への最初のメッセージを書くつもりでした。最初，サラは何を書けばいいかわかりませんでしたが，母のうれしそうな顔を心から見たいと思いました。そこで彼女は再び書く決心をしました。

翌朝，サラは母に会うことができませんでした。「お母さんは早く家を出なければならなかったんだわ。たぶん私のメッセージはまだ読んでないわね」と彼女は思いました。

その晩，サラは台所のホワイトボードを見ました。そこに書かれている言葉はサラのものではなく，そのかわりに彼女は母の言葉を見つけました。「メッセージありがとう。読んで本当にうれしかったわ。また書いてね」サラはホワイトボード上に母の笑顔を見ました。

今では，サラと母はお互いに話をする機会が増えましたが，彼女らはホワイトボードにメッセージを書き続けています。少し古くなりましたが，サラと母の橋渡し役をしています。彼女らはそれを数年間必要とするかもしれません。サラはいつか，それがなくても母に本音を言うことができることを願っています。

《2022　理科　解説》

1　2　フェノールフタレイン溶液はアルカリ性で赤色になる。アルカリ性のpHは７より大きい(７が中性，７より小さいと酸性である)。

3　エ○…ハイギョは魚類と両生類の両方の性質をもつ。

4　①地球は１日(24時間)で１回自転(360°回転)するから，１時間あたり360÷24＝15(°)回転する。

5(1)　斑状組織に対し，大きな鉱物が組み合わさっているつくりを等粒状組織という。　(4)　1.5Ｖの乾電池を２個直列につなぐと，回路には1.5×２＝3.0(Ｖ)の電圧が加わる。したがって，〔抵抗(Ω)＝$\frac{電圧(V)}{電流(A)}$〕より，回路全体の抵抗は，$\frac{3.0}{0.5}$＝６(Ω)である。

2　Ⅰ．１　300ｇのおもりにはたらく重力の大きさは$\frac{300}{100}$＝３(Ｎ)である。また，おもりにはたらく重力とつり合う力は，糸がおもりを引く力である。　２　0.2秒から0.3秒までの0.1秒間に27.0－12.0＝15.0(cm)動くから，平均の速さは，$\frac{15.0}{0.1}$＝150(cm/ｓ)である。　３　ａ．０秒から0.4秒までは，0.1秒間に動く距離が増加するが，0.4秒後からは0.1秒に動く距離が24.0cmで一定になる。　４　エ○…おもりの質量が大きくなると，糸が台車を引く力も大きくなるので，短い時間で速さが大きくなる。また，図１のようにおもりが静止しているときにおもりがもつ位置エネルギーは，おもりの質量が大きいほど大きくなる。おもりが床についたとき，おもりがもっていた位置エネルギーはすべて台車の運動エネルギーに変換されるから，おもりの質量が大きいほど，台車の速さは大きくなる。

Ⅱ．３　流れる誘導電流の大きさをより大きくする方法は，棒磁石をより速く動かす以外に，磁石の磁力を強いものにかえる，コイルの巻き数を増やすなどがある。ただし，この問題では実験器具をそのまま使うとあるので，棒磁石をより速く動かす方法が適している。　４　ウ○…コイルに近い方の棒磁石の極，棒磁石がコイルの上下どちらにあるか，棒磁石の動き(コイルに近づくのか遠ざかるのか)のどれか１つまたは３つが反対になると流れる電流の向きは反対になり，２つが反対になると流れる電流の向きは変わらない。したがって，棒磁石のＮ極がコイルの上から近づいたときと，棒磁石のＳ極がコイルの下から遠ざかるときでは逆向きの電流が流れる。

3　Ⅰ．１(1)　赤血球には，酸素の多いところでは酸素を結びつき，酸素の少ないところでは酸素をはなす性質をもつヘモグロビンがふくまれている。　２(1)　減数分裂によってできる生殖細胞(卵や精子など)の染色体の数は，親のからだをつくる細胞の染色体の数の半分になる。卵と精子が受精してできた受精卵の染色体の数は，親のからだをつくる細胞の染色体の数と同じになり，その後，受精卵は染色体の数が変わらない体細胞分裂を繰り返して成長する。　(2)　受精卵の遺伝子の組み合わせがＡＡだから，両親からＡの遺伝子を受けついだとわかる。よって，親(雌)がもつ遺伝子の少なくとも一方はＡであるから，親(雌)の遺伝子の組み合わせはＡＡまたはＡａと考えられる。

Ⅱ．１　昆虫のあしはすべて胸部についている。　２　外側から，がく(エ)，花弁(ア)，おしべ(ウ)，めしべ(イ)である。　３(1)　タンポポの葉を入れ，光を当てたＡでは，光合成によって二酸化炭素が使われたと考えられる。　(2)　調べたい条件のみを変えて行う実験を対照実験という。

4　Ⅰ．１　小さくこきざみなゆれ(初期微動)を伝える波をＰ波，大きなゆれ(主要動)を伝える波をＳ波という。

２(1)　ふつう，震源からの距離が大きいほど震度は小さくなる。　(3)　(2)グラフより，初期微動継続時間(初期微動が始まってから主要動が始まるまでの時間)は，震源からの距離に比例するとわかる。震源距離36kmのＡでの初期微動継続時間は６秒だから，震源距離126km地点では６×$\frac{126}{36}$＝21(秒)である。

Ⅱ．２　高気圧や低気圧が偏西風によって西から東へ流される。　３　イ○…北半球では低気圧の中心に向かって反時計回りに風がふきこむ。　４　Ｂは西高東低の気圧配置となっているので，冬の天気図である。冬は大陸上に冷たく乾燥したシベリア気団が発達し，冷たい北西の季節風が日本にふく。

5　Ⅰ．２　塩素は黄緑色で刺激臭があり，水にとけやすく空気より密度が大きい。また，殺菌作用や漂白作用がある。なお，ウは水素，エは酸素の性質である。　３　塩化銅の電離を表す式より，塩化銅水溶液中の銅イオンと塩化物イオンの数の比は1：2になるとわかる。したがって，それぞれの時間において，銅イオンの数が塩化物イオンの数の半分になるようにグラフをかけばよい。　4　塩酸〔HCl〕を電気分解すると，陰極で水素〔H_2〕，陽極で塩素〔Cl_2〕が発生する。なお，化学反応式の前後で原子の組み合わせは変わるが，原子の種類と数は変わらないことに注意する。

Ⅱ．1　ウ〇…エタノールが液体から気体になるとき，エタノール分子どうしの間隔が広くなり体積が大きくなる。

2　ア〇…温度計の液だめは枝の高さにして，出てくる蒸気の温度をはかる。　3　水28.0㎤の質量は1.0×28.0＝28(g)だから，エタノール7㎤の質量は(W－28)gである。よって，エタノールの密度は$\frac{W-28}{7}$(g/㎤)である。　4　図3より，質量パーセント濃度が60％以上の混合物の密度はおよそ0.885g/㎤より小さいとわかる。表より，A～Eの密度を求めると，Aが$\frac{1.2}{1.5}$＝0.8(g/㎤)，Bが$\frac{2.7}{3.2}$＝0.84375(g/㎤)，Cが$\frac{3.3}{3.6}$＝0.916…(g/㎤)，DとEは$\frac{2.4}{2.4}$＝1(g/㎤)である。よって，AとBを選べばよい。

《2022　社会　解説》

1　Ⅰ－1　アルプス　アルプス山脈は，新期造山帯であるアルプス・ヒマラヤ造山帯の一部である。プレートテクトニクスにより，ヨーロッパ大陸がアフリカ大陸の下にもぐりこむ際に，大陸と大陸の衝突によって形成されたのがアルプス山脈である。

2　南緯30度　アフリカ大陸のビクトリア湖，南アメリカ大陸のアマゾン川河口，東南アジアのマレー半島の南端を通る横の線が緯度0度の赤道である。赤道より上側が北半球，下側が南半球である。

3　ア　イヌイットは北米に住む先住民，マオリはニュージーランドに住む先住民，ヒスパニックはアメリカ合衆国に住むスペイン語を母語とする移民とその子孫である。

4　イ　アンデス山脈では，変わりやすい天候に備えて，着脱に便利なポンチョをまとっている。アは地中海沿岸，ウは東アジア・東南アジア・南アジア，エはアフリカ大陸や南アメリカ大陸の赤道付近の農業である。

5　小麦　小麦は，生産量では中国＞インド＞ロシア＞アメリカ＞フランスの順，輸出量ではロシア＞アメリカ＞カナダの順になる。上位3位までだと判断しづらいが，ロシア・カナダなど高緯度の国が上位にあることから，比較的気温が低くても栽培できる小麦と判断する。

6(1)　1番目＝イギリス　2番目＝ドイツ　中国は＋7.4ポイント，ドイツは＋20.5ポイント，インドは＋2.6ポイント，イギリスは＋28.6ポイントである。　(2)　資料を素直に読み取れば，ドイツとイギリスでは，風力発電，太陽光発電の割合が増えていることがわかる。ドイツやイギリスは偏西風の通り道であり，高い山も少ないため，風力発電に適した地形が多い。

Ⅱ－1　2　内陸県は，奈良県と滋賀県の2県である。

2　カルデラ　阿蘇山には，最大級のカルデラが広がる。

3　ウ　アはB，イはA，エはCの県についてそれぞれ述べている。

4(1)　栽培　育てる漁業には，成魚になるまで人工的に育てる養殖と，稚魚になると放流する栽培漁業がある。

(2)排他的経済水域　領海を除く，沿岸から200海里以内の水域を排他的経済水域（EEZ）といい，この水域では，地下資源や水産資源を優先的に活用できる権利をもつ。そのため，他国が排他的経済水域を宣言した海域では，日本の遠洋漁業の船が自由に操業をすることが不可能となった。

5　夏の南東季節風が四国山地に，冬の北西季節風が中国山地にぶつかるときに雨や雪を降らせるため，瀬戸内地方には，雨や雪を降らせた後の乾いた風が吹き込んでいる。

Ⅲ　Y　小型軽量で単価の高い商品は航空機で，大型で重量のある商品や液体は船舶で運ばれる。

2 Ⅰ-1 参勤交代　徳川家光が初めて武家諸法度に参勤交代を追加した。

2 イ　銅鐸・青銅器は弥生時代に発達した。倭国が 100 ほどの国に分かれていたとの記述は,『漢書』地理志にある。弥生時代の記述がある中国の歴史書は,『漢書』地理志(100 余りの国・楽浪郡など),『後漢書』東夷伝(金印・漢委奴国王),『魏志』倭人伝(卑弥呼・邪馬台国)がある。

3 金剛力士像　東大寺南大門にある金剛力士像は，鎌倉文化を代表する仏像である。

4 輸入した品物を他の国や地域へ輸出　琉球王国は，日本・中国・東南アジアをつなぐ中継貿易で栄えた。

5 エ　江戸時代の 19 世紀前半に花開いた，江戸の庶民による文化を化政文化という。元禄文化は，17 世紀後半に花開いた，上方(京都・大阪)の町人による文化である。尾形光琳の作品には,『燕子花図屏風』などがある。

6 ウ→イ→エ→ア　ウ(行基・奈良時代)→イ(平清盛・平安時代)→エ(マゼラン艦隊・16 世紀)→ア(ラクスマン・江戸時代 18 世紀)

Ⅱ-1 ①伊藤博文　②世界恐慌　①　君主権の強いドイツの憲法を学んで帰国した伊藤博文は，初代内閣総理大臣となり，議会と憲法の整備の準備に入った。　②　第一次世界大戦以降，世界経済の中心となったアメリカで起きた株価の大暴落は世界に広がり，世界の経済が混乱した。

2 ウ　徴兵令は 1873 年に制定された。王政復古の大号令は 1867 年，日米和親条約の締結は 1854 年，大日本帝国憲法の発布は 1889 年。

3 樋口一葉　2022 年現在の紙幣の肖像画は，福沢諭吉(一万円札)，樋口一葉(五千円札)，野口英世(千円札)である。2024 年に予定されている新紙幣は，渋沢栄一(一万円札)，津田梅子(五千円札)，北里柴三郎(千円札)である。

4 三国協商　右図は，＝が同盟，➔が対立を表している。

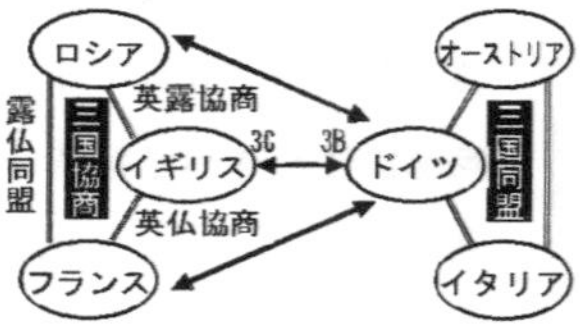

5 ア　吉野作造は大正時代に民本主義を唱えた人物。野口英世は梅毒と黄熱病の研究で知られる細菌学者。

6 エ→ア→ウ　エ(東京オリンピック・1964 年)→ア(第一次石油危機・1973 年)→ウ(男女雇用機会均等法の制定・1985 年)　イは 1946 年のことである。

Ⅲ 農地改革の内容として，政府が地主の土地を買い上げたこと，買い上げた土地を小作人に売り渡したことで自作農の割合が増えたことを盛り込む。

3 Ⅰ-1 公共の福祉　公共の福祉は，社会全体の共通の利益を意味する。自由権の一部は，公共の福祉によって制限されることがある。

2 エ　アは経済活動の自由，イは請求権，ウは精神の自由。

3 ユニバーサルデザイン　ＵＤと省略されることもある。ユニバーサルデザインの例として，センサー式の水道の蛇口，料金投入口の大きい自動販売機などがある。

4 国民のさまざまな意見を政治に反映できる　衆議院の任期が参議院より短いこと，衆議院には解散があることから，国民の意見(民意)がより反映されやすいと考えられる。また，参議院には良識の府としての意義もある。

5 ウ　三権分立については右図を参照。

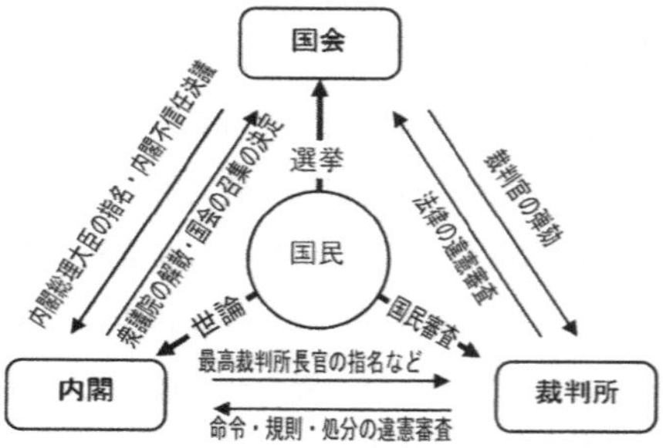

6 イ　検察官・被告人がいることから刑事裁判と判断できる。裁判員裁判は，重大な刑事裁判の第１審で行われる。アとウは民事裁判である。エ．刑事裁判には，被害者参加制度があり，被告人に対して質問することができる。

Ⅱ-1 18　成人年齢も 2022 年４月に，20 歳から 18 歳に引き下げられた。ただし，飲酒や喫煙については 20 歳以上と変わらない。

2　消費者契約法　　消費者契約法と消費者基本法の違いを理解しよう。消費者契約法…消費者を不当な契約から守るための法律。消費者基本法…消費者の権利を尊重し，国民の消費生活を守るための法律。

3　X．供給量が需要量を上回っている　Y．下がる　　P円のとき，供給量＞需要量だから，供給過多となり，その後の価格は下がっていく。

4　ア　　関税率を引き上げることは，自由貿易を制限すること(保護貿易)だから左側になる。社会保障を充実させるために消費税の税率を上げることは，大きな政府をめざすことになるから，上側になる。よって，アを選ぶ。大きな政府とは，中央政府が中心となって政策を行う政治形態。小さな政府とは，政府の権限をできるだけ少なくし，規制緩和を進める政治形態。

5　2万4千　　2400000÷100＝24000(ドル)　　1ドル＝120円から1ドル＝100円になることは，円高であり，1ドル＝120円のとき，アメリカで2万ドルだった自動車は，1ドル＝100円になると，2万4千ドルで販売されることになるので，円高は輸出業者には不利な状況となる。

Ⅲ　予約販売にすることで，販売する商品の数を予測し，食品ロスを減らす取り組みであることが書かれていればよい。予約販売以外にも，ビッグデータを活用して，予想される販売数を割り出し，食品ロスを減らす取り組みなども見られる。

■ ご使用にあたってのお願い・ご注意

（1）問題文等の非掲載

著作権上の都合により，問題文や図表などの一部を掲載できない場合があります。

誠に申し訳ございませんが，ご了承くださいますようお願いいたします。

（2）過去問における時事性

過去問題集は，学習指導要領の改訂や社会状況の変化，新たな発見などにより，現在とは異なる表記や解説になっている場合があります。過去問の特性上，出題当時のままで出版していますので，あらかじめご了承ください。

（3）配点

学校等から配点が公表されている場合は，記載しています。公表されていない場合は，記載していません。

独自の予想配点は，出題者の意図と異なる場合があり，お客様が学習するうえで誤った判断をしてしまう恐れがあるため記載していません。

（4）無断複製等の禁止

購入された個人のお客様が，ご家庭でご自身またはご家族の学習のためにコピーをすることは可能ですが，それ以外の目的でコピー，スキャン，転載（ブログ，ＳＮＳなどでの公開を含みます）などをすることは法律により禁止されています。学校や学習塾などで，児童生徒のためにコピーをして使用することも法律により禁止されています。

ご不明な点や，違法な疑いのある行為を確認された場合は，弊社までご連絡ください。

（5）けがに注意

この問題集は針を外して使用します。針を外すときは，けがをしないように注意してください。また，表紙カバーや問題用紙の端で手指を傷つけないように十分注意してください。

（6）正誤

制作には万全を期しておりますが，万が一誤りなどがございましたら，弊社までご連絡ください。

なお，誤りが判明した場合は，弊社ウェブサイトの「ご購入者様のページ」に掲載しておりますので，そちらもご確認ください。

■ お問い合わせ

解答例，解説，印刷，製本など，問題集発行におけるすべての責任は弊社にあります。

ご不明な点がございましたら，弊社ウェブサイトの「お問い合わせ」フォームよりご連絡ください。迅速に対応いたしますが，営業日の都合で回答に数日を要する場合があります。

ご入力いただいたメールアドレス宛に自動返信メールをお送りしています。自動返信メールが届かない場合は，「よくある質問」の「メールの問い合わせに対し返信がありません。」の項目をご確認ください。

また弊社営業日（平日）は，午前９時から午後５時まで，電話でのお問い合わせも受け付けています。

2025 春

株式会社教英出版
〒422-8054　静岡県静岡市駿河区南安倍３丁目 12-28
TEL　054-288-2131　　FAX　054-288-2133
URL　https://kyoei-syuppan.net/
MAIL　siteform@kyoei-syuppan.net

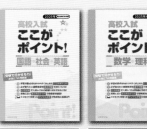

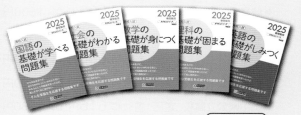

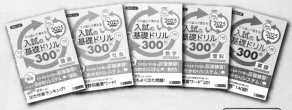

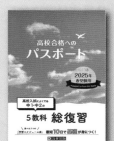

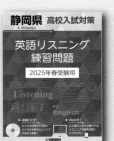

教英出版 2025年春受験用 高校入試問題集

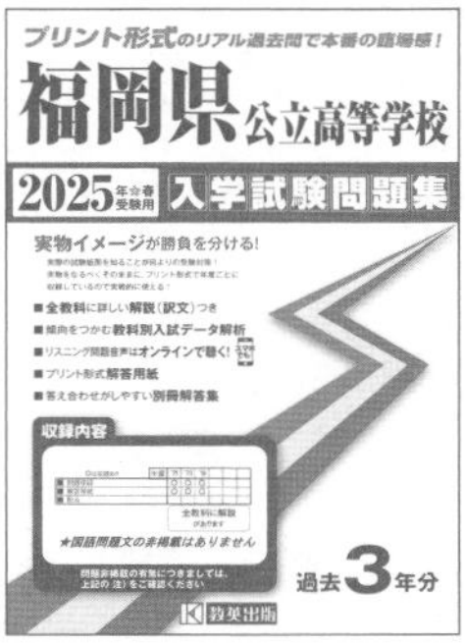

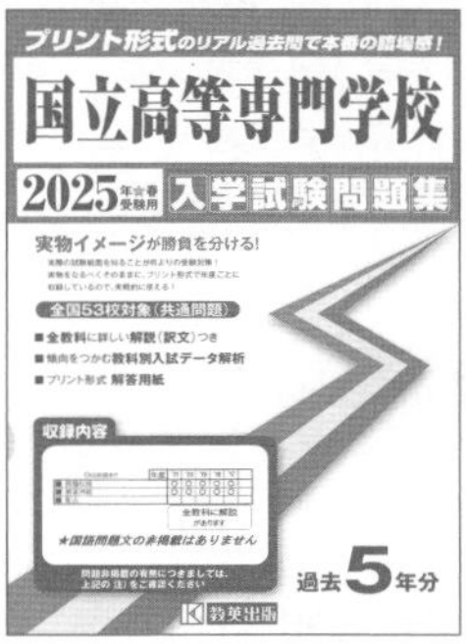

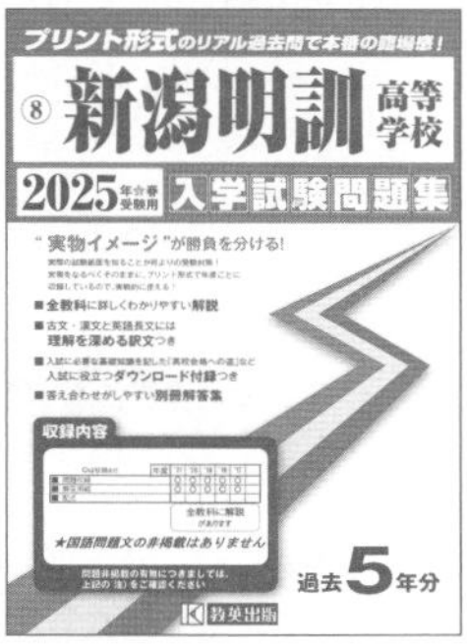

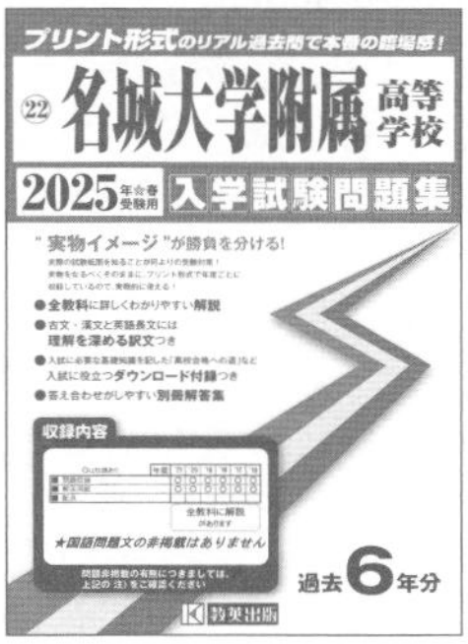

公立高等学校問題集

北海道公立高等学校
青森県公立高等学校
宮城県公立高等学校
秋田県公立高等学校
山形県公立高等学校
福島県公立高等学校
茨城県公立高等学校
埼玉県公立高等学校
千葉県公立高等学校
東京都立高等学校
神奈川県公立高等学校
新潟県公立高等学校
富山県公立高等学校
石川県公立高等学校
長野県公立高等学校
岐阜県公立高等学校
静岡県公立高等学校
愛知県公立高等学校
三重県公立高等学校(前期選抜)
三重県公立高等学校(後期選抜)
京都府公立高等学校(前期選抜)
京都府公立高等学校(中期選抜)
大阪府公立高等学校
兵庫県公立高等学校
島根県公立高等学校
岡山県公立高等学校
広島県公立高等学校
山口県公立高等学校
香川県公立高等学校
愛媛県公立高等学校
福岡県公立高等学校
佐賀県公立高等学校
長崎県公立高等学校
熊本県公立高等学校
大分県公立高等学校
宮崎県公立高等学校
鹿児島県公立高等学校
沖縄県公立高等学校

公立高 教科別8年分問題集

(2024年～2017年)

北海道(国·社·数·理·英)
宮城県(国·社·数·理·英)
山形県(国·社·数·理·英)
新潟県(国·社·数·理·英)
富山県(国·社·数·理·英)
長野県(国·社·数·理·英)
岐阜県(国·社·数·理·英)
静岡県(国·社·数·理·英)
愛知県(国·社·数·理·英)
兵庫県(国·社·数·理·英)
岡山県(国·社·数·理·英)
広島県(国·社·数·理·英)
山口県(国·社·数·理·英)
福岡県(国·社·数·理·英)

国立高等専門学校 最新5年分問題集

(2024年～2020年·全国共通)

対象の高等専門学校

釧路工業·旭川工業·
苫小牧工業·函館工業·
八戸工業·一関工業·仙台·
秋田工業·鶴岡工業·福島工業·
茨城工業·小山工業·群馬工業·
木更津工業·東京工業·
長岡工業·富山·石川工業·
福井工業·長野工業·岐阜工業·
沼津工業·豊田工業·鈴鹿工業·
鳥羽商船·舞鶴工業·
大阪府立大学工業·明石工業·
神戸市立工業·奈良工業·
和歌山工業·米子工業·
松江工業·津山工業·呉工業·
広島商船·徳山工業·宇部工業·
大島商船·阿南工業·香川·
新居浜工業·弓削商船·
高知工業·北九州工業·
久留米工業·有明工業·
佐世保工業·熊本·大分工業·
都城工業·鹿児島工業·
沖縄工業

高専 教科別10年分問題集

もっと過去問シリーズ
教科別
数学·理科·英語
(2019年～2010年)

学校別問題集

北海道

①札幌北斗高等学校
②北星学園大学附属高等学校
③東海大学付属札幌高等学校
④立命館慶祥高等学校
⑤北海高等学校
⑥北見藤高等学校
⑦札幌光星高等学校
⑧函館ラ・サール高等学校
⑨札幌大谷高等学校
⑩北海道科学大学高等学校
⑪遺愛女子高等学校
⑫札幌龍谷学園高等学校
⑬札幌日本大学高等学校
⑭札幌第一高等学校
⑮旭川実業高等学校
⑯北海学園札幌高等学校

青森県

①八戸工業大学第二高等学校

宮城県

①聖和学園高等学校(A日程)
②聖和学園高等学校(B日程)
③東北学院高等学校(A日程)
④東北学院高等学校(B日程)
⑤仙台大学附属明成高等学校
⑥仙台城南高等学校
⑦東北学院榴ケ岡高等学校
⑧古川学園高等学校
⑨仙台育英学園高等学校(A日程)
⑩仙台育英学園高等学校(B日程)
⑪聖ウルスラ学院英智高等学校
⑫宮城学院高等学校
⑬東北生活文化大学高等学校
⑭東北高等学校
⑮常盤木学園高等学校
⑯仙台白百合学園高等学校
⑰尚絅学院高等学校(A日程)
⑱尚絅学院高等学校(B日程)

山形県

①日本大学山形高等学校
②惺山高等学校
③東北文教大学山形城北高等学校
④東海大学山形高等学校
⑤山形学院高等学校

福島県

①日本大学東北高等学校

新潟県

①中越高等学校
②新潟第一高等学校
③東京学館新潟高等学校
④日本文理高等学校
⑤新潟青陵高等学校
⑥帝京長岡高等学校
⑦北越高等学校
⑧新潟明訓高等学校

富山県

①高岡第一高等学校
②富山第一高等学校

石川県

①金沢高等学校
②金沢学院大学附属高等学校
③遊学館高等学校
④星稜高等学校
⑤鵬学園高等学校

山梨県

①駿台甲府高等学校
②山梨学院高等学校(特進)
③山梨学院高等学校(進学)
④山梨英和高等学校

岐阜県

①鶯谷高等学校
②富田高等学校
③岐阜東高等学校
④岐阜聖徳学園高等学校
⑤大垣日本大学高等学校
⑥美濃加茂高等学校
⑦済美高等学校

静岡県

①御殿場西高等学校
②知徳高等学校
③日本大学三島高等学校
④沼津中央高等学校
⑤飛龍高等学校
⑥桐陽高等学校
⑦加藤学園高等学校
⑧加藤学園暁秀高等学校
⑨誠恵高等学校
⑩星陵高等学校
⑪静岡県富士見高等学校
⑫清水国際高等学校
⑬静岡サレジオ高等学校
⑭東海大学付属静岡翔洋高等学校
⑮静岡大成高等学校
⑯静岡英和女学院高等学校
⑰城南静岡高等学校
⑱静岡女子高等学校
⑲ 常葉大学附属常葉高等学校
　 常葉大学附属橘高等学校
　 常葉大学附属菊川高等学校
⑳静岡北高等学校
㉑静岡学園高等学校
㉒焼津高等学校
㉓藤枝明誠高等学校
㉔静清高等学校
㉕磐田東高等学校
㉖浜松学院高等学校
㉗浜松修学舎高等学校
㉘浜松開誠館高等学校
㉙浜松学芸高等学校
㉚浜松聖星高等学校
㉛浜松日体高等学校
㉜聖隷クリストファー高等学校
㉝浜松啓陽高等学校
㉞オイスカ浜松国際高等学校

愛知県

①[国立]愛知教育大学附属高等学校
②愛知高等学校
③名古屋経済大学市邨高等学校
④名古屋経済大学高蔵高等学校
⑤名古屋大谷高等学校
⑥享栄高等学校
⑦椙山女学園高等学校
⑧大同大学大同高等学校
⑨日本福祉大学付属高等学校
⑩中京大学附属中京高等学校
⑪至学館高等学校
⑫東海高等学校
⑬名古屋たちばな高等学校
⑭東邦高等学校
⑮名古屋高等学校
⑯名古屋工業高等学校
⑰名古屋葵大学高等学校
(名古屋女子大学高等学校)
⑱中部大学第一高等学校
⑲桜花学園高等学校
⑳愛知工業大学名電高等学校
㉑愛知みずほ大学瑞穂高等学校
㉒名城大学附属高等学校
㉓修文学院高等学校
㉔愛知啓成高等学校
㉕聖カピタニオ女子高等学校
㉖滝高等学校
㉗中部大学春日丘高等学校
㉘清林館高等学校
㉙愛知黎明高等学校
㉚岡崎城西高等学校
㉛人間環境大学附属岡崎高等学校
㉜桜丘高等学校

㉝光ヶ丘女子高等学校
㉞藤ノ花女子高等学校
㉟栄徳高等学校
㊱同朋高等学校
㊲星城高等学校
㊳安城学園高等学校
㊴愛知産業大学三河高等学校
㊵大成高等学校
㊶豊田大谷高等学校
㊷東海学園高等学校
㊸名古屋国際高等学校
㊹啓明学館高等学校
㊺聖霊高等学校
㊻誠信高等学校
㊼誉高等学校
㊽杜若高等学校
㊾菊華高等学校
㊿豊川高等学校

三重県

①暁高等学校(3年制)
②暁高等学校(6年制)
③海星高等学校
④四日市メリノール学院高等学校
⑤鈴鹿高等学校
⑥高田高等学校
⑦三重高等学校
⑧皇學館高等学校
⑨伊勢学園高等学校
⑩津田学園高等学校

滋賀県

①近江高等学校

大阪府

①上宮高等学校
②大阪高等学校
③興國高等学校
④清風高等学校
⑤早稲田大阪高等学校
（早稲田摂陵高等学校）
⑥大商学園高等学校
⑦浪速高等学校
⑧大阪夕陽丘学園高等学校
⑨大阪成蹊女子高等学校
⑩四天王寺高等学校
⑪梅花高等学校
⑫追手門学院高等学校
⑬大阪学院大学高等学校
⑭大阪学芸高等学校
⑮常翔学園高等学校
⑯大阪桐蔭高等学校
⑰関西大倉高等学校
⑱近畿大学附属高等学校
⑲金光大阪高等学校
⑳星翔高等学校
㉑阪南大学高等学校
㉒箕面自由学園高等学校
㉓桃山学院高等学校
㉔関西大学北陽高等学校

兵庫県

①雲雀丘学園高等学校
②園田学園高等学校
③関西学院高等部
④灘高等学校
⑤神戸龍谷高等学校
⑥神戸第一高等学校
⑦神港学園高等学校
⑧神戸学院大学附属高等学校
⑨神戸弘陵学園高等学校
⑩彩星工科高等学校
⑪神戸野田高等学校
⑫滝川高等学校
⑬須磨学園高等学校
⑭神戸星城高等学校
⑮啓明学院高等学校
⑯神戸国際大学附属高等学校
⑰滝川第二高等学校
⑱三田松聖高等学校
⑲姫路女学院高等学校
⑳東洋大学附属姫路高等学校
㉑日ノ本学園高等学校
㉒市川高等学校
㉓近畿大学附属豊岡高等学校
㉔夙川高等学校
㉕仁川学院高等学校
㉖育英高等学校

奈良県

①西大和学園高等学校

岡山県

①[県立]岡山朝日高等学校
②清心女子高等学校
③就実高等学校
(特別進学コース〈ハイグレード·アドバンス〉)
④就実高等学校
(特別進学チャレンジコース·総合進学コース)
⑤岡山白陵高等学校
⑥山陽学園高等学校
⑦関西高等学校
⑧おかやま山陽高等学校
⑨岡山商科大学附属高等学校
⑩倉敷高等学校
⑪岡山学芸館高等学校(1期1日目)
⑫岡山学芸館高等学校(1期2日目)
⑬倉敷翠松高等学校
⑭岡山理科大学附属高等学校
⑮創志学園高等学校
⑯明誠学院高等学校
⑰岡山龍谷高等学校

広島県

①[国立]広島大学附属高等学校
②[国立]広島大学附属福山高等学校
③修道高等学校
④崇徳高等学校
⑤広島修道大学ひろしま協創高等学校
⑥比治山女子高等学校
⑦呉港高等学校
⑧清水ヶ丘高等学校
⑨盈進高等学校
⑩尾道高等学校
⑪如水館高等学校
⑫広島新庄高等学校
⑬広島文教大学附属高等学校
⑭銀河学院高等学校
⑮安田女子高等学校
⑯山陽高等学校
⑰広島工業大学高等学校
⑱広陵高等学校
⑲近畿大学附属広島高等学校福山校
⑳武田高等学校
㉑広島県瀬戸内高等学校(特別進学)
㉒広島県瀬戸内高等学校(一般)
㉓広島国際学院高等学校
㉔近畿大学附属広島高等学校東広島校
㉕広島桜が丘高等学校

山口県

①高水高等学校
②野田学園高等学校
③宇部フロンティア大学付属香川高等学校
（普通科〈特進·進学コース〉）
④宇部フロンティア大学付属香川高等学校
（生活デザイン·食物調理·保育科）
⑤宇部鴻城高等学校

徳島県

①徳島文理高等学校

香川県

①香川誠陵高等学校
②大手前高松高等学校

愛媛県

①愛光高等学校
②済美高等学校
③FC今治高等学校
④新田高等学校
⑤聖カタリナ学園高等学校

福岡県

①福岡大学附属若葉高等学校
②精華女子高等学校(専願試験)
③精華女子高等学校(前期試験)
④西南学院高等学校
⑤筑紫女学園高等学校
⑥中村学園女子高等学校(専願入試)
⑦中村学園女子高等学校(前期入試)
⑧博多女子高等学校
⑨博多高等学校
⑩東福岡高等学校
⑪福岡大学附属大濠高等学校
⑫自由ケ丘高等学校
⑬常磐高等学校
⑭東筑紫学園高等学校
⑮敬愛高等学校
⑯久留米大学附設高等学校
⑰久留米信愛高等学校
⑱福岡海星女子学院高等学校
⑲誠修高等学校
⑳筑陽学園高等学校(専願入試)
㉑筑陽学園高等学校(前期入試)
㉒真颯館高等学校
㉓筑紫台高等学校
㉔純真高等学校
㉕福岡舞鶴高等学校
㉖折尾愛真高等学校
㉗九州国際大学付属高等学校
㉘祐誠高等学校
㉙西日本短期大学附属高等学校
㉚東海大学付属福岡高等学校
㉛慶成高等学校
㉜高稜高等学校
㉝中村学園三陽高等学校
㉞柳川高等学校
㉟沖学園高等学校
㊱福岡常葉高等学校
㊲九州産業大学付属九州高等学校
㊳近畿大学附属福岡高等学校
㊴大牟田高等学校
㊵久留米学園高等学校
㊶福岡工業大学附属城東高等学校
(専願入試)
㊷福岡工業大学附属城東高等学校
(前期入試)
㊸八女学院高等学校
㊹星琳高等学校
㊺九州産業大学付属九州産業高等学校
㊻福岡雙葉高等学校

佐賀県

①龍谷高等学校
②佐賀学園高等学校
③佐賀女子短期大学付属佐賀女子高等学校
④弘学館高等学校
⑤東明館高等学校
⑥佐賀清和高等学校
⑦早稲田佐賀高等学校

長崎県

①海星高等学校(奨学生試験)
②海星高等学校(一般入試)
③活水高等学校
④純心女子高等学校
⑤長崎南山高等学校
⑥長崎日本大学高等学校(特別入試)
⑦長崎日本大学高等学校(一次入試)
⑧青雲高等学校
⑨向陽高等学校
⑩創成館高等学校
⑪鎮西学院高等学校

熊本県

①真和高等学校
②九州学院高等学校
(奨学生・専願生)
③九州学院高等学校
(一般生)
④ルーテル学院高等学校
(専願入試・奨学入試)
⑤ルーテル学院高等学校
(一般入試)
⑥熊本信愛女学院高等学校
⑦熊本学園大学付属高等学校
(奨学生試験・専願生試験)
⑧熊本学園大学付属高等学校
(一般生試験)
⑨熊本中央高等学校
⑩尚絅高等学校
⑪文徳高等学校
⑫熊本マリスト学園高等学校
⑬慶誠高等学校

大分県

①大分高等学校

宮崎県

①鵬翔高等学校
②宮崎日本大学高等学校
③宮崎学園高等学校
④日向学院高等学校
⑤宮崎第一高等学校
(文理科)
⑥宮崎第一高等学校
(普通科·国際マルチメディア科·電気科)

鹿児島県

①鹿児島高等学校
②鹿児島実業高等学校
③樟南高等学校
④れいめい高等学校
⑤ラ・サール高等学校

新刊
もっと過去問シリーズ

愛知県

愛知高等学校
7年分(数学・英語)

中京大学附属中京高等学校
7年分(数学・英語)

東海高等学校
7年分(数学・英語)

名古屋高等学校
7年分(数学・英語)

愛知工業大学名電高等学校
7年分(数学・英語)

名城大学附属高等学校
7年分(数学・英語)

滝高等学校
7年分(数学・英語)

※もっと過去問シリーズは入学試験の実施教科に関わらず、数学と英語のみの収録となります。

教英出版
〒422-8054
静岡県静岡市駿河区南安倍3丁目12−28
TEL 054-288-2131
FAX 054-288-2133
詳しくは教英出版で検索
教英出版 検索
URL https://kyoei-syuppan.net/

令和六年度

国語

（50分）

注意

1 監督者の「始め」の合図があるまで開いてはいけません。

2 問題用紙は表紙を入れて十一ページあり、解答用紙が一枚、中にはさんであります。

3 受検番号は、解答用紙及び問題用紙の決められた欄に記入しなさい。

4 答えは、問題の指示に従って、**すべて解答用紙に記入しなさい。**

5 監督者の「やめ」の合図ですぐにやめなさい。

受検番号	

鹿児島県公立高等学校

2024(R6) 鹿児島県公立高
教英出版

1 次の1・2の問いに答えなさい。

1 次の――線部のカタカナは漢字に直し、漢字は仮名に直して書きなさい。

(1) 異議をトナえる。　(2) オンコウな性格の人。

(3) チュウセイを尽くす。　(4) 大きな負荷がかかる。

(5) 嗅覚が鋭い。　(6) 流行が廃れる。

2 次の行書で書かれた漢字を楷書で書いたときの総画数を答えなさい。

2 次の文章を読んで、あとの1～5の問いに答えなさい。

コミュニケーションの授業で、「聞き手行動を意識しましょう」と言うと必ずと言っていいほど「聞き手の行動って何ですか?」という質問を受けます。日常生活でコミュニケーションを行う際に、自分が話し手になる、つまり話すことから考えるのが一般的で、コミュニケーションは「話す―聞く」というキャッチボールであることを、あまり意識していないのかもしれません。

(中略)

聞き手行動も視野に入れた研究においては、従来受動的にとらえられてきた「聞き手」の在り方とは正反対に、聞き手の会話への積極的な関与や、創造的で活動的な側面について言及されるようになってきました。たとえば、社会言語学者のデボラ・タネンは、聞き手が聞いたり理解したりする行動は「受動的な受信ではなく、むしろ積極的な解釈が必要とされるため、対話的な行為である」と指摘しています。

では、聞き手行動から何がわかるのでしょうか?

聞き手の行動に着目して会話を観察してみてください。頷《うなず》きや微《ほほ》笑《え》み、相槌《づち》など、様々なシグナルを送ることによって、聞き手が話し手に継続的に応答していることがわかるでしょう。これらのシグナルは、多層的な情報を伝えています。聞き手の様々な応答シグナルは、聞いていることを示すだけでなく、聞き手のアイデンティティ、主観や心的態度など「指標的な情報」を提示します。

たとえば、「パーティの招待状に、出席者はスーツ着用って書いてあるんだけど、サウナスーツでいいのかな?」という発言に対して、聞き手が、「なんでやねん!」と応答した場合を考えてみましょう。ボケとツッコミについて理解している関西弁話者という聞き手のアイデンティティが読み取れます。また、「明日の会議でこの間話してた新しい企画について提案しようと思ってるの」という発言に対する「絶対採用間違いないよ」という応答からは、聞き手は話し手とすでに提案内容を共有していることや、その提案に対して [a] であるという聞き手の心的態度が読み取れます。

(中略)

聞いているというシグナルや多層的な意味の提示を通して、聞き手が話し手に反応し、それにまた話し手が反応するといったような相互的な応答反応が発生することによって、話し手と聞き手双方による相互行為が達成されます。したがって、聞き手がコミュニケーションの中で果たす①役割は絶大なものとしてとらえられるのです。このような立場から、社会言語学者の難波彩子は、会話の共同構築に向けた聞き手の在り方や貢献を指す「リスナーシップ(listenership)」という概念を提案しています。コミュニケーションにおける聞き手の役割や、聞き手としての行動は、相互行為の構築には欠かせないということがわかります。

②日本語会話で聞き手のもつ役割が顕著であることは、英語会話との対照研究を通して多くの研究者から指摘されています。代表的なものを紹介しましょう。

　言語学者のジョン・ハインズは、英語・日本語のコミュニケーションの成否に関して、「話し手責任」と「聞き手責任」という特徴をあげています。英語によるコミュニケーションでは、話し手の責任が重く、話し手は聞き手に誤解を与えないように言葉を尽くすことが期待される一方、日本語でのコミュニケーションでは、聞き手の責任が重く、話し手が自分の考えや意図を十分に言語化しなくても、聞き手がそれを察することを期待できると指摘しています。

　また、日本とアメリカのビジネスコミュニケーションを比較考察した社会言語学者のハル・ヤマダの研究でも、日本語のコミュニケーションの基本的な特徴の一つは聞き手重視であることを指摘し、「リスナートーク（listener talk）」という用語で特徴づけています。このような特徴は、曖昧さ、思いやり、和、ウチとソトの区別などを重んじる日本文化や、日本の社会的規範に由来し、日本語の日常会話では、相手の言いたいことを「察する」ことが求められるとしています。相手の言いたいことを「察する」ことは、日本語のコミュニケーションでは欠かせない、聞き手側の会話への積極的な参与を示す指標と言えるかもしれません。

　日本語教育学者の水谷信子は、聞き手による頻繁な相槌の使用状況を観察し、聞き手が会話に積極的に関わりながら、話し手と一緒に会話を紡《つむ》いでいく有り様を「共話」と名付けました。日常のコミュニケーションをふりかえってみると、様々なシーンで、参加者が共に会話を構築していく「共話」が行われていることに気づくでしょう。

（中略）

　日常生活においては、意識的に聞き手行動に着目することはないにせよ、「あの人は聞き上手だよね」「親友は私の思っていることをよく察してくれるから」というように、「話し手」よりも、むしろ「聞き手」に直接関わるようなことをしばしば聞くことがあります。(注)2章でとりあげたように、日常生活の中でのやりとりを通して、ただ単に情報を正確に伝えるということではなく、とりとめもないことを話して共感したり、冗談を言い合ったり、励まし合ったりするようなことが、豊かな人間関係を築いていく上では欠かせません。つまり、このような相互的なコミュニケーションにおいては、聞き手のもつ役割は話し手のそれと同じくらい重要なのです。これは、親しい友人や家族との私的なコミュニケーションに限ったことではありません。ビジネスや公的なコミュニケーションにおいても、「聞き上手であること」は重要であり、「聞く力」は肯定的に評価され、獲得したいスキルとしてとらえられているのではないでしょうか。

　私的であれ公的であれ、会話の中で「聞き手」は、話し手に対する単なるサポート役ではなく、人間関係の根幹を支える大きな存在であるのです。日本語の「聞くこと」には、「聞く」「聴く」「(注)訊《き》く」といった三つの意味が混在します。そのため、「聞くこと」は、コミュニケーションの様々な場面や状況や人間関係が複雑に絡《から》み合いながら多様に変化する、実に［ b ］のある行為として位置づけられるのではないでしょうか。

（村田和代「優しいコミュニケーション――「思いやり」の言語学」岩波新書による）

(注) 2章＝本文は3章にあたり、2章では雑談の意義を述べている。
訊く＝ここでは「質問する」の意。

1　本文中の[ａ]・[ｂ]にあてはまる語の組み合わせとして、最も適当なものを次から選び、記号で答えなさい。

ア（ａ　受容的　ｂ　一貫性）　イ（ａ　懐疑的　ｂ　協調性）

ウ（ａ　好意的　ｂ　柔軟性）　エ（ａ　否定的　ｂ　意外性）

2　――線部①「役割」とありますが、これと同じ重箱読みの熟語を次から選び、記号で答えなさい。

ア　仕事　イ　秘密　ウ　手本　エ　砂場

3　次は、ある生徒が授業で本文を学習し、――線部②以降で紹介される日本語会話と英語会話との対照研究の内容をまとめた【ノートの一部】です。[Ⅰ]・[Ⅱ]に入る最も適当な言葉を、[Ⅰ]には三字、[Ⅱ]には十一字で本文中から抜き出して書きなさい。

【ノートの一部】

○日本語会話と英語会話との対照研究

日本語のコミュニケーション	英語のコミュニケーション
・聞き手責任	・話し手責任
聞き手に期待されること	話し手に期待されること
・話し手が言葉を尽くさなくてもその意図を[Ⅰ]こと	・[Ⅱ]ように言葉を尽くすこと

日本語会話における聞き手の重要性
・会話への積極的参与　→「共話」

4　次は、授業で、ある生徒が本文の学習内容をまとめて発表した際の【スライドの一部】と【発表原稿】です。【スライドの一部】の内容を踏まえて、【発表原稿】の[　]に入る内容を六十五字以内で考えて書き、原稿を完成させなさい。

【スライドの一部】

聞き手とはどのような存在か
考察１　聞き手行動の意味
考察２　日本語会話と英語会話との比較
考察３　聞き手のもつ役割とは

【発表原稿】

私は、この文章を読み、スライドに示した筆者の三つの考察を通じて、聞き手とは[　]存在であると考えました。

私もこれから人の話を聞く時は、このことを意識して、「聞き上手」になりたいです。

5　次は、朝の会で、ある生徒がスピーチをした際の【スピーチの内容】と、それに対する他の生徒の応答です。本文で述べられた、筆者の考える「聞き手のもつ役割」を果たすことを意識した応答として**適当でない**ものを、あとのア～エから一つ選び、記号で答えなさい。

【スピーチの内容】

今日は私の目標についてお話しします。昨年の秋、「燃ゆる感動かごしま国体・かごしま大会」が開催されました。私は兄が参加したローイング競技を見に行ったのですが、見ているうちに私自身もこの競技をやってみたいと思うようになりました。今の私の目標は、高校でこの競技に挑戦し、兄と国体に出場することです。

ア　うんうん、新しいことへの挑戦はいいですよね。私も高校入学を機に新しいことを始めてみようかなと思いました。

イ　ああ、ローイングって、オールを漕《こ》いでボートの着順を競う競技でしたよね。新しい目標を見つけるよい機会になりましたね。

ウ　私は野球を見に行きましたよ。昨年の夏の甲子園の決勝と同じ対戦カードを地元で見られたのがよい思い出です。

エ　あなたも挑戦したくなるぐらい、お兄さんはかっこいい姿を見せてくれたんでしょうね。頑張ってくださいね。

3 次の文章を読んで、あとの1～4の問いに答えなさい。

(注)天竺《てんじく》に国あり。天下おさまり、人民楽しくして、一憂の凶なし。（少しの心配事もない。）国王、楽しみにほこりて、心の置きどころなきままに、（穏やかな暮らしに飽きてしまい、）「禍《わざはひ》と①いふものは、いかやうなるものやらん、（どのようなものか、）禍といふもの求めてまいらせよ」（探し求めて私の元に持ってきなさい）といふ(注)宣旨《せんじ》を下されたりければ、宣旨おもくして、(注)大臣公卿《くぎやう》より人民百姓にいたるまで、禍を求むるに、(注)猪《ゐ》のやうなるものを一つたづね出《いだ》して、「②是《これ》ぞ禍よ」と言ひければ、悦《よろこ》びをなして国王に奉《たてまつ》りたりければ、（差し上げたところ、）国王愛して是を飼ひたまふほどに、鉄《くろがね》より他は食《く》らふものなし。

やうやう年月つもりて、国中の鉄尽き失《う》せぬ。けだもの、もの（食べる物）を欲しがりて③荒れにければ、国王「うち殺すべし」といふ宣旨を下したまひにけれども、矢たつ事なく、切れども刀たつ事なし。火に焼きたりければ、鉄のやうにて、けだものよる所ごとに焼け失せぬ。（立ち寄った所は全て焼失した。）国城《こくじやう》をはじめて、一国のこる所なし。一国猶《なほ》滅び失す。

（「宝物集」による）

(注) 天竺＝日本における、インドの古い呼び名。　宣旨＝国王の命令を伝える文書。
大臣公卿＝国王に仕える、高官の総称。　猪＝イノシシのこと。

1 ――線部①「いふ」を現代仮名遣いに直して書きなさい。

2 ――線部②「是」が指すものは何ですか。本文中から八字で抜き出して答えなさい。

3 ――線部③「荒れにければ」とありますが、その理由を説明したものとして最も適当なものを次から選び、記号で答えなさい。

ア 「禍」が、国王の命令を受けた人々に突然襲われ、驚いたから。
イ 「禍」が、鉄を得られなくなり、空腹を我慢できなかったから。
ウ 国王が、国中の食料を食べ尽くした「禍」に腹を立てたから。
エ 国王が、全く言うことを聞かない「禍」に嫌気がさしたから。

4 次は、本文の内容をもとに先生と生徒が話し合っている場面です。［Ⅰ］～［Ⅲ］に適当な言葉を補い、会話を完成させなさい。ただし、［Ⅰ］には十五字以内でふさわしい内容を考えて書き、［Ⅱ］には本文中から十四字の言葉を抜き出して書き、［Ⅲ］にはあとの**語群**から最も適当なものを選び、記号で答えることとします。

先　生　「この話では、一つの国が滅びるまでの経過が書かれています。何が原因で国が滅んだのでしょうか。」

生徒A　「「禍」が原因だと思います。」

生徒B　「私もAさんと同じ意見です。さらに付け加えると、火に焼かれた「禍」が、国のあらゆる場所を焼き尽くしたからだと思います。」

先　生　「なるほど。実は、この話のもとになったと思われる話があります。次の**【資料】**は、その話の最後の場面を現代語訳したものです。これも踏まえて考えてみましょう。」

【資料】

薪を積み上げて焼き殺そうとしたが、身体が火のように真っ赤になったかと思うと、走り出し、村に入っては村を焼き尽くし、市場に行っては市場を灰にし、城に入っては城を炎上させてしまった。こうして国中を走り回っては各地を大混乱に陥《おとしい》れ、人々は飢餓に苦しむ羽目になった。

安穏《あんのん》な暮らしに飽きて［わざわざ］禍を買ったりするから、そのようなことになったのである。

（「旧《く》雑《ぞう》譬《ひ》喩《ゆ》経《きょう》全訳　壺《つぼ》の中の女」による）

生徒A　「【資料】にも、本文と同じように、「禍」によって国が滅びていく様子が書かれているね。しかし一方で、本文にはない、「禍」を手に入れた国王を責めるような一文があるよ。」

生徒B　「そうだね。【資料】を手がかりに、国王の発言や行動に注目してもう一度本文を読み返してみよう。」

生徒A　「本文にも、【資料】と同じように穏やかな暮らしに飽きてしまったと書いてあるよ。国王は毎日の生活がつまらなくなって、禍というものが、いったい［Ⅰ］から手に入れようとしたんだね。」

生徒B　「でも、まさか「［Ⅱ］」という命令を出したことで、最終的に国が滅んでしまうことになるなんて、国王は考えもしなかっただろうね。」

生徒A　「つまり、国が滅んだのは、国王の［Ⅲ］行動が原因だと考えられるよね。」

先　生　「いい話し合いができましたね。古典の文章を読む時に、現代語で書かれた文章など他の文章を手がかりにして読むと、内容を捉えやすくなりますね。」

語群　ア　卑劣な　　イ　慎重な　　ウ　軽率な　　エ　迅速な

4　次の文章を読んで、あとの1～4の問いに答えなさい。

> 高校二年生の森川航大《もりかわこうだい》（コウ）は、不本意な形でサッカー部を退部している。同級生である柴田凜《しばたりん》は、演劇部部長で来月に迫った文化祭で上演する劇の完成度を高めたいが、今の出来に満足している部員達に自分の思いを伝えることで、部内の良好な雰囲気を壊すことを恐れている。凜は他人の目を気にして言いたいことも言えない自分は「薄っぺらな人間」だと航大に打ち明ける。

自分が刃物を手にしているような気分になり、航大は息を呑《の》む。これから口にしようとしている言葉は、果たして本当に彼女のためになるのだろうかと不安になる。口を閉ざし、沈黙に身を委ねたくなった。

腰に手を置き、大きく息を吐く。サッカーをしていたころ、PKを蹴る前に必ずやっていた(注)ルーティンだ。肺の中の空気と一緒に、不安と弱気を体外へと追いやる。緊張がほぐれ、心が落ち着いた。

一度口から出た言葉をなかったことにはできない。勢いに任せて、航大は続ける。

「誰に頼まれたわけでもないのに早起きして学校の花を世話しているような人間が、薄っぺらなわけがない」

①「そんなの、たいしたことじゃないよ」

謙遜ではなく、本心からそう思っているのだろう。凜の声には、突き放すような刺々《とげとげ》しさがあった。

怯《ひる》まずに、航大は言葉を重ねる。

「俺が同じことをしていたら？」

「え？」

「俺や他の誰かが凜と同じことをしていても、たいしたことじゃないと思う？　それくらい普通のことだ、って」

1　∠CGD の大きさを求めなさい。

2　下は，授業の続きの場面です。［(a)］～［(e)］に入る最も適当なものを，**選択肢のア～シ**からそれぞれ1つずつ選び，記号で答えなさい。ただし，［(c)］には同じ記号が入るものとします。

先生：点 G に関して，次の式が成り立ちます。

AG + BG + CG = AD …❶

では，この❶が成り立つことを示してみましょう。まずは**図5**を見てください。**図5**の点 H は，△GHD が正三角形となるように半直線 GB 上にとった点です。次の❷が成り立つことを証明しましょう。

△BHD ≡ △CGD …❷

（証明）

△BHD と △CGD において，

［(a)］は正三角形であるから，

BD = CD …①

［(b)］は正三角形であるから，

HD = GD …②

また，∠BDH = ［(c)］，∠CDG = ［(c)］

よって，∠BDH = ∠CDG …③

①，②，③より，

2 組の辺とその間の角がそれぞれ等しいから，

△BHD ≡ △CGD

図5

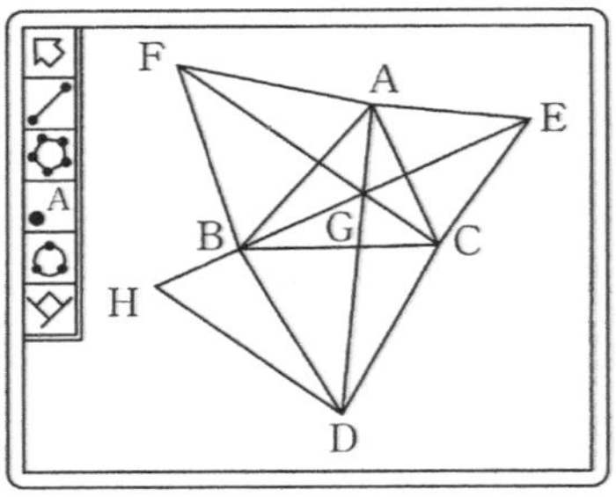

❷が成り立つことにより，

AG + BG + CG = AG + BG + ［(d)］

= AG + ［(e)］

= AG + GD

= AD

となり，❶が成り立つことを示せました。

選択肢

ア	△GHD	イ	△ACE	ウ	△FBA	エ	△BDC
オ	∠BEA	カ	∠CEB	キ	60° − ∠BDG	ク	15° + ∠GBC
ケ	AC	コ	BH	サ	GE	シ	GH

3　ユウさんとレンさんは，**図6**のような AG = 4, BG = 5, CG = 3 となる △ABC をみつけました。このとき，次の(1)～(3)の問いに答えなさい。

(1)　GD の長さを求めなさい。

(2)　CD の長さを求めなさい。ただし，求め方や計算過程も書きなさい。

(3)　△BDC の面積を S，△ACE の面積を T とするとき，S：T を最も簡単な整数の比で表しなさい。

図6

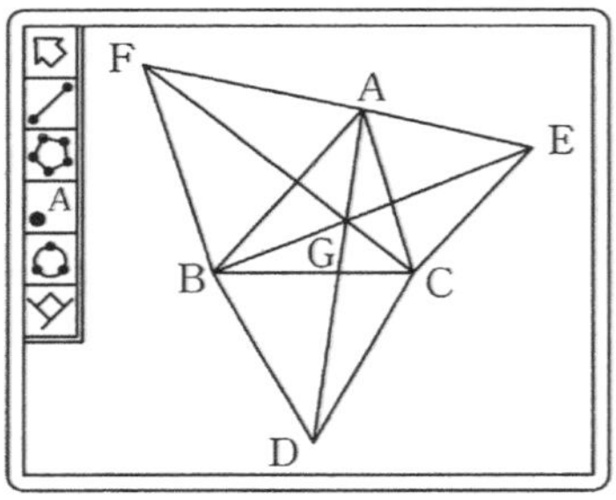

5 ユウさんとレンさんは，授業の中でコンピュータソフトを使って，図形のもつ性質や関係について調べています。下の**【会話】**は，授業のある場面での会話です。次の**1**～**3**の問いに答えなさい。

【会話】

先生：それでは，鋭角三角形 ABC について考えてみましょう。この △ABC に図形や直線などを加えてみてください。

ユウ：△ABC の外側に図形を付け加えてみようかな。

レン：三角形の外側に正方形を付け加えた図形を見たことがあったよね。今回は正三角形にしてみようよ。

先生：いいですね。それでは，作図してみましょうか。△ABC の各辺を一辺とする 3 つの正三角形 BAF，CBD，ACE を △ABC の外側に付け加えると，**図1**のようになりました。何か気づいたことはありますか。

ユウ：**図1**の図形に 3 つの線分 AD，BE，CF をひくと 1 点で交わったよ。しかも，△ABC の各頂点を動かしてみても，いつでも 1 点で交わるんだよね。**図2**のように，この点を G とおいてみたよ。

レン：私は，**図1**の正三角形の各頂点を通る円をそれぞれかいてみたら，**図3**のように，3 つの円も 1 点で交わることがわかったよ。

ユウ：もしかしたら……。ほら見て。レンさんがかいた 3 つの円を**図2**にかき加えると，**図4**のように，レンさんのみつけた交点が点 G と一致したよ。

レン：本当だ。しかも △ABC の各頂点を動かしてみても，私がみつけた交点と，点 G は一致したままだ。

先生：2 人とも，面白い点を発見しましたね。この点 G の性質を探っていきましょう。

図1

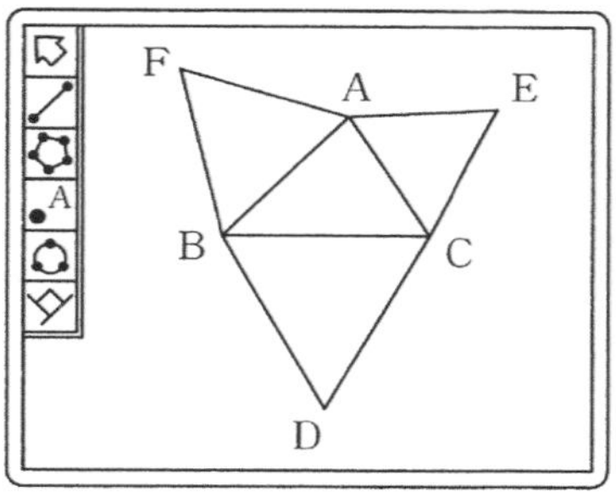

図2

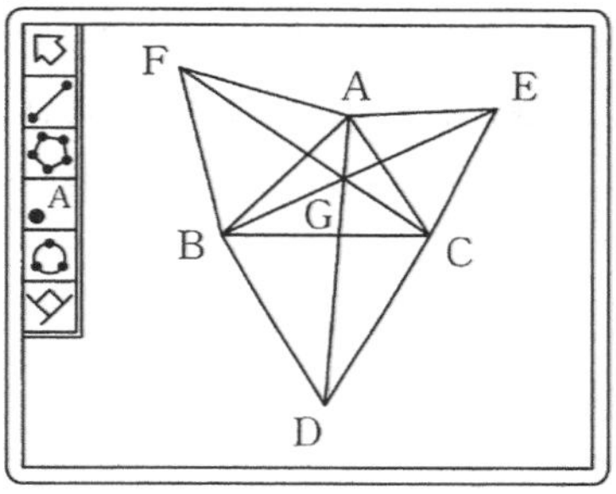

図3

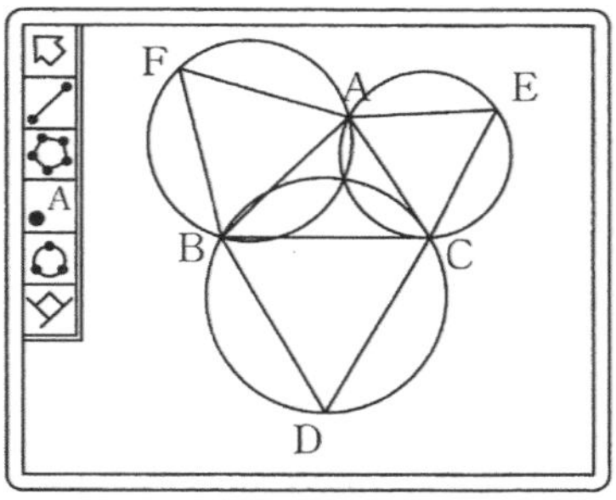

図4

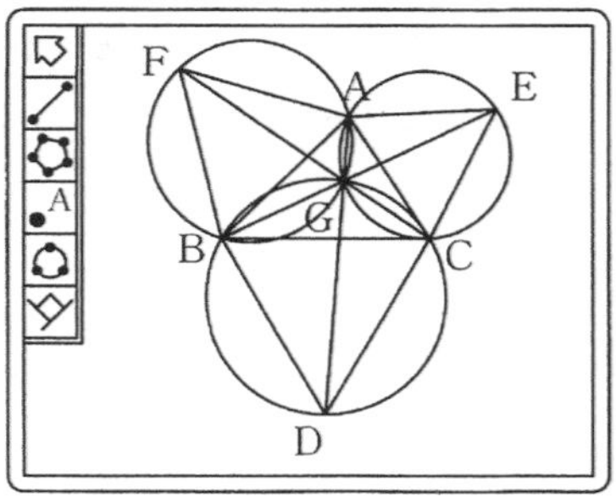

2　ドローンを出発させて 10 秒後から 20 秒後までの間のドローンの平均の速さは秒速何 m か求めなさい。

3　図1のように，自動車の先端がＰ地点を通過すると同時に，Ｐ地点の真上からドローンを出発させました。このとき，マオさんはＰ地点から 54 m 進んだところを秒速 3 m の一定の速さで走っていました。次の (1)，(2) の問いに答えなさい。

(1)　ドローンがマオさんに追いつくのは，Ｐ地点の真上を出発してから何秒後か求めなさい。ただし，ドローンがＰ地点の真上を出発してから t 秒後のこととして，t についての方程式と計算過程も書きなさい。

(2)　自動車に乗っている監督が「自己ベスト更新のために，もう少しペースを上げようか。」とマオさんの後ろからアドバイスをしました。自動車は，PQ 間を秒速 4.8 m の一定の速さで走行するものとし，マオさんが自動車に追いつかれた地点をＲ地点とします。マオさんがＲ地点からペースを上げて一定の速さで RQ 間を 180 秒で走るためには，秒速何 m で走ればよいか求めなさい。

4 マオさんは，S 地点から G 地点までのコースで駅伝の練習をしています。また，マオさんが S 地点を出発したあとに，監督を乗せた伴走用の自動車が S 地点を出発します。さらにマオさんが P 地点を通過してしばらくしてからドローン（無人航空機）を飛ばし，マオさんの走っているようすを 30 秒間撮影します。ドローンが P 地点の真上を出発してから x 秒間に進む距離を y m とおくと，$0 \leqq x \leqq 30$ の範囲では $y = \frac{1}{6}x^2$ の関係があります。**図1** は自動車の先端が P 地点を通過するときの，マオさん，ドローンの位置関係を表しています。ただし，PQ 間は 900 m のまっすぐで平らな道路とし，ドローンは一定の高度を保ちながら道路の真上をまっすぐ飛行するものとします。次の **1** ～ **3** の問いに答えなさい。

図1

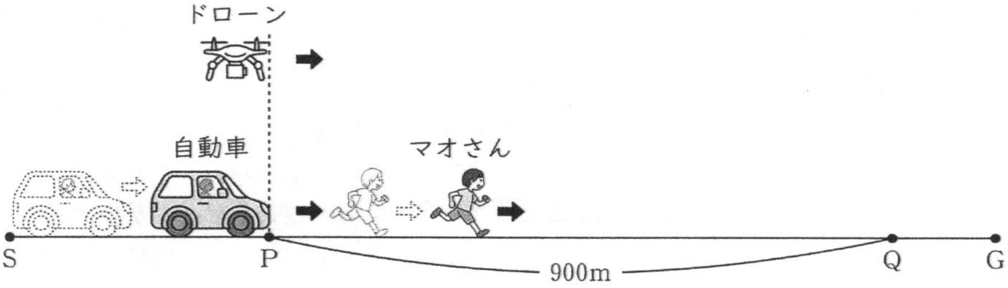

1 　**図2** の **ア** ～ **エ** のうち，関数 $y = \frac{1}{6}x^2$ のグラフ上にある点はどれですか。**図2** の **ア** ～ **エ** から 1 つ選び，記号で答えなさい。

図2

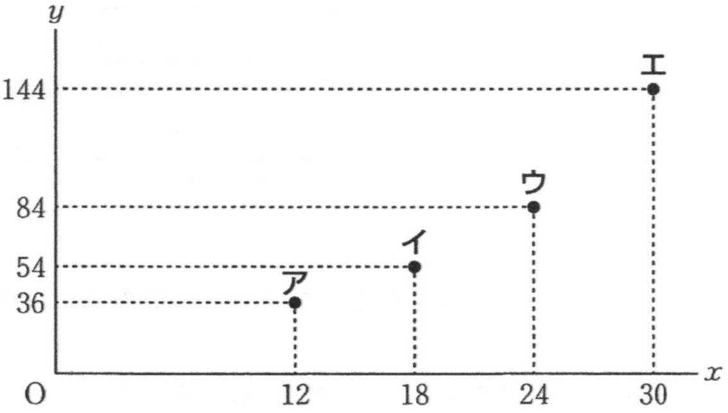

2024(R6) 鹿児島県公立高
教英出版

3　**図1**は，溝辺（霧島市）の1998年から2022年までの25年間の9月と10月の日ごとの午前0時の気温を整理し，度数分布表をもとに各階級の相対度数を度数折れ線で表したものです。また，コオロギの鳴き声の回数から気温を推測する方法があり，**【手順】**にしたがって求められます。たとえば，コオロギが15秒間に鳴いた回数の平均が19回のとき，計算式は（19＋8）×5÷9＝15となり，気温は15℃と推測できます。次の(1)，(2)の問いに答えなさい。

(1)　コオロギが15秒間に鳴いた回数の平均が28回であったとするとき，**【手順】**によって求められる気温を求めなさい。

(2)　午前0時に，(1)で求めた気温が溝辺で計測される確率が高いのは，9月と10月のどちらであると**図1**から判断できますか。解答欄の9月と10月のどちらかを◯で囲み，そのように判断した理由を，図1をもとに説明しなさい。

図1

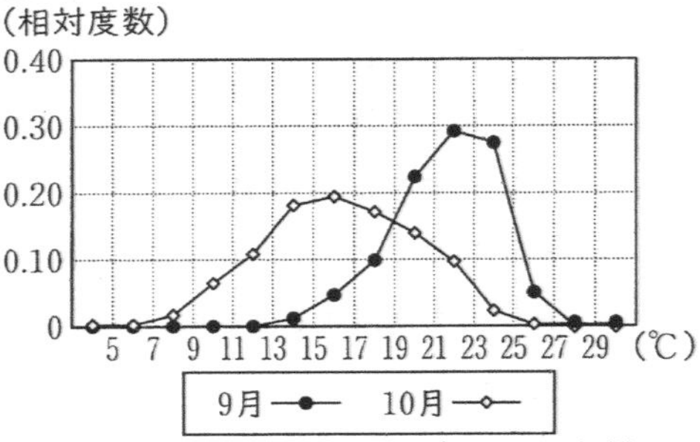

（気象庁データから作成）

※　度数折れ線について，たとえば，5～7の区間は，5℃以上7℃未満の階級を表す。

【手順】

①　コオロギが鳴く回数を15秒間数える。
②　①を数回繰り返して，その平均値を出す。
③　②の値に8をたす。
④　③の値に5をかけて9でわる。

（公益財団法人　日本科学協会　科学実験データベースによる）

4　**図2**は，鹿児島県内6つの地点における気象台観測データをもとに，2022年の1月から12月までの月ごとの最低気温を箱ひげ図で表したものです。なお，観測地点は北から南の順に上から並んでいます。

図2

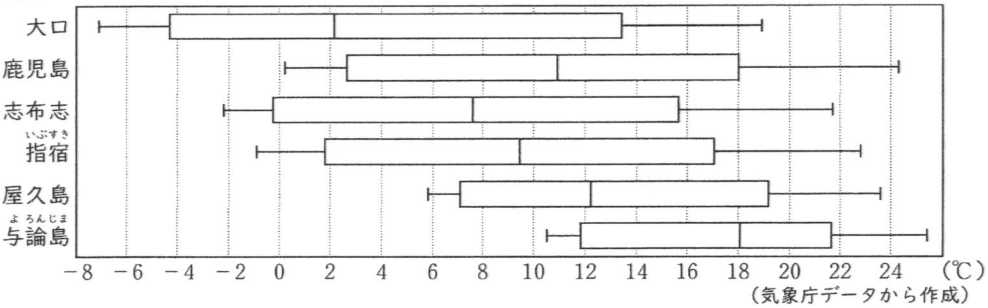

（気象庁データから作成）

図2から読み取れることとして，次の①～④は，「正しい」，「正しくない」，「**図2**からはわからない」のどれですか。最も適当なものを下の**ア**～**ウ**の中からそれぞれ1つ選び，記号で答えなさい。

①　範囲が最も大きいのは大口で，四分位範囲が最も小さいのは与論島である。
②　6つの観測地点を比較したとき，南に行けば行くほど，第1四分位数，中央値，第3四分位数は，それぞれ大きくなっている。
③　大口では，最低気温が0℃未満だった月が4つある。
④　最低気温が2℃未満だった月が3つ以上あるのは，大口と志布志のみである。

ア　正しい　　**イ**　正しくない　　**ウ**　図2からはわからない

6　クラスメートの Aya は，Erika の発表のあとに，紙の書籍と電子書籍（e-books）のそれぞれの長所と短所に関する発表を行いました。次は，Aya がアンケート結果を示すときに使用した【図】と，発表後の Aya と Erika との【対話】です。【対話】の中の[　　　　]に，Erika の質問に対する答えを，Aya に代わって，20語程度の英語で書きなさい。２文以上になってもかまいません。なお，【図】に示した語は使ってもよいこととします。

【図】

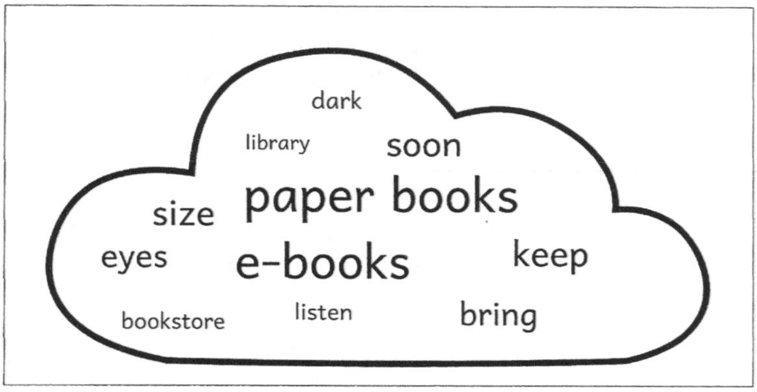

【対話】

Erika :　Thank you for your presentation.　Can I see the picture with many words again?　You said, “The sizes of the words show how many times students used the words.”　I think it is very useful.

Aya :　Thank you.　Everyone has different ideas.　I was very surprised.

Erika :　OK.　Please tell me your idea.　Which are better, paper books or e-books, and why?

Aya :　[　　　　　　　　　　　　　　　　]

Erika :　Thank you.　I think so, too.

2024(R6) 鹿児島県公立高
教英出版

1　次は，下線部①で Erika が見せたスライドです。Erika が話した内容の順になるようにスライドの（　A　）～（　C　）に入る最も適当なものを下のア～ウの中からそれぞれ一つずつ選び，その記号を書きなさい。

Today's Presentation

1. (　　　　A　　　　)
2. (　　　　B　　　　)
3. (　　　　C　　　　)
4. *Waribashi* Made in Japan

ア　*Waribashi* Quiz
イ　Things People Use to Eat in Three Countries
ウ　History of Chopsticks

2　次は，下線部②のスライドで見せた【三つの写真】と，スライドを作る際に Erika が使った【メモ】の一部です。【メモ】の英文の（　A　），（　B　）にそれぞれ入る最も適切な英語 1 語を書きなさい。

【三つの写真】

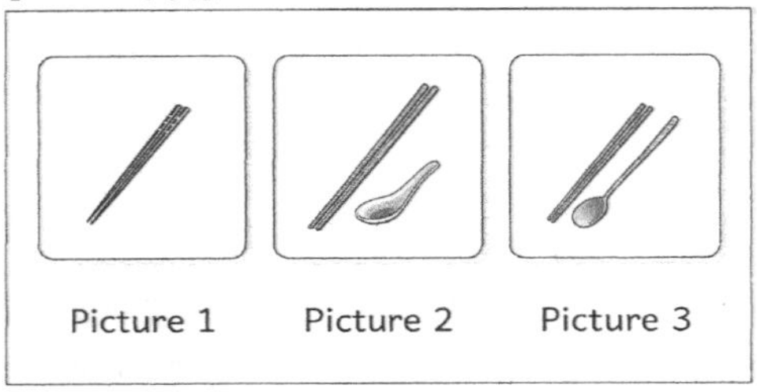

【メモ】

・People use long chopsticks with soup spoons in (　A　).
・Chopsticks used in Korea are the (　B　) of the three.

3　下線部③で見せたグラフとして最も適当なものを下のア～エの中から一つ選び，その記号を書きなさい。

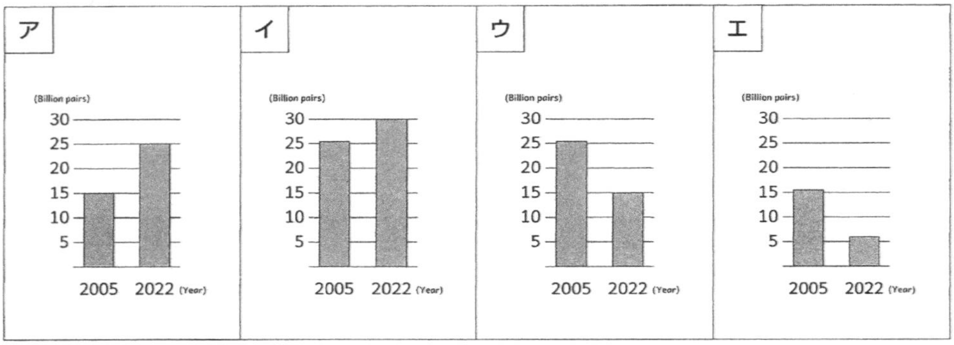

4　本文の内容に合うように，[　④　] に入る適切な英語を書き，英文を完成させなさい。

5　下線部⑤の理由を具体的に45字程度の日本語で書きなさい。

問題は次のページに続きます

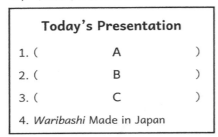

4 高校生の Erika は英語の授業で，箸（chopsticks）について自分で調べたことを発表しました。英文を読み，あとの問いに答えなさい。

What do we usually use when we eat? Hands? A spoon*? Yes, we use chopsticks. But have you ever thought about them? I found I didn't know much about chopsticks, so I learned about them this summer. Today, ①I'd like to talk about chopsticks. First, I'll talk about the history of chopsticks. Next, I will introduce things people use when they eat in three countries. Then, I will give you questions about popular disposal* wooden chopsticks, "*waribashi.*" Finally, I will talk about *waribashi* made in Japan.

Do you know when and where people first used chopsticks? Many people think that Chinese people began to use them more than 3,000 years ago. Later, they became popular in other countries in Asia, too. Now a lot of people in the world are using them.

②The next slide* shows things that people use when they eat in these three countries, Japan, China, and Korea. Please look at Picture 1. These are Japanese chopsticks. Actually, they are mine. Next, Picture 2. You can see a soup spoon and chopsticks. I took this picture in China. People there usually use long chopsticks and soup spoons. In Japan and China, chopsticks made of wood or plastic are popular. Next, Picture 3. You can see a spoon and chopsticks, again. These chopsticks are not as light as chopsticks in Japan or China because they are made of metal*. I took this picture in Korea. I saw these kinds of chopsticks and spoons in many restaurants.

Next, let's enjoy a *Waribashi* Quiz! Let's start. 1) Which do we use more often, *waribashi* made in Japan or in other countries? Do you know the answer? Yes, we usually use *waribashi* made in other countries, such as China. 2) Does Japan import* more *waribashi* from other countries than before? The answer is "No!" About 15 billion pairs of* *waribashi* come from abroad now, but more *waribashi* came to Japan in the past. 3) When did Japan import *waribashi* the most? I will give you a hint. It was just before we were born. The answer is 2005! ③Please look at this. In 2005, more than 25 billion pairs of *waribashi* came to Japan, but the number became smaller after 2005. Do you know why many Japanese people stopped using a lot of *waribashi*? I think they wanted to [④]. Maybe they were afraid that a lot of trees would be cut down for *waribashi.*

But should we stop using *waribashi*? Some people think ⑤using *waribashi* made in Japan is good for the environment. Many Japanese *waribashi* companies use two kinds of wood to make *waribashi.* They use small wood that they don't need to make things. They also use wood from trees that people cut down to help other trees grow better. It's interesting, right?

I was very surprised that there are many ideas and facts about chopsticks. Why don't you learn about the things you usually use? Like me, please find some interesting facts. Thank you for listening.

注 spoon スプーン　disposal 使い捨ての　slide スライド　metal 金属
import ～を輸入する　billion pairs of ～ 10億膳の～

※ 輸入量については，財務省の統計による

Ⅲ 次は，新聞の記事（article）と，それを読んだ直後の Alex 先生と Riku との対話です。英文と対話を読み，（　　）内に入る最も適当なものを下のア～エの中から一つ選び，その記号を書きなさい。

Kohei was the captain of the three-school joint team* that played in the big baseball tournament this summer. He was the only member when he became a third-year student in high school. The two schools near his school also needed more members and they decided to play together.

Before the tournament, he said, "In the joint team, we have players from different schools, so it's hard to practice together. We don't have enough time to practice because it takes time to come to our school from each school. And each school has a different schedule*, so we practice only three days in a week. However, I am very happy because now I have a lot of new friends who play baseball together."

His team lost the first game. He said, "I feel disappointed* that we have lost. However, I realize that I play baseball not only for winning. I couldn't play baseball without the people around me. Thanks to* my team members, I enjoyed this tournament, and thanks to the other team, we enjoyed the game. I'm really glad that I have played baseball."

For the question, "What is the most important thing in sports?", he said, "I think we play sports for our own goals. For example, we play sports to keep good health, to make good memories, or to win. They are all important, but for me, the most important thing in sports is to remember that we can enjoy sports thanks to people around us."

Kohei is studying harder for his dream. He wants to go to a university to be a P.E. teacher. He'd like to enjoy baseball with his students. I hope he will have a very happy future with his students.

注 the captain of the three-school joint team　三校合同チームのキャプテン
schedule　スケジュール　　disappointed　残念な　　Thanks to ～　～のおかげで

Alex : In this article, what does Kohei want to tell us the most?
Riku : (　　　　　　　　　　　　　　　　)
Alex : I think so, too. That's the most important point.

ア It is hard for a joint team to practice together because each school has a different schedule.
イ We should play sports because we can keep good health and make good memories.
ウ We should remember that we can enjoy sports thanks to people around us.
エ It is important for high school students to study hard for their future dreams.

Ⅱ　次は，今週末の観光プランの比較表（chart）と，それを見ている高校生の Ayumi と留学生の Becky との対話です。二人の対話を読み，あとの問いに答えなさい。

	Plan A	Plan B	Plan C	Plan D
Activity	 Dish Making	 Fishing	 Museum Visit*	 Music Concert
	 Fishing	 Hot Spring*	 Cycling	 Hot Spring
Price	¥3,000	¥2,500	¥3,500	¥5,500
Meeting Time	7:00 a.m.	8:00 a.m.	10:00 a.m.	8:00 a.m.
Meeting Place	West Bus Station	East Bus Station	East Bus Station	West Bus Station

注　Hot Spring　温泉　　Visit　訪問

Ayumi :　Good morning, Becky.　You're going to have your first weekend in Kagoshima, right?　What's your plan for this weekend?

Becky :　Hi, Ayumi.　I haven't decided yet.

Ayumi :　Good to hear that!　I'd like to enjoy a bus trip with you on Saturday.

Becky :　Wow, wonderful!　I'd love to.　What kind of plans can we enjoy?

Ayumi :　Please look at this chart.　There are four plans.

Becky :　Well, I'm interested in art and fishing.　So, (　①　) looks good.

Ayumi :　It's nice, but I don't want to get up early.　How about this?　I like listening to music.

Becky :　It also looks good, but I don't want to take a bath with other people.

Ayumi :　Oh really?　Then, let's choose this plan.　We can enjoy art and riding bicycles.

Becky :　OK.　When and where will we meet?

Ayumi :　Let's meet 10 minutes before the meeting time, so we will meet at (　②　).

Becky :　See you then.

1　(　①　) に入る最も適当なものを下のア～エの中から一つ選び，その記号を書きなさい。

ア　Plan A　　　イ　Plan B　　　ウ　Plan C　　　エ　Plan D

2　(　②　) に入る最も適当なものを下のア～エの中から一つ選び，その記号を書きなさい。

ア　7:50 a.m. at East Bus Station　　　イ　9:50 a.m. at East Bus Station

ウ　7:50 a.m. at West Bus Station　　　エ　9:50 a.m. at West Bus Station

3 次のⅠ～Ⅲの問いに答えなさい。

Ⅰ 次は，中学３年生の Takeru が，英語の授業で発表した英語スピーチです。英文を読み，あとの問いに答えなさい。

Hello, everyone! Yesterday, when we started to clean our classroom after a lunch break, Kevin asked me, "What is a good point of cleaning? I didn't clean my classroom in the U.S." I didn't know what to say, so I tried to find the answer to his question last night. Today, I will talk about it.

When I was a first-year student, I didn't like cleaning. It was really boring. I wanted to have a longer lunch break and play with my friends more. Sometimes I kept playing with my friends and didn't clean. One day, we played in the cleaning time again. Then, my teacher said to us, "You can learn important things if you clean. I have told you that many times, but you still don't understand. I am (①), but I still believe you can understand that." I didn't understand what he said at that time.

One day, my friend was absent, so I cleaned the blackboard. He always worked very hard, so I worked very hard, too. After the cleaning time, our math teacher came into our classroom. She looked at the blackboard and said, "The blackboard in this class is always clean. I feel happy and I always enjoy teaching you. Thank you." I remember everyone was smiling. She was smiling, too. The math class was really fun. I felt that cleaning could make us happy.

On another day, I couldn't move the desks in the cleaning time because I broke* my arm. Then, one of my classmates helped me. I didn't talk with her so often, and she was just a classmate. But she helped me move the desks. At that time, I just said, "Thank you." For a few days, we moved the desks together. Soon, we began to talk a lot. Now we are very good friends and always having a happy time together. This was the second chance to feel that cleaning could make us happy.

Kevin, you asked me a question yesterday. You said, "What is a good point of cleaning?" My answer is, "[②]." Thank you for listening.

注 broke ～を骨折した

1 (①) に入る最も適当なものを下のア～エの中から一つ選び，その記号を書きなさい。

ア right　　イ bad　　ウ happy　　エ sad

2 次の質問に対する答えを，本文の内容に合うように，解答欄の英語に続けて書きなさい。

Why did Takeru clean the blackboard?

3 [②] に入る適切な英語を５語程度で書きなさい。

We will visit the City Zoo next week. In the morning, we will see a lot of animals, such as monkeys, elephants and lions. We will also go to the Bird House. We can see many beautiful birds there. Next, let's go to the restaurant and eat lunch. After lunch, we will visit the Koala House. We can touch koalas and take pictures with them. Have you ever touched a koala? After we take pictures, we can enjoy shopping at the shopping center. You can buy animal cookies there. Are you excited? I like koalas, so I'm very excited. Let's enjoy the zoo!

（約10秒間休止）

次に，６番の問題です。まず，問題の指示を読みなさい。

（約25秒間休止）

それでは放送します。

Hi, everyone. Next week, we are going to welcome students from America. We have three groups. Each group will give them a presentation. Group 1, you will talk about Japanese food. Group 2, please introduce popular sports in Japan. The students in group 3 will tell them about good places to visit in Kagoshima. You have to remember that all groups should introduce your school life. OK, let's make a presentation!

では，２回目を放送します。　（約３秒おいて，繰り返す。）（約10秒間休止）

次に，７番の問題です。まず，問題の指示を読みなさい。

（約12秒間休止）

それでは放送します。

Hello, everyone. I have always wanted to use English in my daily life.

Last year, I went to a supermarket and saw a young boy. Maybe he was looking for his mother. I wanted to help him so I talked to him. He answered in English but I couldn't understand him. I was very sad. Soon, people around us helped him. This experience made me think that I must study English every day. "I will study hard," I thought.

Yesterday, when I was shopping at a supermarket, a woman spoke to me in English. This time, I understood what she said! We talked and I found she was looking for green tea. "OK, please come with me," I said and we found green tea. She said, "Thank you. Your English is very good." I was really happy to hear that. I studied English very hard every day and I was successful.

Question : What did Asuka decide after she couldn't help the boy?

（約７秒間休止）

では，２回目を放送します。　（最初から質問までを繰り返す。）（約15秒間休止）

次に，８番の問題です。まず，問題の指示を読みなさい。

（約13秒間休止）

それでは，放送します。

Narumi : David, if you had a lot of money, what would you do?
David : I would start a company.
Narumi : That's nice! I would use the money for my family or friends.
David : What would you do with the money, Narumi?
Narumi : (　　　　　　　　　　　　　　　　)

では，２回目を放送します。　（約３秒おいて，繰り返す。）（約１分間休止）

〈チャイムの音四つ〉

これで，聞き取りテストを終わります。次の問題に進みなさい。

Ⅱ　けいさんとみわさんは，物体にはたらく力について調べるために，水平面に置かれた木の板，ばね，二つのばねばかりＸとＹを準備した。固定したくぎにばねをつなぎ，**図１**，**２**のようにばねばかりをつないで，ばねばかりを水平方向へ引く**実験１**，**２**を行った。

実験１　**図１**のようにＸを引いた。**表**は，ばねを2.0cmずつのばして静止させたときのＸの値を記録したものである。

図１

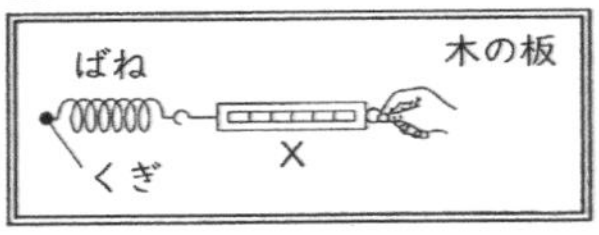

表

ばねののび〔cm〕	0	2.0	4.0	6.0	8.0	10.0
Ｘの値〔N〕	0	0.5	1.1	1.5	1.9	2.5

実験２　**図２**のように**実験１**で用いたばねに金属の輪を付け，ＸとＹを取り付けた。ばねののびが10.0cmになるように保ちながら，ＸとＹの引く力をかえばねを静止させた。ただし，Ｘ，Ｙを引く力は一直線上で同じ向きにはたらいているものとする。

図２

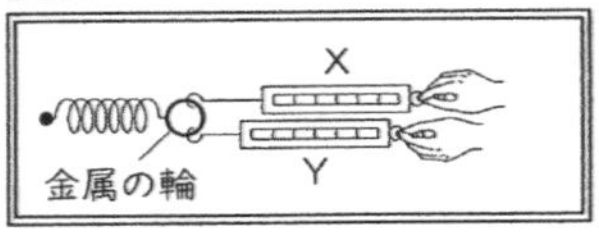

１　**実験１**について，**表**から得られる値を「●」で示し，ばねののびとＸの値の関係をグラフにかきなさい。

２　けいさんとみわさんは，**実験１**のばねとＸにはたらく力について黒板の図を参考に考えている。次は，そのときの２人と先生の会話である。［ａ］，［ｂ］にF_1～F_4のいずれかを書きなさい。

先生：ばねとＸには，水平方向にF_1～F_4の力がはたらいています。

けい：ばねとＸが静止しているとき，F_2の力とつり合っている力は［ａ］ですね。

先生：そうです。F_2の反作用はどの力ですか。

みわ：F_2の反作用は［ｂ］です。

先生：そうです。ばねとＸが静止しているとき，「一つの物体にはたらく２力のつり合いの条件」と「作用・反作用の法則」から，ばねとＸにはたらくF_1～F_4の力の大きさは，どれも同じであることがわかりますね。

黒板の図

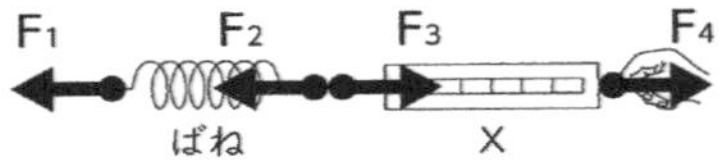

F_1：「くぎ」が「ばね」を引く力
F_2：「ばね」が「Ｘ」を引く力
F_3：「Ｘ」が「ばね」を引く力
F_4：「手」が「Ｘ」を引く力

３　**実験２**について，Ｘ，Ｙの値の関係を表すグラフはどれか，答えなさい。

ア

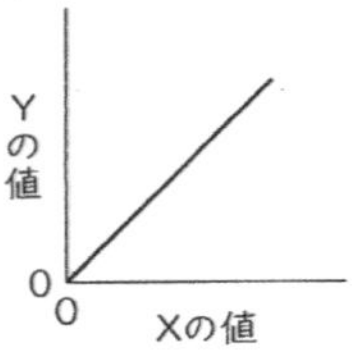

イ

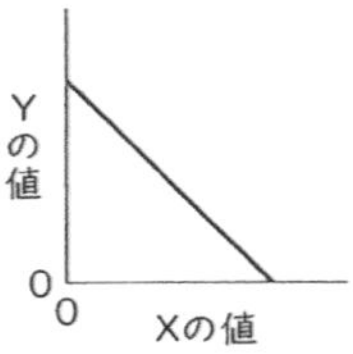

ウ

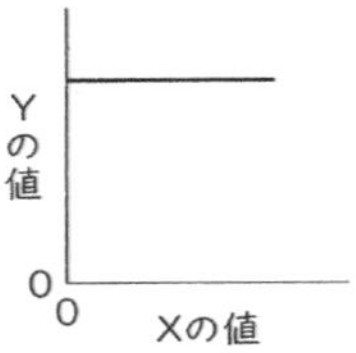

エ

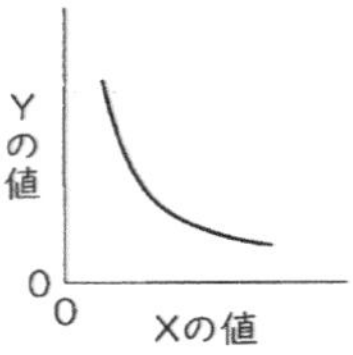

5　次のⅠ，Ⅱの各問いに答えなさい。答えを選ぶ問いについては記号で答えなさい。

Ⅰ　ひろみさんは，エネルギーを変換するとき，エネルギーの総量がどうなるのかを調べるため，図１のように，プーリー（滑車）つき発電機，豆電球，電流計，電圧計などを使って，豆電球１個の回路をつくり，次の**実験**を行った。その後，ひろみさんは実験結果のレポートを作成し，図２のような発表を行った。ただし，質量 100 g の物体にはたらく重力の大きさを１Nとし，おもりが落下している間だけ発電するものとする。

図１

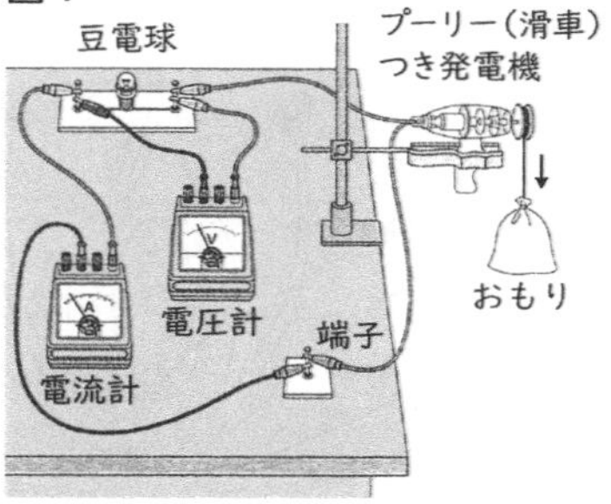

実験　質量が 1200 g のおもりを床から 1.0 m の高さまで巻き上げた後，静かに落下させ，床に達するまで発電した。そのときの電流，電圧，落下時間を測定した。電流と電圧は，ある程度安定したときの値を読みとった。

表は，**実験**を５回行ったときの電流，電圧とおもりの落下時間の平均値を示したものである。

表

電流	電圧	落下時間
350 mA	2.0 V	5.0秒

図２

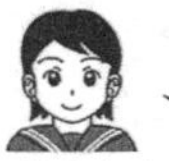

ひろみさん

重力に逆らっておもりを床から 1.0 m の高さまで一定の速さで持ち上げたとき，持ち上げる力がした仕事は [a] J です。このとき，おもりが床から 1.0 m の高さでもっている位置エネルギーは，[a] J になります。

おもりが床から 1.0 m の高さでもっている位置エネルギー [a] J に対して，豆電球を点灯させる電気エネルギーは [b] J なので，発電の効率は約 [c] %です。

このことから，おもりの位置エネルギーのすべてが電気エネルギーに変換されたわけではないことがわかります。その理由は，おもりの位置エネルギーの一部が，糸とプーリー（滑車）との間の摩擦によって発生したエネルギーや他のエネルギーに変換されたためと考えられます。

この実験のように，位置エネルギーを利用して発電する方法として [d] 発電があります。発電時に，温室効果ガスの一つである二酸化炭素を出さないことが長所です。

１　次の問いに答えなさい。ただし，同じ記号には同じ数値があてはまるものとします。

(1)　[a] と [b] にあてはまる数値を答えなさい。

(2)　[c] にあてはまる数値を，小数第１位を四捨五入して整数で答えなさい。

２　図２の下線部のエネルギーとして最も適当なものはどれか，答えなさい。

ア　力学的エネルギー　　イ　化学エネルギー　　ウ　光エネルギー　　エ　熱エネルギー

３　[d] にあてはまるものはどれか，答えなさい。

ア　火力　　イ　水力　　ウ　風力　　エ　バイオマス

Ⅱ　生命の連続性について，次の各問いに答えなさい。

1　ある被子植物の花弁の色には，赤色と白色がある。図は，その被子植物の受精のようすを模式的に表している。

図

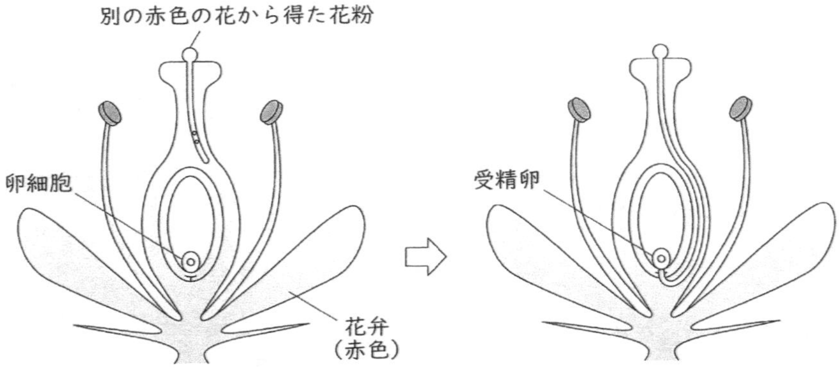

(1)　受精によって子をつくる生殖を何というか，答えなさい。

(2)　図の被子植物の花弁の赤色は顕性形質（優性形質），白色は潜性形質（劣性形質）である。図のように，赤色の花のめしべに，別の赤色の花から得た花粉を受粉させた。こうしてできた種子が成長すると，白色の花が咲いた。受精前の卵細胞がもっていた花の色に関する遺伝子を答えなさい。ただし，赤色にする遺伝子をA，白色にする遺伝子をaとします。

2　受精によって子をつくるアサガオは，子の形質が親の形質と同じになることもあれば，異なることもある。サツマイモについて，栄養生殖によってできた子の形質は，親の形質と比べてどのようになるか。染色体の受けつがれ方に着目して，理由もふくめて答えなさい。

3　発生について述べた，次の文章中の[X]，[Y]にあてはまることばを答えなさい。ただし，同じ記号には同じことばがあてはまるものとします。

受精卵は体細胞分裂によって細胞の数をふやし，形やはたらきが同じ細胞が集まって[X]をつくる。いくつかの種類の[X]が集まって一つのまとまった形となり，[Y]という特定のはたらきをする部分となる。そして，いくつかの[Y]が集まって個体がつくられる。

4 次のⅠ，Ⅱの各問いに答えなさい。答えを選ぶ問いについては記号で答えなさい。

Ⅰ　しんじさんは，動物の細胞のつくりと植物の細胞のつくりの共通点と相違点を見つけるために顕微鏡を用いて観察を行い，その結果をノートに記録した。図は，しんじさんのノートの一部である。

図

課題　動物と植物の細胞のつくりには，どのような共通点と相違点があるだろうか。

【観察した細胞】　ヒトのほおの内側の細胞：染色していないもの，染色したもの
オオカナダモの葉の細胞：染色していないもの，染色したもの
（用いた染色液：酢酸オルセイン液）

【結果】

〈観察した細胞〉 A		〈観察した細胞〉 B	
〈スケッチ〉 C 染色していないもの	D 染色したもの	〈スケッチ〉 E 染色していないもの	F 染色したもの
〈気づいたこと〉 ・厚いしきりに囲まれた細胞が規則正しくびっしり並んでいた。 ・染色していないものに，たくさんの緑色の粒が見られた。 ・染色したものでは，赤く染まったまるいものが一つ見られた。		〈気づいたこと〉 ・並び方は不規則でバラバラになっていた。 ・緑色の粒は見られなかった。 ・染色したものでは，赤く染まったまるいものが一つ見られた。	

1　ヒトのほおの内側の細胞は，図の【結果】の〈観察した細胞〉のA，Bの細胞のどちらか。また，図の E にあてはまるスケッチは次のア～エのうちどれか，それぞれ答えなさい。ただし，図の C ～ F には，ア～エのいずれかがあてはまるものとします。

ア　　イ　　ウ　　エ

2　図の【結果】の〈気づいたこと〉の下線部はBには見られなかった。このつくりの名称を答えなさい。

3　図の【結果】の〈気づいたこと〉から，AとBに共通して見られる「赤く染まったまるいもの」の名称を答えなさい。

4　図の【結果】のAの細胞で見られた緑色の粒では光合成が行われている。光合成とはどのようなはたらきのことか，簡単に説明しなさい。

Ⅱ　金属にはさまざまな種類があり，種類によって性質が異なる。

1　金属の塊**A**～**F**を用意し，質量と体積を測定した。**図1**は，その結果を表したものである。**F**と同じ種類の金属の塊と考えられるものを，**A**～**E**から一つ選びなさい。ただし，金属の塊**A**～**F**はそれぞれ，アルミニウム，鉄，銅のいずれかです。

図1

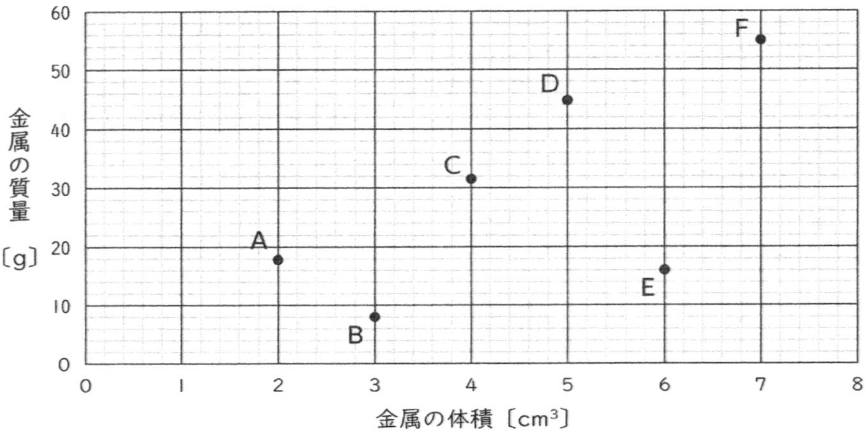

2　金属を加熱すると，結びついた酸素の分だけ質量が増加する。**図2**は，マグネシウムと銅について，それぞれ質量をかえて加熱し，完全に酸化させたときの，加熱前の金属の質量と加熱後の酸化物の質量の関係を表したものである。

図2

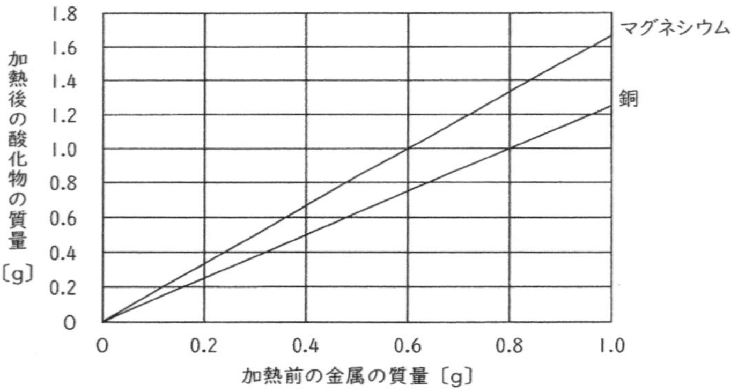

図3

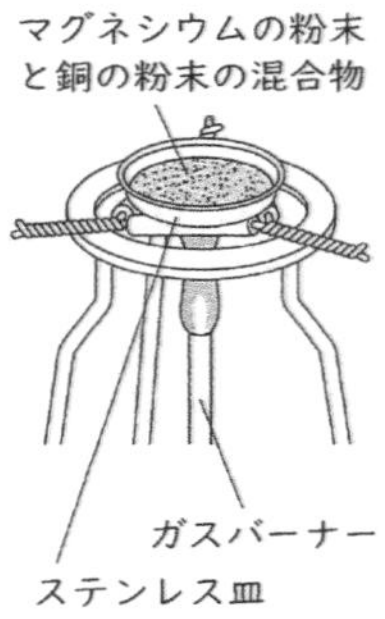

(1)　銅を熱すると酸化銅（CuO）ができた。このときの変化を化学反応式で表しなさい。

(2)　マグネシウムの粉末と銅の粉末の混合物 2.0 g を用意し，**図3**のように加熱して完全に酸化させたところ，加熱後のマグネシウムと銅の酸化物の質量は 3.0 g であった。混合物にふくまれていた銅の質量は何 g か，答えなさい。

2　ⓑに関して述べた文として最も適当なものを選びなさい。

ア　企業どうしで価格を決め競争を制限するような行為を行うことは，独占禁止法で禁止されている。

イ　需要量と供給量が一致し市場の均衡がとれた価格は，独占価格とよばれている。

ウ　商品の価格は，一般的に，供給量が需要量を上回っている場合に上がる。

エ　水道やガスなどの価格は，すべて公共料金として，全国でそれぞれ同じ価格に設定されている。

3　ⓒに関して，先生とゆうきさんは，**資料１**を見ながら流通についての会話をしています。文中の［　　　　］に適することばを補い，これを完成させなさい。

先　生：近年の流通では，ⓦのような経路がみられるようになりましたね。この経路にはどのような利点がありますか。

ゆうき：小売業者は，商品を生産者から直接仕入れることで，労力の削減や［　　　　］を図り，消費者に安く販売することができるという利点があると思います。

先　生：そうですね。他にも，消費者に届くまでの時間を削減できるという利点もありますね。

資料１　商品が生産者から消費者に届くまでの流通経路

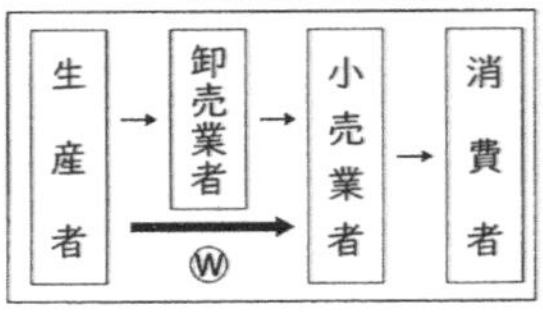

4　ⓓに関して，仕事上の責任を果たしつつ，健康で豊かな生活ができるよう，仕事と生活の調和をはかる社会の実現が求められています。この仕事と生活の調和を何というか，**カタカナ**で答えなさい。

5　ひろさんは，ⓔについて学習したことの一部を下のようにまとめました。［X］，［Y］にあてはまることばの組み合わせとして最も適当なものを選びなさい。

私たちの生活は，商品を通じて，さまざまな国の人々の生活とも深く関わっている。**資料２**を見ると，2022年において最も円安なのは，［X］である。

グローバル化する経済社会に生きる私たちは，環境や人権，社会倫理に配慮した商品・サービスを選ぶ消費活動，いわゆる［Y］を心がけることが必要である。

資料２　アメリカドル（１ドル）に対する円の為替相場の推移（2022年，月平均値）

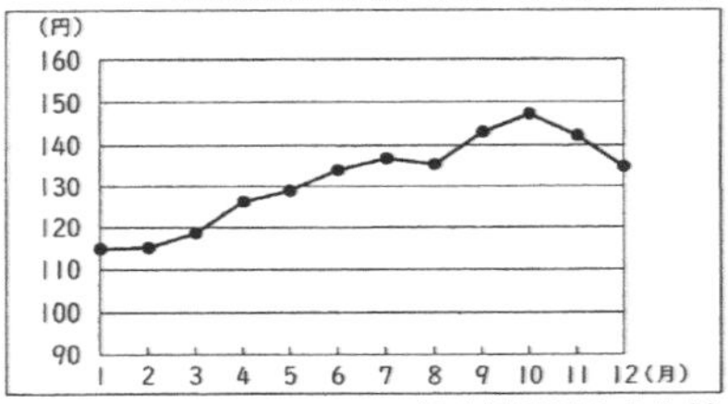

（日本銀行資料から作成）

ア（X　１月　Y　エシカル消費）　イ（X　１月　Y　大量消費）

ウ（X　10月　Y　エシカル消費）　エ（X　10月　Y　大量消費）

6　生徒たちはこの話し合いのあと，「日本における財政の課題」をテーマにして討論を行う準備をしました。その中で，まことさんは，**資料３**，**資料４**をもとに国債を発行することによって財源を確保することの問題点についてまとめました。そのまとめの内容を，国債を発行することによる国民の負担，国債費とその他の歳出の割合の変化に着目して**60字以上80字以内**で書きなさい。

資料３　国債残高の推移

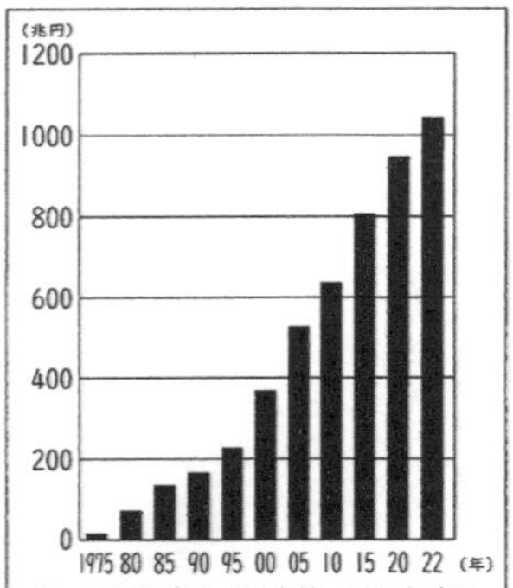

※　2020年度までは実績，2022年度は第２次補正後予算で計上

（財務省資料から作成）

資料４　国の一般会計の歳出に占める国債費の割合

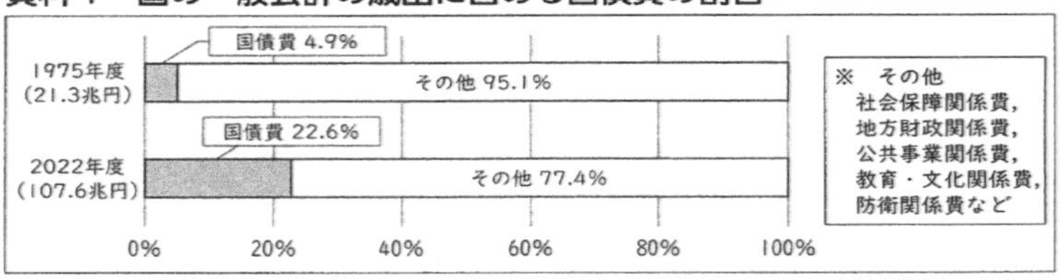

（財務省資料から作成）

5　E に関して，住民の直接請求権の一つである，「議会の解散請求」の手続きに関して述べた次の文の X ， Y にあてはまることばの組み合わせとして最も適当なものを選びなさい。ただし，有権者が40万人以下の地方公共団体においての場合とします。

> 有権者の３分の１以上の必要署名数をもって X に請求することで，住民投票が行われ，そこで有効投票の Y の同意があれば解散となる。

ア（X　選挙管理委員会　　Y　３分の２以上）　　イ（X　首長　　Y　過半数）
ウ（X　選挙管理委員会　　Y　過半数）　　エ（X　首長　　Y　３分の２以上）

6　F に関して，インターネットの普及にともない，レポートを作成する際に注意すべきことがあります。(1)，(2)の問いに答えなさい。

(1)　インターネット上の情報の特徴に関して，次の文章の Z に適することばを書きなさい。

> 情報の発信者が名前を明らかにせずに発信することもできるため，不確実な情報が含まれやすい。また，受信者が得た情報は，簡単に Z されたり，拡散されたりしてしまう。

(2)　(1)の特徴を参考にしながら，レポートを作成する際のルールについて，**資料**から読み取れることを説明しなさい。ただし，**著作権**ということばを用いることとします。

資料　ある中学生が作成したレポートの抜粋

> **〈探究テーマ〉**わが国の政治の課題について
> **〈探究の内容〉**探究テーマについて，いくつかの参考資料を調べた。Aは，わが国の政治について「△△△」[1)]と述べている。また，この意見について，Bは「□□□」[2)]と新たな視点から反論している。以上の意見に基づいて私は，◇◇◇と考える。
> **〈参考資料の出典〉**
> １）A著「日本の政治の▽▽▽について」○○出版，2010年，p.200
> ２）B著「日本の政治の一考察」https://******/，2021年１月，閲覧日　2022年１月10日

Ⅱ　ある中学校の生徒たちが，これまでの経済についての学習を振り返り，新たに出てきた疑問や，さらに深く学びたいことについて話し合いをしています。**１～６**の問いに答えなさい。

これまでの経済についての学習を振り返り，新たに出てきた疑問や，さらに深く学びたいことについて話し合おう。
○月×日　晴れ
ⓐ持続可能な社会を実現するために私たちにできることは何だろうか。
物価の上昇が気になる。ⓑ価格やⓒ流通のしくみについて，私たちの生活と結び付けながら考えたい。
働き方改革やコロナ禍で，雇用や就業形態の多様化が進んだ。ⓓやりがいや充実感をもって働くために，どういった制度があればよいだろうか。
ⓔ経済のグローバル化は，私たちの生活にどのような影響を与えているのだろうか。

1　ⓐに関して，2015年に国際連合に加盟する193か国のすべてが賛成して採択された，地球規模の課題を17の領域に分け，課題の解決に向けて，2030年までに達成することを目ざした目標を何というか，略称を**アルファベット４字**で答えなさい。ただし，大文字と小文字を使い分けて書くこととします。

3 次のⅠ，Ⅱの問いに答えなさい。答えを選ぶ問いについては一つ選び，その記号を書きなさい。

Ⅰ 次の[A]～[F]は，ある中学校の社会科の授業で，生徒たちが公民的分野で関心をもった学習の内容や，関連するできごとを記したカードです。１～６の問いに答えなさい。

[A] 世界遺産条約に基づく世界遺産登録

2021年に「奄美大島《あまみおおしま》，徳之島，沖縄島北部及び西表島《いりおもてじま》」が世界遺産に登録され，鹿児島県の世界遺産は３件になった。

[B] 住民のボランティア活動への参加

2023年に，鹿児島県において，「燃ゆる感動かごしま国体・かごしま大会」が開催され，運営等でボランティアが活躍した。

[C] 社会の変化と新しい人権

社会の変化とともに，人間が自分の生き方や生活の仕方について，自由に決定する自己決定権が主張されるようになった。

[D] わが国の行政改革

1980年代ころから，省庁の数が見直されるなどして，国の行政改革が進められた。

[E] わが国の地方自治

住民の身近な生活にかかわる地方自治では，住民の意思を生かすために，住民の直接請求権が認められている。

[F] レポートを作成する際のルール

インターネットを活用して，探究した学習の内容をレポートにまとめる際には，ルールを守ることが大切である。

1 [A]に関して，世界遺産条約は，国連のある専門機関の提案で1972年に採択され，世界の貴重な自然や文化財を世界遺産として保護することで，将来に残すことを目的としています。その専門機関の略称を**カタカナ４字**で答えなさい。

2 [B]に関して，自分たちの利益を目的にせず，公共の利益のために活動する非営利組織のことを何というか，略称を選びなさい。

ア PKO　　イ NPO　　ウ ODA　　エ CSR

3 [C]に関して，医療の分野で，患者が病気について医師から説明を受け，理解してから治療を受けるかどうかを選択できることを何というか，**カタカナ**で答えなさい。

4 [D]について，このときの行政改革の具体的な内容を述べた文として最も適当なものを選びなさい。

ア 民間企業の国に対する説明責任を強化するため，情報公開制度を充実させた。

イ 内閣機能の充実を図り，2001年の中央省庁の再編で，省庁の数を増やした。

ウ 国主導の経済活動を促進させるため，行政の企業に対する許認可権を見直した。

エ 国立病院や国立博物館などを独立行政法人化して，運営の自主性を高めた。

3　Aの時期に活躍した人物について述べた文のうち，**資料1**の人物について述べたものとして最も適当なものを選びなさい。

資料1

ア　国会開設を目ざして立志社を設立し，自由党党首となった。
イ　初代内閣総理大臣に就任し，憲法制定に力をつくした。
ウ　国会開設をめぐって政府を去り，立憲改進党党首となった。
エ　岩倉使節団に参加し，帰国後は殖産興業の推進に努めた。

4　Bについて，この条約内容に対して，国民は政府を激しく批判した。その理由を説明した次の文の［　　　　　　　　　　］に適することばを，**資料2**をもとに補い，これを完成させなさい。

日清戦争に比べて，日露戦争では，国民が［　　　　　　　　　　］にもかかわらず，賠償金が得られなかったため。

資料2　日清・日露戦争の比較

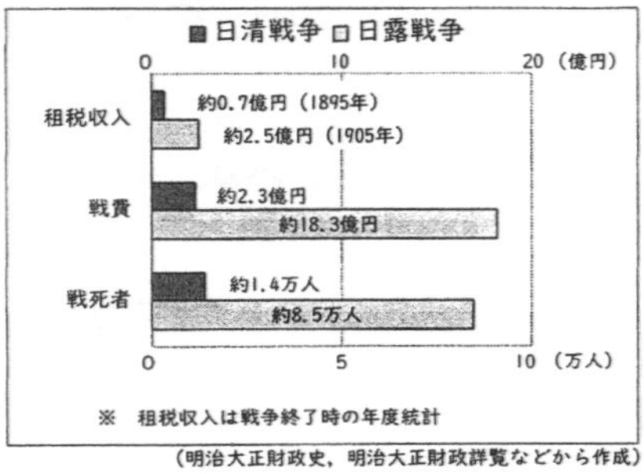

（明治大正財政史，明治大正財政詳覧などから作成）

5　Cの期間におこったできごとを述べた文を三つ選び，年代の古い順に並べなさい。
ア　日本と中華人民共和国が日中共同声明に調印して，国交が正常化した。
イ　吉田茂内閣のときに，サンフランシスコ平和条約が結ばれた。
ウ　アジア初のオリンピックとパラリンピックが，東京で開催された。
エ　関東大震災により，東京・横浜などの都市が大きな被害を受けた。

6　ⓑについて，当時，日本国内では**資料3**のような日用品の買い占めなどの混乱がおきました。このような混乱がおこった理由について，**資料4**，**資料5**，**資料6**をもとに，解答欄に合わせて説明しなさい。ただし，**物価**ということばを用いることとします。

資料3

資料4　日本のエネルギー供給の構成（単位：%）

	石炭	石油	その他
1955年	47.2	17.6	35.2
1973年	15.5	77.4	7.1

（総合エネルギー統計から作成）

資料5　1バレルあたりの原油価格の推移（1970～1977年）

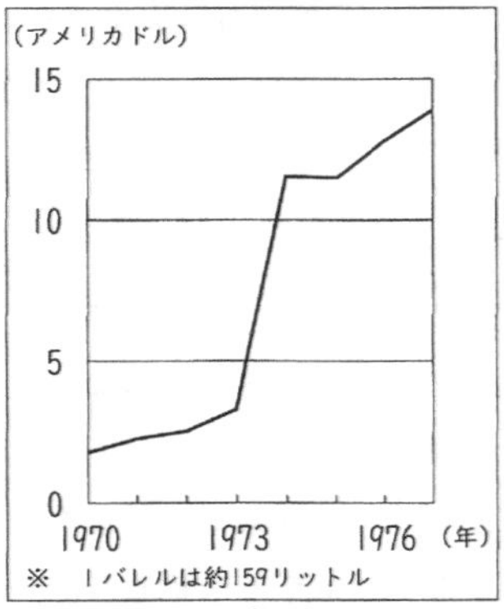

（データブック オブ・ザ・ワールド2023などから作成）

資料6　消費者物価指数の対前年増加率の推移（1970～1977年）

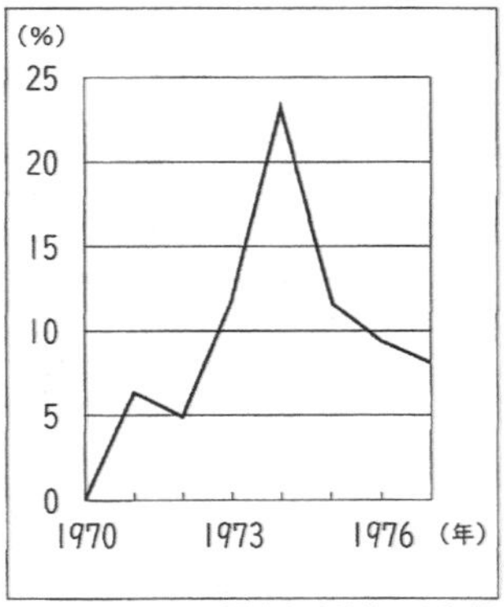

（長期経済統計から作成）

教英出版

5　ⓓに関して，改革の一つとして，薩摩《さつま》藩は，肥前藩と同様に**資料2**のような施設を建設し，**資料3**のような武器等を製造しました。薩摩藩や肥前藩における藩政改革について説明した次の［　　　］内の文中の［　　　　］に適することばを補い，これを完成させなさい。

資料2

（鹿児島県「かごしまタイムトラベル」の一部を加工）

資料3

※　反射炉で製造した武器の再現模型

（鹿児島県「かごしまタイムトラベル」から）

> 下級武士や改革派が実権を握り，財政の立て直しと［　　　　］を進めた。

6　ⓔに関して，**資料4**，**資料5**は，それぞれフランス革命前の社会と革命が目ざした社会を描いた風刺《ふうし》画《が》で，その中で描かれている石は税などの負担を表したものとされています。**資料4**，**資料5**を比較して，フランス革命がどのような社会の実現を目ざしたか，**税などの負担**ということばを用いて説明しなさい。

資料4　フランス革命前の社会を描いた風刺画

資料5　フランス革命が目ざした社会を描いた風刺画

Ⅱ　次の年表を見て，１～６の問いに答えなさい。

年	で　き　ご　と	
1868	天皇を中心とする新政府が，ⓐ「御一新」とよばれる改革を始めた	
1874	民撰《みんせん》議院設立の建白書が政府に提出され，［①］運動が始まった	A
1889	大日本帝国憲法が発布された	
1905	日本はロシアとポーツマス条約を結んだ	B
1945	日本が［②］宣言を受け入れ，第二次世界大戦が終結した	C
1973	ⓑ日本の経済が，石油危機により打撃を受けた	

1　［①］，［②］にあてはまる最も適当なことばを書きなさい。

2　ⓐに関して，新政府の改革として**誤っているもの**を選びなさい。

ア　アメリカ合衆国と日米修好通商条約を結んだ。
イ　元号を明治と改め，江戸を東京と改称した。
ウ　五箇条の御誓文を出し，会議を開いて政治を行うことなどを示した。
エ　廃藩置県を行い，各府県に府知事，県令を派遣した。

受検番号

合計得点

※90点満点

5

8　7　6　5　4　3　2　1

9点

3

4

Ⅲ　Ⅱ　Ⅰ

4

4　3

↓

↓

【解

数学解答用紙

1	1	(1)		(2)		(3)		(4)		(5)
	2		3	円	4	度	5	約　　　個		
2	1		2		4					
	3	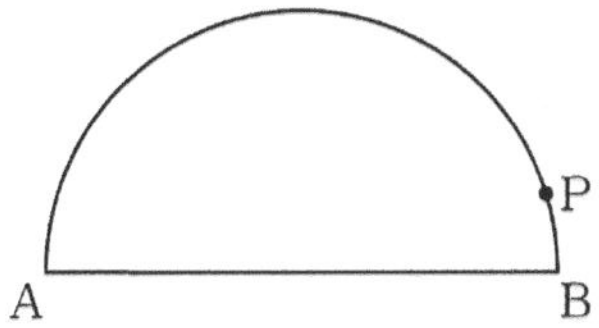	5	（方程式と計算過程） 答 さつまいも　g にんじん　g						
3	1	℃	2		4	①	②	③	④	
	3	(1)　　℃	(2)	9月 ・ 10月	（理由）					

英　語　解　答　用　紙

1

1	
2	
3	
4	
5	→ → →
6	
7	She ( ).
8	

1．3点
2．3点
3．3点
4．3点
5．3点
6．3点
7．3点
8．4点

2

1		① ②
2		① ② ③
3	(1)	( ) Tokyo.
	(2)	( ) him since this morning.
	(3)	( ) by your favorite writer?
4		Last summer vacation, I ______ ______ ______ ______

1．2点×2
2．2点×3
3．2点×3
4．7点

【解

理科解答用紙

1

1					
2	①		②		
3	a		b		
4					
5	(1)				
	(2)				
6	(1)				km/s
	(2)	①		②	

2

I	1			
	2			
	3			
	4			
	1			

4

I	1	ヒトのほおの内側の細胞		E	
	2				
	3				
	4				
II	1	(1)			
		(2)			
	2				
	3	X			
		Y			

1	(1)	a	
		b	

【解答

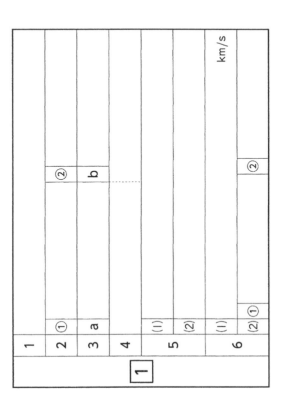

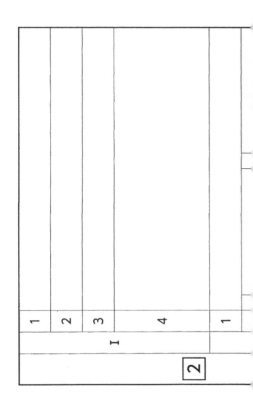

社 会 解 答 用 紙

1	I	1	大陸
		2	
		3	1群　　2群　　3群
		4	
		5	
		6	パーム油の原料となる
		7	
	II	1	
		2	（記号） （県名）　　県
		3	① ② ③

I．1．2点
2．2点
3．2点
4．2点
5．2点
6．3点
7．3点
II．1．2点
2．2点
3．2点
4．2点
5．2点
6．(1)2点
(2)3点

2	II	1	① ②
		2	
		3	
		4	
		5	→　→
		6	日本の　　から。

I．1．2点×2
2．2点
3．2点
4．2点
5．2点
6．3点
II．1．2点×2
2．2点
3．2点
4．3点
5．2点
6．3点

	I	1	
		2	
		3	
		4	
		5	
		6	(1) (2)

I．1．2点
2．2点
3．2点
4．2点
5．2点
6．(1)2点
(2)3点
II．1．2点
2．2点
3．2点
4．2点
5．2点
6．3点

【解答

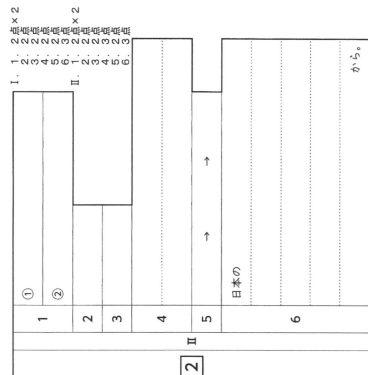

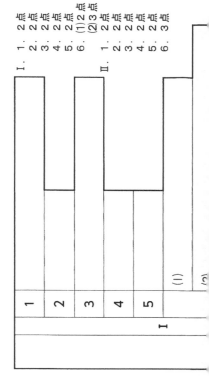

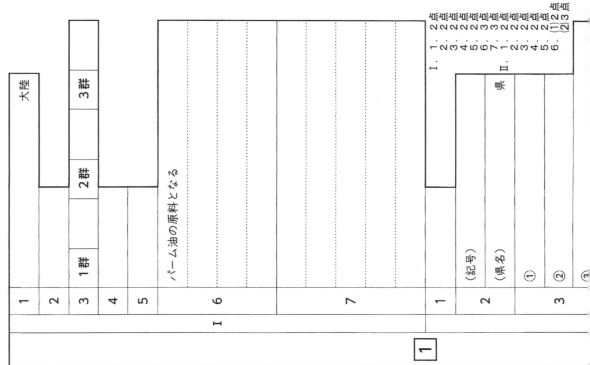

6	(1)	
	(2) 富山県は,	から。

2	I	1	①
			②
		2	
		3	→ → →
		4	
		5	
		6	

3	II	1	
		2	
		3	
		4	
		5	
		6	60 80

受検番号	

合計得点	

※90点満点

			F	
		4		倍

3	I	1		
		2		g
		3		
		4	物質名	
			質量	g
	II	1		
		2	(1)	
			(2)	g

1 1．2点
2．2点
3．2点
4．3点
5．2点×2
6．(1)3点
(2)2点

2 I．1．2点
2．2点
3．2点
4．3点
II．1．2点
2．2点
3．2点
4．3点

3 I．1．2点
2．3点
3．2点
4．3点
II．1．3点
2．(1)2点
(2)3点

		3		
5	II	1	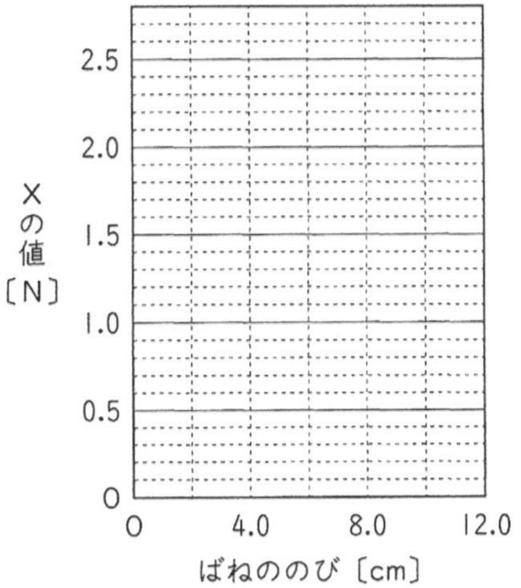	
		2	a	
			b	
		3		

4 I．1．2点
2．2点
3．2点
4．3点
II．1．2点×2
2．3点
3．2点

5 I．1．(1)3点
(2)2点
2．2点
3．2点
II．1．3点
2．3点
3．3点

受検番号	

合計得点	

※90点満点

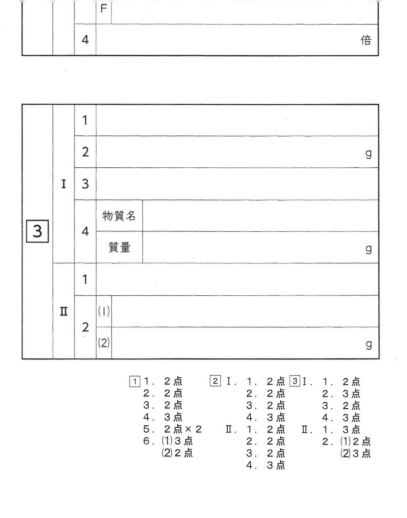

40

3			
	I	1	
		2	Takeru cleaned the blackboard because (　　　).
		3	
	II	1	2
	III		

Ⅰ．１．２点
　　２．３点
　　３．３点
Ⅱ．３点×２
Ⅲ．４点

4						
1	A		B		C	
2	A		B			
3						
4						
5						
6						

1．３点
2．２点×２
3．３点
4．３点
5．６点
6．５点

受検番号	

合計得点	

※90点満点

4

2 秒速 m

3 (2) 秒速 m

3 (1)

答 秒後

5

1 度

2 (a) (b)

(c) (d)

(e)

3 (1)

(3) S：T＝

(2) （求め方や計算過程）

答 CD＝

1 3点×9
2 1．3点
2．3点
3．4点
4．3点
5．4点

3 1．3点
2．2点
3．(1) 2点
(2) 3点
4．2点×4

4 1．2点
2．2点
3．4点×2

5 1．2点
2．1点×5
3．(1) 2点
(2) 4点
(3) 3点

受検番号	

合計得点	

※90点満点

2024(R6) 鹿児島県公立高
教英出版

国語解答用紙

1

1

(1) える

(2)

(3)

(4)

(5)

(6) れる

2 画

1．2点×6
2．2点

2

1

2

3 Ⅰ Ⅱ

4

5

1．3点
2．3点
3．4点×2
4．7点
5．5点

1

1．2点
2．3点
3．3点
4．Ⅰ．4点
　Ⅱ．3点
　Ⅲ．3点

1

Ⅰ

1．3点
2．Ⅰ．4点
　Ⅱ．3点
　Ⅲ．4点
3．3点
4．6点

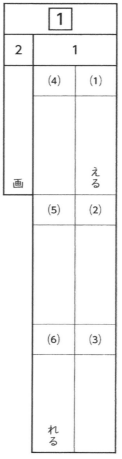

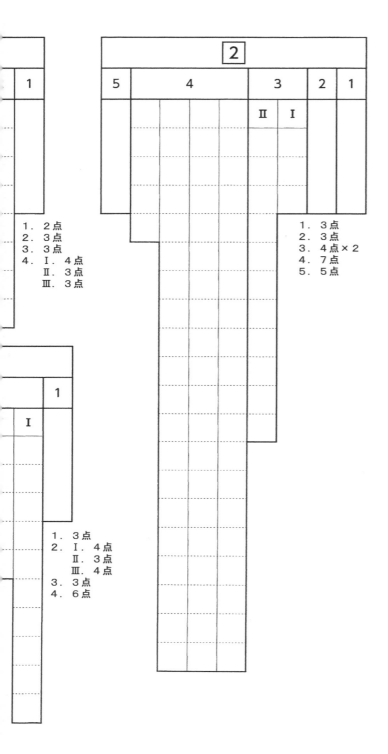

2 次のⅠ，Ⅱの問いに答えなさい。答えを選ぶ問いについては一つ選び，その記号を書きなさい。

Ⅰ 次は，ある中学生が江戸時代までの学習が終了したところでその内容をまとめ，発表するために作成したプレゼンテーション資料の一部です。１～６の問いに答えなさい。

A 文明の形成と日本列島

（スライド１）
最後の氷期終了後の世界
農耕・牧畜開始と，大河のほとりでⓐ文明の形成

（スライド２）
最後の氷期終了後の日本列島
狩りや漁，採集で生活を営む縄文時代

（スライド３）
写真１

縄文の人々のくらし
[①]（**写真１**）などを使用した信仰

B 日本と外国との交流

（スライド１）
古代～中世の交流
主にⓑ中国との交流がⓒ日本の社会や文化に影響

（スライド２）
写真２
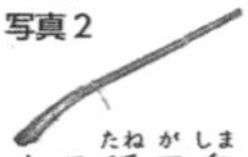
西欧人との交流
ポルトガル人による種子島《たねがしま》への [②]（**写真２**）伝来

（スライド３）
江戸幕府の外交
鎖国政策と，「四つの窓口」での交流

C 18世紀～19世紀の日本と欧米

（スライド１）
江戸幕府の状況
数度の幕政改革と，19世紀以降の幕府の行き詰まり

（スライド２）
地方の藩の状況
ⓓ藩政改革により，発言力を強める藩の出現

（スライド３）
欧米の状況
ⓔフランス革命などによる社会の近代化

１ [①]，[②] にあてはまる最も適当なことばを，[①] は**写真１**を，[②] は**写真２**をそれぞれ参考にして書きなさい。

２ ⓐに関して，メソポタミア文明で使われた文字に関する資料として最も適当なものを選びなさい。

ア

イ

ウ

エ

３ ⓑに関する次のできごとを年代の古い順に並べなさい。

ア 足利義満《あしかがよしみつ》は，明《みん》との間で，勘合を利用した日明貿易を始めた。
イ 宋《そう》銭が日本に輸入され，市での売買や年貢の納入で用いられるようになった。
ウ 邪馬台国《やまたいこく》の女王卑弥呼《ひみこ》が魏《ぎ》へ使いを送り，「親魏倭王《しんぎわおう》」の称号や銅鏡などを得た。
エ 鑑真《がんじん》が，何度も遭難しながらも来日して，唐の仏教を伝えた。

４ ⓒに関して，**資料１**について述べた次の文章の [X]，[Y] にあてはまることばの組み合わせとして最も適当なものを選びなさい。ただし，[X] には同じことばが入ることとします。

> 鎌倉時代に中国から日本へ伝えられた [X] は，日本の文化に大きな影響を与えた。[X] の僧であった雪舟《せっしゅう》は，**資料１**のような [Y] を描いた。

資料１

ア（X 禅宗　Y 水墨画）　イ（X 真言宗　Y 水墨画）
ウ（X 禅宗　Y 錦絵）　エ（X 真言宗　Y 錦絵）

6　略地図中の**富山県高岡市**の一部を示した下の地形図に関して，(1)，(2)の問いに答えなさい。

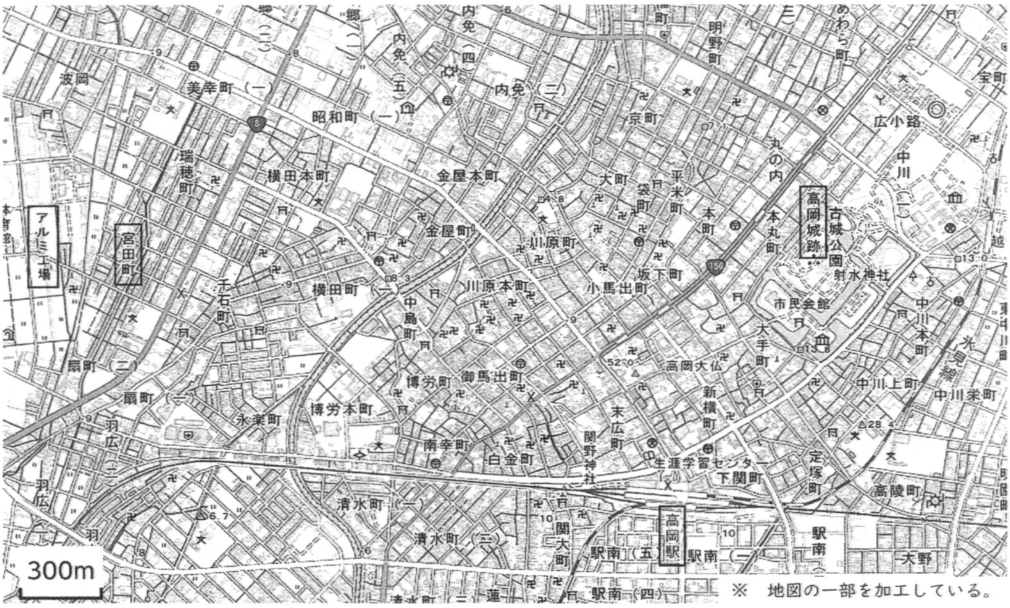

※　地図の一部を加工している。
（国土地理院 地理院地図から作成）

(1)　この地形図から読み取れることとして，最も適当なものを選びなさい。

ア　この地形図上の範囲では，寺院よりも神社の数のほうが多い。

イ　宮田町付近は急な傾斜地であり，果樹栽培が行われている。

ウ　市役所から半径600ｍの範囲内に，消防署，警察署がある。

エ　高岡駅からみた高岡城跡の方位は，およそ北西である。

(2)　地形図にはアルミ工場が見られます。富山県では，以前からアルミニウム工業が盛んですが，その背景として，地形や気候の特徴から，他の地域よりも比較的に大量の電力を得るのに適していることがあります。富山県が大量の電力を得るのに適している理由を，**資料４**，**資料５**をもとに，発電方法の種類にふれながら，解答欄に合わせて説明しなさい。

資料４　富山県付近の地形

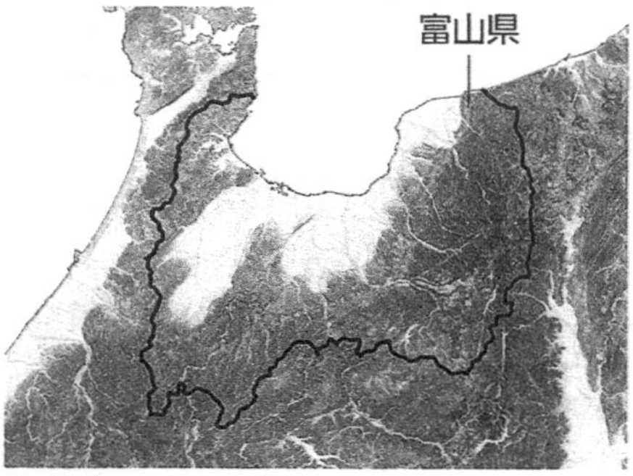

※　濃い色になるほど標高が高いことを表す。
（国土地理院 地理院地図から作成）

資料５　富山県周辺の主な県の県庁所在地の年間降水量の平年値と全国順位

	平年値（mm）	全国順位
金沢市	2402	４位
富山市	2374	５位
福井市	2300	７位
全国平均	1662	—

※　平年値とは，1991年～2020年の30年間の平均値をさす。
（気象庁資料から作成）

Ⅱ　次の略地図を見て，１～６の問いに答えなさい。

1　略地図を参考にして，島根県と隣接している都道府県の数を書きなさい。

2　**資料１**は東北地方で行われている竿燈《かんとう》まつりのようすです。この祭りは提灯《ちょうちん》を米俵に見立てて米の豊作を祈る祭りです。この祭りが行われている県を略地図中の**a**～**d**から選び，県名を書きなさい。

3　略地図中の㋐の地域では，ある季節に濃霧が発生します。次の文はその季節に濃霧が発生するしくみを説明したものです。文中の①～③について（　　）からそれぞれ適当なものを選んで書きなさい。

資料１

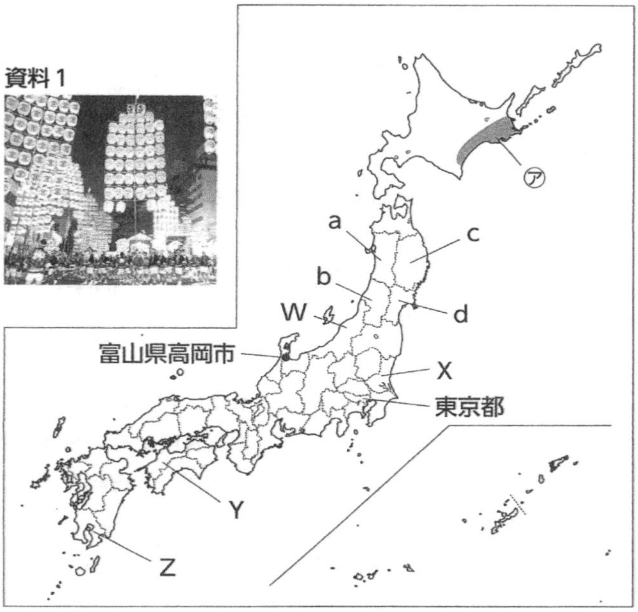

㋐の地域では，（①：　夏　・　冬　）に，湿った（②：　北西　・　南東　）の季節風が（③：　暖流であたためられる　・　寒流で冷やされる　）ために，濃霧が発生する。

4　**資料２**は略地図中の**W**～**Z**県の農業産出額総額と主な生産物の産出額を示したもので，**あ**～**え**は**W**～**Z**県のいずれかです。**X**県は**あ**～**え**のどれか選びなさい。

資料２　　(2022年，単位：億円)

	農業産出額総額	米	野菜	果実	畜産
あ	1232	134	190	534	285
い	5114	169	531	112	3473
う	2369	1319	323	99	525
え	4409	611	1611	111	1340

(生産農業所得統計から作成)

5　**資料３**は，2021年における都道府県別の出版業の事業所数の割合を示したものです。これを見ると，略地図中の**東京都**に多くの事業所が集まっていることがわかります。その理由について説明した次の文の［　　　　］に適することばを補い，これを完成させなさい。

首都である東京には，世界中から多くの人や［　　　　］から。

資料３

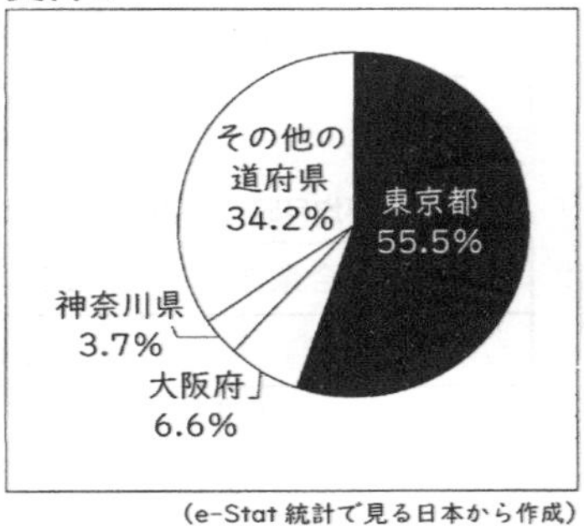

(e-Stat 統計で見る日本から作成)

5　**資料2**は，2000年から2020年までの期間における，略地図中の**中国**，**アメリカ合衆国**，**インド**の自動車生産台数の推移を示したものです。**資料2**から読み取れることとして最も適当なものを選びなさい。

ア　三つの国の生産台数は，どの国も前年の生産台数を上回っている。

イ　中国の生産台数は，2008年以降，アメリカ合衆国の生産台数を上回っている。

ウ　この期間において，アメリカ合衆国とインドの生産台数は，2009年に最も落ち込んでいる。

エ　2005年の生産台数は，アメリカ合衆国がインドの約２倍，中国がインドの約６倍である。

資料２

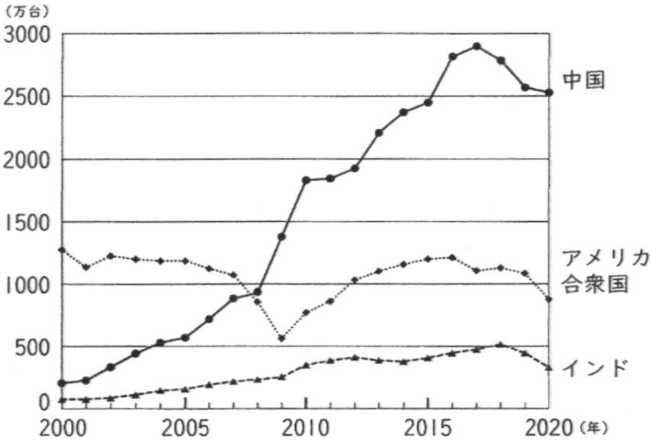

(国際自動車工業連合会資料から作成)

6　略地図中の**マレーシア**やその周辺諸国では，**資料3**のような私たちの身の回りでよく使われている製品の原料となるパーム油が生産され，主要な輸出品となっています。しかし，生産や輸出が増加することで，ある問題がおきています。どのような問題がおきていますか。パーム油の原料となる植物名を明らかにしながら，**資料4**からわかることを解答欄に合わせて説明しなさい。

資料３

資料４　**パーム油の原料となる植物の農園開発のようす**

7　略地図中の**インド**では，1990年代に入って，南部の都市ベンガルールなどへ**アメリカ合衆国**のICT関連企業の進出が活発になり，ICT関連の産業が急速に成長しています。**アメリカ合衆国**のICT関連企業が**インド**に進出した理由を，**資料5**，**資料6**，**資料7**をもとに説明しなさい。

資料５　**インドの主な言語**

ヒンディー語
英語

資料６　**平均月収**(2020年，アメリカドル換算)

アメリカ合衆国	4502ドル
インド	230ドル

(世界国勢図会2022/2023から作成)

資料７　**アメリカ合衆国とインドの位置と時刻の関係**

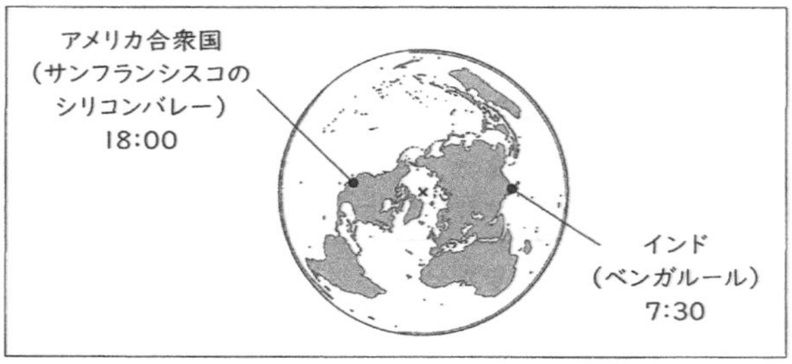

1　次のⅠ，Ⅱの問いに答えなさい。答えを選ぶ問いについては一つ選び，その記号を書きなさい。

Ⅰ　次の略地図を見て，１～７の問いに答えなさい。

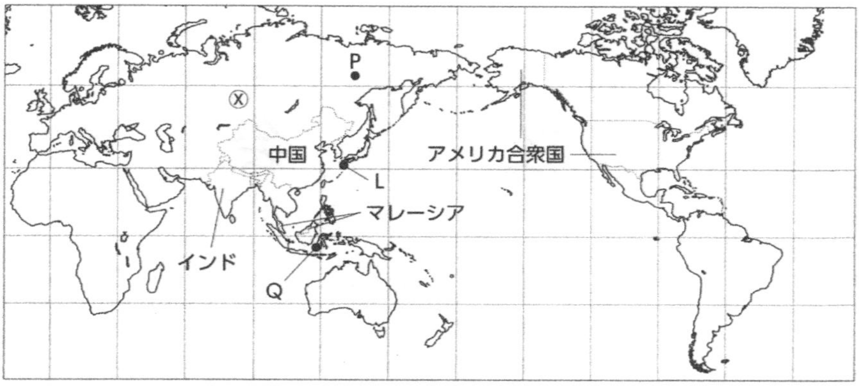

１　略地図中のⓧは，六大陸の一つで最も面積の大きい大陸です。この大陸の名称を書きなさい。

２　略地図中のLの位置は，北緯31度，東経130度です。Lから地球の中心に引いた線をのばして，地球上の正反対にあたった地点の位置として最も適当なものを選びなさい。

ア　（北緯31度　西経130度）

イ　（北緯31度　西経50度）

ウ　（南緯31度　西経130度）

エ　（南緯31度　西経50度）

３　略地図中のP付近，Q付近では，いずれも高床式の建物が見られますが，さまざまな違いがあります。Q付近に見られる高床式の建物の写真を〔１群〕から，Q付近と同じ気候の月別平均気温と月別降水量のグラフを〔２群〕から，Q付近に見られる建物が高床式になっている理由を〔３群〕から，それぞれ選びなさい。

〔１群〕　P付近またはQ付近に見られる建物の写真

〔２群〕　P付近またはQ付近のいずれかと同じ気候の月別平均気温と月別降水量のグラフ

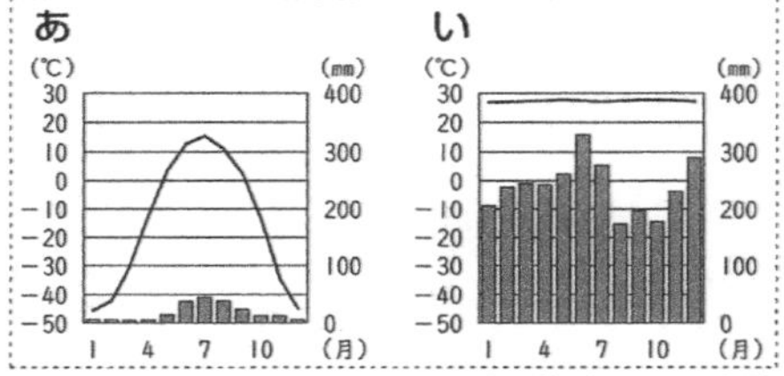

（理科年表2023から作成）

〔３群〕　建物が高床式になっている理由

ア　建物から出る熱が地面に伝わり，永久凍土がとけて建物が傾くのを防ぐため。

イ　風通しをよくすることで，暑さや湿気をやわらげるため。

４　資料１の［網かけ］は，略地図中の**アメリカ合衆国**における州別に見た人口構成について，ある人種または民族が20％以上の州を示したものです。その人種または民族を説明したものを選びなさい。

ア　中国などから移住してきたアジア系の人々

イ　かつて農園の労働力となったアフリカ系の人々

ウ　メキシコなどから移住してきたスペイン語を話す人々

エ　ネイティブアメリカンとよばれる先住の人々

資料１

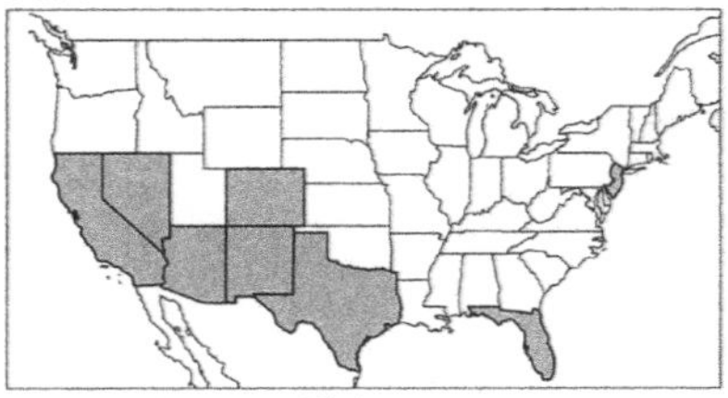

※　アラスカ，ハワイは除く

（データブック オブ・ザ・ワールド2023から作成）

社　　会

（50分）

注　　意

1　監督者の「始め」の合図があるまで開いてはいけません。

2　問題用紙は表紙を入れて11ページあり，解答用紙が1枚，中にはさんであります。

3　受検番号は，解答用紙及び問題用紙の決められた欄に記入しなさい。

4　答えは，問題の指示に従って，**すべて解答用紙に記入しなさい。**

5　監督者の「やめ」の合図ですぐにやめなさい。

受検番号	

3 次のⅠ，Ⅱの各問いに答えなさい。答えを選ぶ問いについては記号で答えなさい。

Ⅰ 次は，はるかさんとエレンさんの会話である。

はるか：鹿児島県は，二つの世界自然遺産が登録されていて，自然が豊かな県だよ。

エレン：そうだね。私は奄《あま》美《み》大島《おおしま》に行ったことがあるよ。貴重な動植物が生息していることに驚いたよ。きれいな海にも感動して，海水浴や塩作り体験を楽しんだよ。塩作り体験では，海水から水を蒸発させて塩を作ったよ。

はるか：塩の主な成分は，塩化ナトリウムだったね。海水はとても塩辛いから，海水にはたくさんの塩化ナトリウムがとけているのだろうね。

エレン：そういえば，授業で，物質が水にとける量には上限があって，それは物質の種類や水の量，温度によって異なることを学習したね。ある物質を 100 g の水にとかして飽和水溶液にしたときの，とけた物質の質量を□といったよね。

はるか：そうだね。塩化ナトリウムと硝酸カリウムの□は教科書に書いてあったね。

エレン：□がわかることで，飽和水溶液にとけている物質の質量も計算できるね。

はるか：例えば，①20 ℃の塩化ナトリウムの飽和水溶液 200 g の水をすべて蒸発させたとすると，何 g の塩化ナトリウムをとり出すことができるかな。

エレン：あとで計算してみよう。たしか，②水溶液の温度を下げ，再び物質を結晶としてとり出すこともできるよね。

はるか：そうだったね。先生と一緒に実験してみよう。

【各物質を 100 g の水にとかして飽和水溶液にしたときの，とけた物質の質量】

水の温度 〔℃〕	10	20	40	60
塩化ナトリウム〔g〕	37.7	37.8	38.3	39.0
硝酸カリウム 〔g〕	22.0	31.6	63.9	109.2

【はるかさんとエレンさんが先生と一緒に行った実験】

40 ℃の水 50 g を入れた二つのビーカーに，それぞれ塩化ナトリウムと硝酸カリウムを 15 g ずつ入れて完全にとかし，水溶液をつくった。二つの水溶液をそれぞれ 10 ℃までゆっくり冷却すると，一方のビーカーのみ結晶が出てきた。

1 □にあてはまることばはどれか，答えなさい。ただし，□には同じことばがあてはまるものとします。

ア 溶質　　イ 溶媒　　ウ 密度　　エ 溶解度

2 下線部①について，とり出すことができる塩化ナトリウムは何 g か，小数第 2 位を四捨五入して小数第 1 位まで答えなさい。

3 下線部②の操作を何というか，答えなさい。

4 【はるかさんとエレンさんが先生と一緒に行った実験】で出てきた結晶の物質名とその結晶の質量を答えなさい。

Ⅱ　太陽系にはさまざまな天体が存在している。図は，太陽系に属する惑星の直径や平均密度について表したものであり，A～Gは，地球以外の七つの惑星を表している。グループXとグループYは，地球をふくめた太陽系の八つの惑星を，特徴をもとに二つのグループに分けたものである。

図

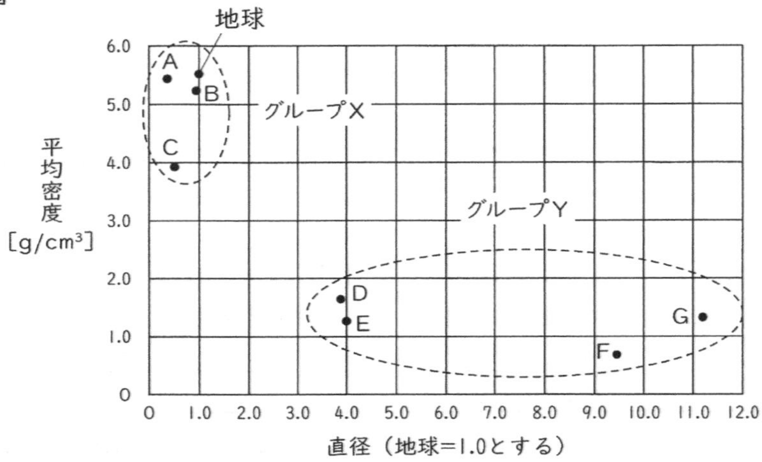

1　図のグループYに属する惑星は何とよばれるか，答えなさい。

2　次の文は，グループXに属する惑星とグループYに属する惑星のそれぞれの表面の平均温度と衛星の数を比較したとき，グループYに属する惑星の特徴を説明したものである。①，②について，それぞれ正しいものはどれか，答えなさい。

　グループYに属する惑星のそれぞれの表面の平均温度は①（ア　低く　　イ　高く），衛星の数は②（ア　少ない　　イ　多い）。

3　表は図のAとFの惑星の特徴をまとめたものである。AとFの名称をそれぞれ答えなさい。

表

惑　星	特　徴
A	大気はきわめてうすく，昼夜の温度差は約600℃にもなる。表面には巨大ながけやクレーターが見られる。
F	主に水素とヘリウムからなる気体でできている。氷や岩石の粒でできた巨大な環をもつ。

4　図のEの惑星の体積は地球の体積のおよそ何倍か。図を参考にして答えなさい。ただし，それぞれの惑星は完全な球体であるものとします。

2　次のⅠ，Ⅱの各問いに答えなさい。答えを選ぶ問いについては記号で答えなさい。

Ⅰ　図1はある地域の地形を等高線を用いて模式的に表したものであり，数値は標高を示している。図2は，図1の標高の異なるX，Y，Zの３地点でボーリングによる地質調査を行った結果をもとに，地層の重なりを表したものである。この地域では堆積物が連続的に堆積し，地層の折れ曲がりや断層はなく，地層の上下関係が逆転していないことがわかっている。また，凝灰岩の層は一つしかないこともわかっている。

図1

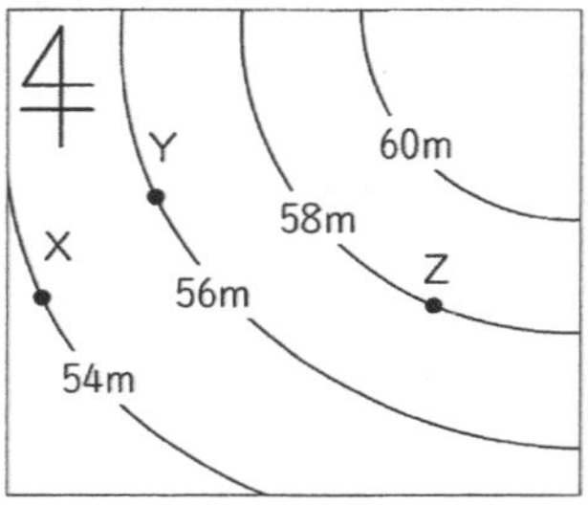

図2

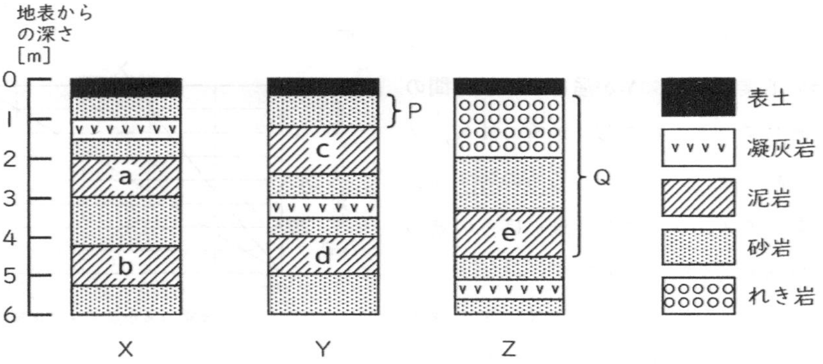

1　凝灰岩について正しく述べているものはどれか，答えなさい。

ア　生物の死がいなどが堆積してできる。

イ　丸みを帯びた粒が堆積してできる。

ウ　火山灰などが堆積してできる。

エ　地下深くでマグマが冷えてできる。

2　図2のａ～ｅの泥岩の層のうち，最も古いと考えられるのはどれか，答えなさい。

3　図2のPの層からビカリアの化石が見つかっている。ビカリアと同じ新生代の示準化石はどれか，答えなさい。

ア　サンヨウチュウ　　　イ　ナウマンゾウ

ウ　アンモナイト　　　エ　フズリナ

4　この地域は，かつて海底であったことがわかっている。図2のQの地層の重なりからQで示した地層が堆積した期間に，Zの地点付近の海の深さはどのように変化したと考えられるか。粒の大きさに着目して，理由もふくめて答えなさい。

2024(R6) 鹿児島県公立高
教英出版

5　火山活動の影響による強い酸性の水が河川に流れ込み，そこに生きる生物に影響を及ぼすことがある。その場合は，①河川の環境を維持するために，化学的な反応を利用することがある。また，私たちの生活排水は，下水処理場における下水処理の過程で主に②微生物のはたらきを利用してきれいにされ，さらに，消毒されて河川にもどされる。このように，人間が自然環境を積極的に維持することを保全という。

(1)　下線部①について説明した次の文中の□に適する反応の名称を答えなさい。

> 河川水にアルカリ性の物質を加えて□させ，酸性を弱める。

(2)　下線部②について説明した次の文中の□に適することばを答えなさい。

> 微生物が生活排水にふくまれている有機物を無機物に□するはたらき。

6　図３はある地震における震源からの距離と２種類の地震の波Ｘ，Ｙが届くまでの時間の関係を示している。ただし，地震の波Ｘ，Ｙはそれぞれ一定の速さで伝わるものとする。

図３

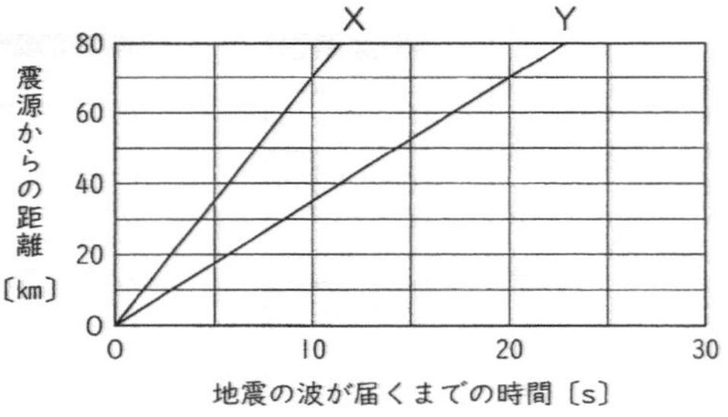

(1)　地震の波Ｘ，Ｙのうち，速いほうの波の速さは何 km/s か，答えなさい。

(2)　緊急地震速報は，地震の波Ｘ，Ｙの速さの違いを利用して大きなゆれがくることを事前に知らせる予報・警報である。次の文は，緊急地震速報について述べたものである。①，②について，それぞれ正しいものはどれか，答えなさい。

> 地震が発生したときに生じる①（ ア　P波　　イ　S波 ）を，震源に近いところにある地震計でとらえてコンピュータで分析し，②（ ア　P波　　イ　S波 ）の到着時刻や震度を予想してすばやく知らせる。

1 次の各問いに答えなさい。答えを選ぶ問いについては記号で答えなさい。

1　初夏のころ，日本列島付近では，太平洋高気圧とオホーツク海高気圧が発達し，暖気と寒気がぶつかり合い，ほぼ同じ勢力のときに停滞前線が生じる。その結果，停滞前線付近では長期間にわたり雨が降り続く。この停滞前線を何というか，答えなさい。

2　採取したアブラナの花を**図1**のようなルーペで観察する。次の文中の①，②について，それぞれ正しいものはどれか，答えなさい。

> 採取したアブラナの花をルーペで観察するときは，ルーペを①(**ア**　目に近づけて　　**イ**　目から遠ざけて)，②(**ア**　花　　**イ**　ルーペ) を前後に動かしてよく見える位置を探す。

図1

3　陰極線（電子線）の性質について，次の文中の[a]，[b]に＋または－を書きなさい。

> **図2**のようなクルックス管（真空放電管）で真空放電をさせたとき，金属板のかげが[a]極側にできることから，陰極線（電子線）は[b]極から出ていることが確かめられる。

図2

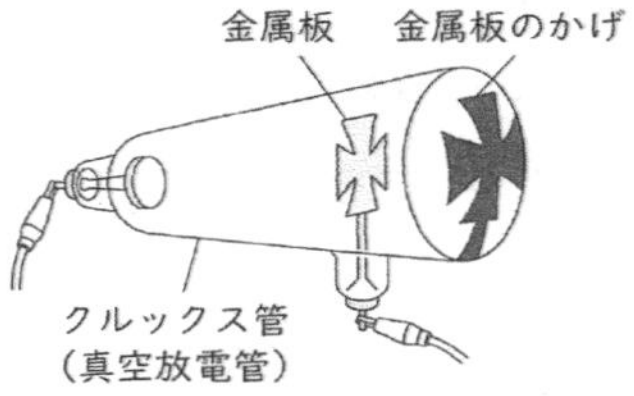

4　身のまわりの物質には，混合物と純粋な物質がある。純粋な物質は，単体と化合物に分類することができる。化合物はどれか，二つ答えなさい。

ア　水　　**イ**　鉄　　**ウ**　亜鉛　　**エ**　水素　　**オ**　炭酸水素ナトリウム

理　　　科

（50分）

注　　意

1　監督者の「始め」の合図があるまで開いてはいけません。

2　問題用紙は表紙を入れて11ページあり，解答用紙が1枚，中にはさんであります。

3　受検番号は，解答用紙及び問題用紙の決められた欄に記入しなさい。

4　答えは，問題の指示に従って，**すべて解答用紙に記入しなさい。**

5　監督者の「やめ」の合図ですぐにやめなさい。

受検番号	

※教英出版注
音声は，解答集の書籍ＩＤ番号を教英出版ウェブサイトで入力して聴くことができます。

英語聞き取りテスト台本

（実施時間　約13分05秒）

〈チャイムの音四つ〉

これから，英語の聞き取りテストを行います。問題用紙の２ページを開けなさい。英語は１番から５番は１回だけ放送します。６番以降は２回ずつ放送します。メモをとってもかまいません。

（約３秒間休止）

では，１番の問題を始めます。まず，問題の指示を読みなさい。

（約12秒間休止）

それでは放送します。

Judy : Is this your guitar, Takashi?
Takashi : Yes, I'm learning how to play the guitar.
Judy : I want to learn how to play it, too.

（約10秒間休止）

次に，２番の問題です。まず，問題の指示を読みなさい。

（約12秒間休止）

それでは放送します。

Yuka : Hi, Jonny. Which club will you join?
Jonny : I played badminton in junior high school but I want to play tennis in high school.
Yuka : I want to play tennis, too. Let's play it together in the club.

（約10秒間休止）

次に，３番の問題です。まず，問題の指示を読みなさい。

（約13秒間休止）

それでは放送します。

Mary : I'm looking for my cap. Have you seen it, Takuma?
Takuma : The black cap?
Mary : No. It's a white cap. It has a picture of a black cat.
Takuma : I saw the white cap under the kitchen table.

（約10秒間休止）

次に，４番の問題です。まず，問題の指示を読みなさい。

（約13秒間休止）

それでは放送します。

Mai : Hi, Daniel.
Daniel : Hi, Mai. This town will have a festival this Thursday and Friday. Would you like to come with us?
Mai : Sounds good. But I'm busy on Thursday.
Daniel : OK. How about the next day?
Mai : That's great!

Question : When will they go to the festival?

（約15秒間休止）

次に，５番の問題です。まず，問題の指示を読みなさい。

（約15秒間休止）

それでは放送します。

英語聞き取りテスト台本

4　次は，中学生の Haruto の夏休みの出来事を描いたイラストです。Haruto になったつもりで，イラストに合うように，一連の出来事を解答欄の書き出しに続けて30～40語の英語で書きなさい。英文の数は問いません。

3　(1)～(3)について，下の【例】を参考にしながら，(　　　) 内の語を含めて３語以上使用して，英文を完成させなさい。ただし，(　　　) 内の語は必要に応じて形を変えてもかまいません。また，文頭に来る語は，最初の文字を大文字にすること。

【例】

< 教室で >

A : What were you doing when I called you yesterday?

B : (study) in my room.　　　(答) I was studying

(1) < 教室で >

A : How was your vacation, Dan? Where did you go with your family?

B : (go) Tokyo. I had a good time.

(2) < 家で >

A : Do you know where Matt is?

B : No. (see) him since this morning.

(3) < 家で >

A : I bought these books today.

B : (write) by your favorite writer?

A : Yes. They are very popular. I can't wait to read them.

2 次の１～４の問いに答えなさい。

1　次は，中学生の Nick と Shun との，休み時間における対話です。下の①，②の表現が入る最も適当な場所を対話文中の〈　ア　〉～〈　エ　〉の中からそれぞれ一つ選び，その記号を書きなさい。

① When will you have the party?　　② She comes from your country.

Nick :　Spring vacation is coming soon!

Shun :　Yes.〈　ア　〉 My family is going to have a *hanami* party.

Nick :　Sounds good.　Who are coming?

Shun :　My aunt, my cousin, and my friend, Emily.〈　イ　〉

Nick :　Oh, my country?　Which city is she from?

Shun :　She is from London.

Nick :　Oh, I want to talk about London with her.〈　ウ　〉

Shun :　This Saturday.　Can you come?

Nick :　〈　エ　〉 I would like to, but I have to ask my family first, so let's talk about it tomorrow.

Shun :　OK.　See you.

Nick :　Bye.

2　次は，中学生の Bill と母親との対話です。(　①　)～(　③　)に，下の　　　内の【説明】が示す英語１語をそれぞれ書きなさい。

Bill :　Mom, I'm going now.　See you.

Mom :　Bill, I hear that it will rain in the afternoon.　Do you have your (　①　)?

Bill :　Yes.　I have it in my bag.　Thank you, Mom.　By the way, I will go to Sam's house after school today.

Mom :　Why?

Bill :　I will study math with him.　His (　②　), George, will teach us math.　He is a brother of Sam's father.

Mom :　Oh, that's good, but don't forget to come back home by 6 p.m.　You have a piano lesson today.

Bill :　Yeah, I know.　I will (　③　) Sam's house by 5:50 p.m.

Mom :　OK.　Have a nice day.

【説明】

① the thing that you use to keep yourself dry when it's raining
② the brother of your father or mother
③ to go away from a place

6　これから，来週学校で行われるアメリカの高校生との交流会について，ALT の Meg 先生の説明を放送します。あなたは第２班の一員としてその説明を聞きます。あなたの班が交流会で発表する内容として，最も適当なものを下の**ア**～**エ**の中から一つ選び，その記号を書きなさい。

ア　日本の食べ物と鹿児島の名所　　　**イ**　日本で人気のスポーツと鹿児島の名所

ウ　日本で人気のスポーツと学校生活　　**エ**　日本の食べ物と学校生活

7　これから，英語の授業で行った Asuka の発表と，その内容に関する英語の質問を放送します。その質問の答えになるように，(　　　　　) 内に入る適切な英語を補って英文を完成させなさい。

She (　　　　　　　　　　　　　　　　).

8　これから，中学生の Narumi と留学生の David との対話を放送します。その中で，David が Narumi に質問をしています。Narumi に代わって，その答えを英文で書きなさい。２文以上になってもかまいません。書く時間は１分間です。

※教英出版注
音声は，解答集の書籍ＩＤ番号を教英出版ウェブサイトで入力して聴くことができます。

1 **聞き取りテスト** 放送の指示に従って，次の１～８の問いに答えなさい。英語は１から５は１回だけ放送します。６以降は２回ずつ放送します。メモをとってもかまいません。

1　これから，Judy と Takashi との対話を放送します。二人が話題にしている楽器として，最も適当なものを下のア～エの中から一つ選び，その記号を書きなさい。

ア
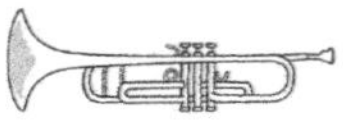

イ
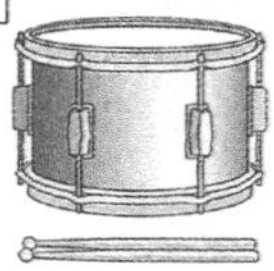

ウ

エ

2　これから，Yuka と Jonny との対話を放送します。二人が高校で入ろうとしている部活動として，最も適当なものを下のア～エの中から一つ選び，その記号を書きなさい。

ア　テニス部　　イ　卓球部　　ウ　サッカー部　　エ　バドミントン部

3　これから，Mary と Takuma との対話を放送します。Mary が探しているものとして，最も適当なものを下のア～エの中から一つ選び，その記号を書きなさい。

ア　黒い帽子　　イ　白い帽子　　ウ　黒い猫　　エ　白い猫

4　これから，留学中の Mai と滞在先の家族の Daniel との対話と，その内容に関する英語の質問を放送します。その質問の答えになるように，（　　　　）に入る適切な英語１語を補って英文を完成させなさい。

They will go to the festival on (　　　　).

5　オーストラリアに留学中のあなたは，来週友人と動物園を訪問する予定です。友人の説明を聞いて，次のア～エの園内の場所をあなたが訪れる順に並べかえ，その記号を書きなさい。

ア　the restaurant　　イ　the Koala House
ウ　the Bird House　　エ　the shopping center

英　　　語

（50分）

注　　意

1　監督者の「始め」の合図があるまで開いてはいけません。

2　**問題の[1]は放送を聞いて答える問題です。**

3　問題用紙は表紙を入れて12ページあり，解答用紙が1枚，中にはさんであります。

4　受検番号は，解答用紙及び問題用紙の決められた欄に記入しなさい。

5　答えは，問題の指示に従って，**すべて解答用紙に記入しなさい。**

6　**問題の[2]の4，[4]の6**については，次の指示に従いなさい。

※　一つの下線に1語書くこと。

※　短縮形（I'm や don't など）は1語として数え，符号（，や？など）は語数に含めない。

（例1）No,　I'm　not.　【3語】

（例2）It's　June　30　today.　【4語】

7　監督者の「やめ」の合図ですぐにやめなさい。

受検番号	

3 鹿児島県は南北に約 600 km と広範囲におよんでいることから，気候は北と南で大きく異なります。県内各地域の様々な気温データをもとに作成した表や図について，次の**1**～**4**の問いに答えなさい。

1　**表1**は 2023 年の名瀬《なぜ》（奄美《あまみ》市）の月ごとの最低気温（℃）を表したものです。

表1

月	1	2	3	4	5	6	7	8	9	10	11	12
最低気温（℃）	5.8	9.5	9.8	12.6	14.3	19.9	24.9	24.3	23.9	16.5	12.4	10.5

（気象庁データから作成）

名瀬（奄美市）の月ごとの最低気温の中央値を求めなさい。ただし，小数第 2 位を四捨五入することとします。

2　**表2**は，2002 年と 2022 年の鹿児島市の 8 月の日ごとの最高気温のデータを整理した度数分布表です。この度数分布表をもとに 2002 年のデータと 2022 年のデータのそれぞれを階級の幅を変えたものを含めてヒストグラムに表したものとして<u>誤っているもの</u>を，下の**ア**～**カ**の中から 2 つ選び，記号で答えなさい。

表2

階級（℃）	度数（日）	
	2002年	2022年
以上 未満 27 ～ 29	1	0
29 ～ 31	5	0
31 ～ 33	10	3
33 ～ 35	11	21
35 ～ 37	4	7
37 ～ 39	0	0
計	31	31

（気象庁データから作成）

ア

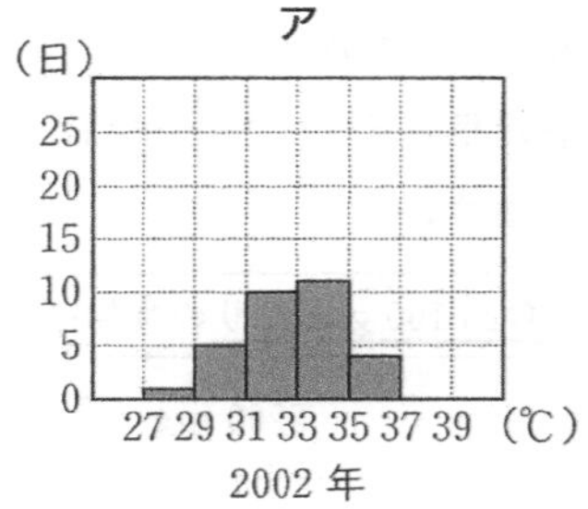

イ

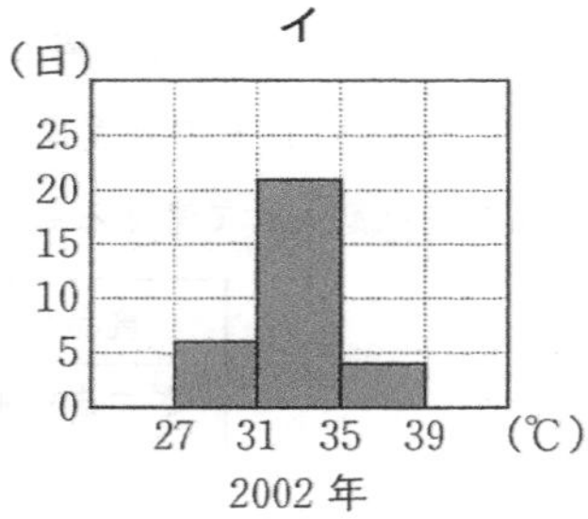

ウ

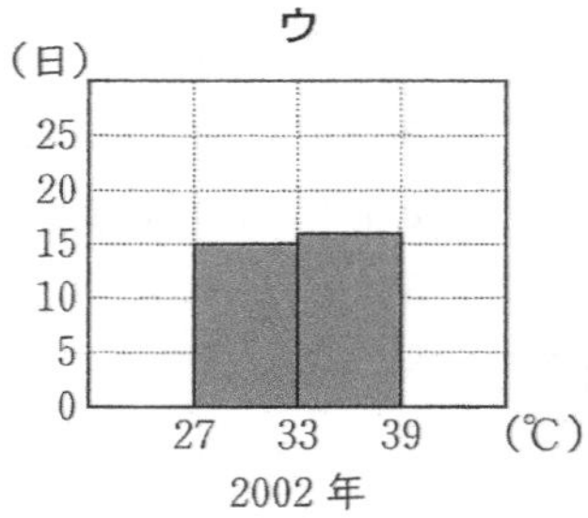

エ

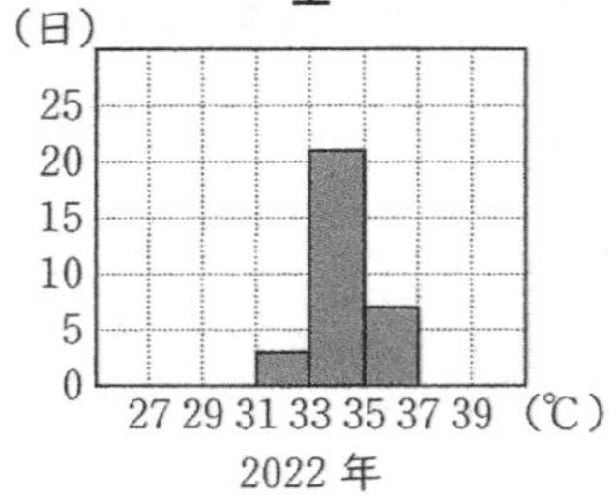

オ

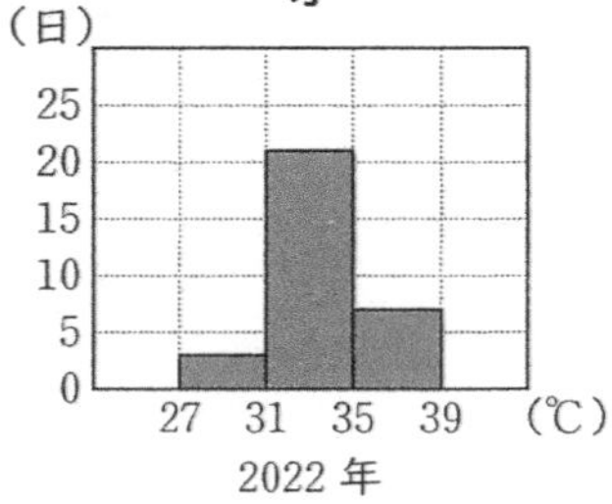

カ

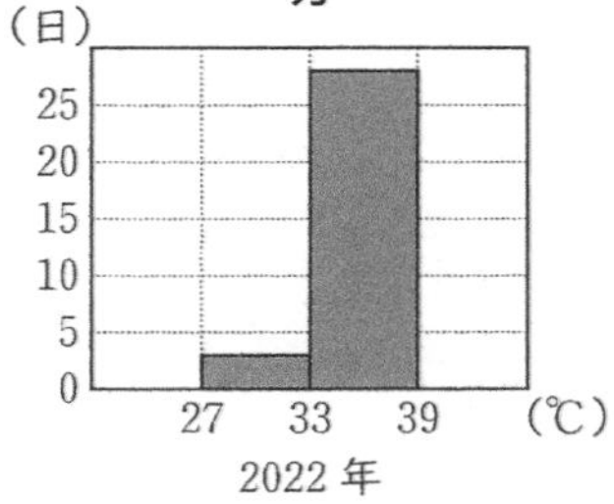

4　右の図のように，紙コップAには1，3，7の数字が1つずつ書かれた3本の棒が入っており，紙コップBには2，5，9の数字が1つずつ書かれた3本の棒が入っています。紙コップAから1本，紙コップBから1本の棒を同時に取り出します。このとき，取り出した2本の棒に書いてある数の積が偶数となる確率を求めなさい。ただし，A，Bそれぞれの紙コップにおいて，どの棒を取り出すことも同様に確からしいものとします。

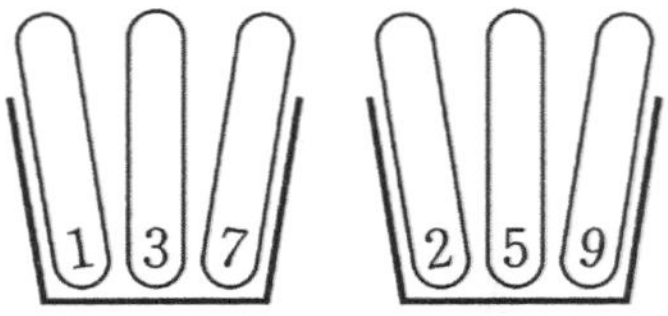

紙コップA　　紙コップB

5　鹿児島の郷土料理である「がね」（かき揚げ）を，さつまいもとにんじんを材料にしてつくりました。「がね」をつくるために使ったさつまいもとにんじんの重さの合計は240 gでした。また，各食品に含まれる食品100 gあたりの食物繊維の量は下の表のとおりであり，「がね」をつくるために使ったさつまいもとにんじんには合わせて5440 mgの食物繊維が含まれていたとすると，さつまいもとにんじんは，それぞれ何gであったか求めなさい。ただし，さつまいもをx g，にんじんをy gとおいて，その方程式と計算過程も書きなさい。なお，さつまいもとにんじんは皮がむいてある状態として考えるものとします。

食品名	食品100 gあたりの食物繊維の量
さつまいも（皮なし　生）	2200 mg
にんじん（皮なし　生）	2400 mg

（文部科学省：日本食品標準成分表2020年版から作成）

2 次の**1**～**5**の問いに答えなさい。

1 右の図のような正八面体があります。正八面体の辺の中から一辺を選び，その辺とねじれの位置にある辺の本数を調べます。このとき，正しいものを下の**ア**～**ウ**の中から1つ選び，記号で答えなさい。

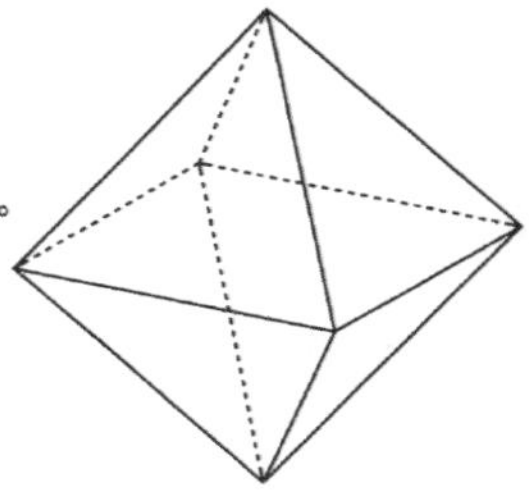

ア どの辺を選んでも4本である。

イ 選ぶ辺によって4本の場合と5本の場合がある。

ウ どの辺を選んでも5本である。

2 $a < 0$，$b > 0$ であるとき，3つの関数 $y = ax + b$，$y = \frac{a}{x}$，$y = \frac{b}{a}x^2$ のグラフを同じ座標軸を使って表したものとして最も適当なものを，下の**ア**～**エ**の中から1つ選び，記号で答えなさい。

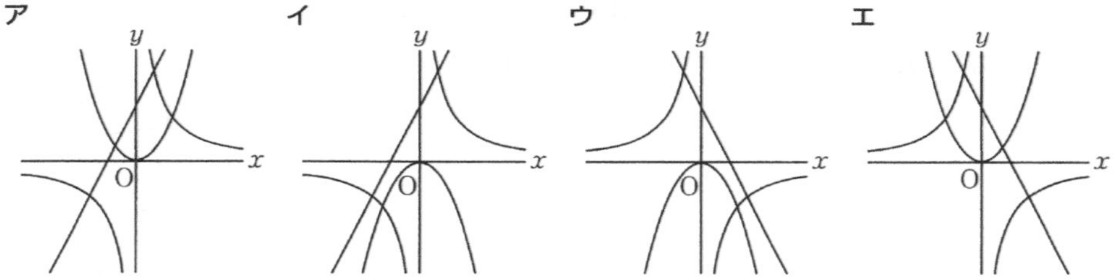

3 右の図のように，線分ABを直径とする半円の $\overset{\frown}{AB}$ 上に点Pがあります。この半円の中心をOとし，$\overset{\frown}{AP}$ 上の $\angle POQ = 30°$ となる点をQとします。このとき，中心Oと点Qを定規とコンパスを用いて作図しなさい。ただし，中心Oと点Qの位置を示す文字O，Qも書き入れ，作図に用いた線も残しておきなさい。

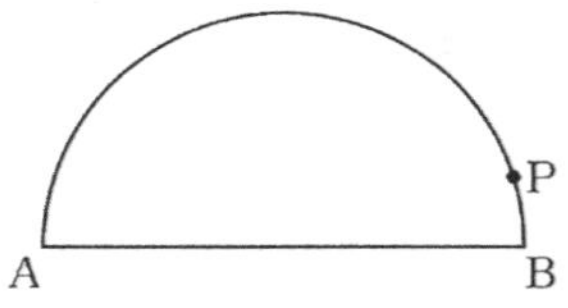

2　$a(x-y)-bx+by$ を因数分解しなさい。

3　10 %の消費税がかかって 176 円のノートがあります。このノートの本体価格（税抜価格）を求めなさい。

4　右の図のように，正三角形 ABC の辺 AB 上に点 D をとり，長方形 DCEF をつくります。$\angle x$ の大きさを求めなさい。

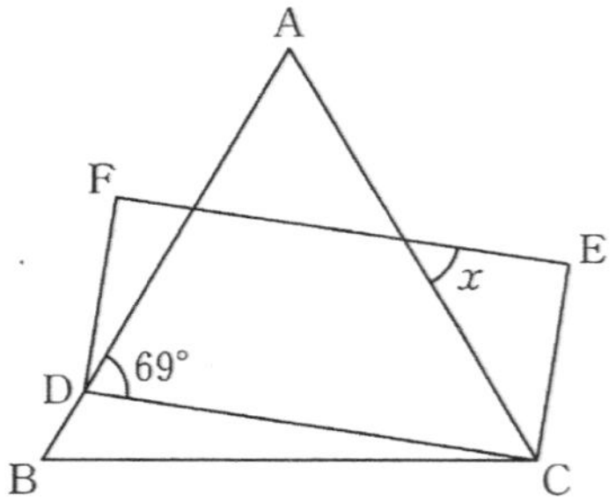

5　赤玉がいくつか入っている箱があります。そこに白玉を 100 個入れてからよくかき混ぜて，無作為に 40 個取り出したところ，白玉が 4 個ありました。このとき，最初に箱の中にあった赤玉の個数を推定しなさい。

1 次の１～５の問いに答えなさい。

１　次の(1)～(5)の問いに答えなさい。

(1)　$41 - 7 \times 5$ を計算しなさい。

(2)　$\frac{3}{4} \div \frac{9}{8} + \frac{1}{2}$ を計算しなさい。

(3)　$\sqrt{18} - \frac{2\sqrt{3}}{\sqrt{6}}$ を計算しなさい。

(4)　72 の約数の中で，8 の倍数となるものをすべて答えなさい。

(5)　n がどのような自然数であっても 5 でわり切れる式を，下の**ア**～**エ**の中からすべて選び，記号で答えなさい。

ア　$n + 5$　　**イ**　$5n$　　**ウ**　$5n + 1$　　**エ**　$5n + 10$

2024(R6) 鹿児島県公立高
教英出版

数　学

（50分）

注　意

1　監督者の「始め」の合図があるまで開いてはいけません。

2　問題用紙は表紙を入れて11ページあり，解答用紙が1枚，中にはさんであります。

3　受検番号は，解答用紙及び問題用紙の決められた欄に記入しなさい。

4　答えは，問題の指示に従って，**すべて解答用紙に記入しなさい。**計算などは，問題用紙の余白を利用しなさい。

5　監督者の「やめ」の合図ですぐにやめなさい。

受検番号	

「それは……」
　凛は言葉に詰まり、困ったように眉をひそめた。沈黙が、彼女の答えを雄弁に語っている。他人に優しく、自分に厳しい。それは立派な心持ちだが、それ故に自らの美点を素直に受け入れられないことは、彼女の明確な欠点だ。屋根より高いハードルを見上げて嘆息するなんて、それこそ滑稽だ。
　プランターに植えられた花の姿が頭に浮かんだ。一見すると美しいその花も、よく観察してみれば、咲き終わり、枯れた花をいくつもその身に付けたままにしている。重苦しく、辛《つら》そうだ。
　いまの自分に、彼女の悩みを解決する力はない。しかし、彼女が抱えている不要なものを取り除くことくらいなら、自分にもできるのではないか、と航大は思う。花がらを摘むように、不当に彼女の心を重くしているものたちを、ひとつひとつ取り払う。それも、彼女の力になるということではないだろうか。
「誰だって人から嫌われることは恐いよ。俺もそうだ。いまだって、自分の行動は凛にとって迷惑なんじゃないかって不安になってる」
「そんな。迷惑なんかじゃないよ」
　両手を大きく左右に振り、慌てた様子で凛が否定する。その大袈裟《おおげさ》な仕草が余りにいつも通りで、航大は少し緊張がほぐれた。
　普段の明朗快活な姿を、凛は本当の自分ではないと言った。でも、咄嗟《とっさ》に顔を出した彼女の一面は、航大のよく知る彼女だった。やはりその顔も、彼女を形づくる一部なのだ。たとえ演じていたものであっても、偽りではない。②そのことにホッとした。
　肩の力が抜ける。重く考えることなんてないのではないかと思えてきた。普段通り、軽口のキャッチボールをするみたいに、思い付きを口にすればいい。それくらい気楽な方が、相手だって変に緊張しないで受け止められる。
「なあ、無責任な提案をしてもいいかな」
　凛が(注)怪訝《けげん》な顔で航大を見る。
「無責任な言葉なら、あんまり聞きたくないんだけど」
「それなら止《や》めとくよ」
　航大があっさりと引き下がると、凛はムッとして唇を尖《とが》らせた。
「そんなふうに言われると、却《かえ》って気になっちゃうでしょ」
「それじゃあ、聞いてみる？」
　微《かす》かに(注)逡巡《しゅんじゅん》するような間を置いてから、凛が首を縦に振る。
「聞くだけ聞いてあげる」
　航大は頷《うなず》き、天井を見上げるようにして口を開く。
「今日の部活、休みにしたら」
　期待外れの提案に失望したように、凛の表情が曇った。
「それは無理。ただでさえ稽古がうまくいってないのに、もう本番はすぐそこなんだよ。休んでる余裕なんてないって」
「でも、いまの状態で稽古したって意味がないんじゃないか？　部員は現状に満足していて、凛はそこに注文をつけられないでいるんだろ。それじゃあ改善のしようがない」
　淡々とした口調で航大が指摘すると、凛は口を閉ざして俯《うつむ》いた。彼女自身、そのことは痛いほど理解しているのだろう。
「休めば改善するってものでもないと思うけどさ、俺の知り合いの役者さんが言ってたんだよ。『適度に休まないと、良い芝居なんてできない』って」
　凛が口を開くが、言葉を発するよりも先に、何かに気付いて固まった。眉をひそめて、航大を睨《にら》む。
「それ、私が言った言葉でしょ」

航大が笑みを深める。

「正解。よく気付いたな」

以前この場所で、彼女が言っていた言葉だ。雑談の中の軽口のひとつだが、間違っているということもないだろう。休息は大事だ。陽が出ていないときにガザニアが花を閉じるのは、もちろん裏表があるからなんて理由ではない。それはきっと、余計なエネルギーを使わないようにするためだ。美しく咲き続けるために、体を休める必要性を知っているからだ。

「気付くよ、それくらい。私を馬鹿だと思ってるの？」

「まさか。天才だと思ってるよ」

「馬鹿にしてるでしょ」

「多少ね」

「そこは嘘《うそ》でも否定しなさいよ」

凜はムッとして眉根を寄せるが、くだらないやり取りに呆《あき》れたように、唇の端は微かに吊《つ》り上がっていた。雑談に興じているときの、いつもの調子だ。

彼女はじょうろをシンクの上に置き、思案するように腕を組む。

「休みねえ。休んだところでアレコレ考えちゃいそうだけど」

「アレコレ考えればいいさ。そして、今日で結論を出せばいい。このまま本番を迎えるのか、部の皆にもっと良いものを目指そうと提案するのか。結局のところ、問題はそこだろ」

凜は眉を八の字にする。

「それを決められないから、困ってるんだけど」

「だから、決めるためにもう一度、よく考えるんだよ。大丈夫。どんな結論を出そうと、部員の皆は受け入れてくれるって」

無根拠で無責任な言葉だな、と航大は自分でも思う。ただ、根拠はなくても、自信があった。皆が凜を慕うのは、彼女の優しさに惹《ひ》かれたからだ。その優しさは、決して演じられたものではない。人知れず自主的に校内の花の世話をするような女の子が、演技の要求をするくらいのことで、嫌われるわけがない。

「あんた、壮太くらいしかうちの部員に知り合いいないでしょ」と凜が唇を尖らせる。

「それじゃあ部員のことをよく知っている凜に訊《き》くけど、演劇部の皆さんは、部長にもっと上を目指そうと言われて、碌《ろく》に話も聞かずに不満を口にするような連中なのか？」

「そんな人はいない、けど……」

凜は答えるが、尚《なお》も不安そうだった。一度浮かんだ悪い想像は、簡単には振り払えないのだろう。

航大は大袈裟なまでに背中を反らし、自分の胸をドンと叩いてみせる。

「大丈夫。どうしても決められないんだったら、俺が決めてやるから」

「何でコウが決めるのよ」と凜が冷めた声で言う。

「だって、自分じゃ決められないんだろ？　どうせ決められないのなら、俺が決めたっていいじゃないか」

いいわけないでしょ、と凜が呆れ顔でかぶりを振り、両手を上げて伸びをする。太陽から活力をもらうように、窓から射す陽光を全身で浴びる。

「あーあ。何か、あんたとアホな会話をしていたら、色々と悩んでいた自分が馬鹿馬鹿しく思えてきちゃった」

やや芝居がかったその口調は、航大へというより、自分自身を叱咤《しった》しているように感じられた。

「もう悩む必要はないぞ。俺に任せておけ」

「無責任男を頼るつもりはありません」

凛はキッパリと言い放ち、挑むように航大を指差して不敵に笑った。

「あんたに決められるくらいなら、自分で決める」

航大は笑顔で肩を竦《すく》める。

「できるといいな」

「おかげ様で、意地でも自分で決めてやろうって気になったよ」

爽やかな笑顔を浮かべて、凛は悪戯《いたずら》っぽく舌を出す。③軽やかに宣言したその声に、陰りの色はもうなかった。

（真紀涼介「勿忘草《わすれなぐさ》をさがして」による）

(注) ルーティン＝日常に行われる決まった手順や仕事。
怪訝＝その場の事情やわけがわからず、納得がいかない様子。
逡巡＝なかなか決心がつかずためらうこと。しりごみすること。

1 ——線部①を凛の気持ちを踏まえて朗読するとき、どのように読むのがよいですか。最も適当なものを次から選び、記号で答えなさい。

ア 内緒にしていたプランターの水やりを航大に見られて、もう隠せないとあきらめる気持ちを踏まえ、なげやりな様子で読む。

イ 自発的にしていたプランターの水やりを、航大に評価してもらえてうれしく思う気持ちを踏まえ、照れくさそうな様子で読む。

ウ 早朝に起きて花を世話することは大変なのに、航大に口先だけでほめられて落胆する気持ちを踏まえ、悲しげな様子で読む。

エ 花を世話する自分を航大は認めてくれたものの、そんな価値など私にはないと拒絶する気持ちを踏まえ、不愛想な様子で読む。

2 次の文は——線部②の指す内容をまとめたものです。［Ⅰ］～［Ⅲ］に適当な言葉を補い、文を完成させなさい。ただし、［Ⅰ］には十字以内の言葉を考えて書き、［Ⅱ］には本文中から最も適当な五字の言葉を抜き出して書き、［Ⅲ］には十五字以内の言葉を考えて書くこととします。

凛が航大の言葉を［Ⅰ］したときに思わず表出させた大袈裟な仕草が［Ⅱ］であったことによって、凛が本当の自分ではないと言った、普段の［Ⅲ］ことが確認できたこと。

3 次の**ア**～**ウ**の航大の行動や心情を、話の展開に沿って順番に並べ替えるとどのようになりますか。**ア**、**イ**、**ウ**を適切に並べ替えて書きなさい。

ア 悪い想像を振り払えず不安そうな凛を刺激するような挑発的な言葉をあえて発することで、鼓舞しようとしている。

イ 他人に優しく自分に厳しい性格のせいで悩む凛に対して、力になりたいと思っている。

ウ くだらないやり取りに呆れつつも面白さを感じて心を開き始めた凛の背中を押そうとしている。

4 ——線部③から読み取れるこの時の凛の様子について、ここに至るまでの経過を踏まえて五十五字以内で説明しなさい。

5 山田さんたちのグループは、総合的な学習の時間の取り組みのなかで鹿児島県在住の外国人にインタビューを行いました。次は、**【インタビューの一部】**とその後の**【グループでの話し合いの様子】**、話し合いの際に参考にした**【資料1】【資料2】**です。これらを読んで、あとの問題に答えなさい。

【インタビューの一部】

〈インタビューの相手〉
ベトナムから移住してきたAさん
韓国から来ている留学生のBさん

山田 「生活を送るうえで、最近何か困ったことはありますか。」

Aさん 「今住んでいる住宅の近くにごみ捨て場があるのですが、地区のごみ捨てのルールがよく分からないんです。」

Bさん 「先日の台風の時はとても怖かったです。何かあった時にどうすればいいか、考えておけばよかったと思います。」

【グループでの話し合いの様子】

山田 「今回のインタビューでは、在留外国人として鹿児島県で暮らしている人たちの話を直接聞くことができたね。」

佐藤 「二人とも困ったことがあると話していたよ。在留外国人には地域で暮らすうえでの困りごとがあるんだね。」

鈴木 「私たちが身近にいる在留外国人と共に暮らしていくために、彼らが感じている課題をもっと知る必要があると思うよ。」

山田 「そうだね。それらの課題を調べていたら、**【資料1】【資料2】**を見つけたよ。これらも参考にして、在留外国人が抱える課題に対して私たちにできることを考えてみよう。」

【資料1】

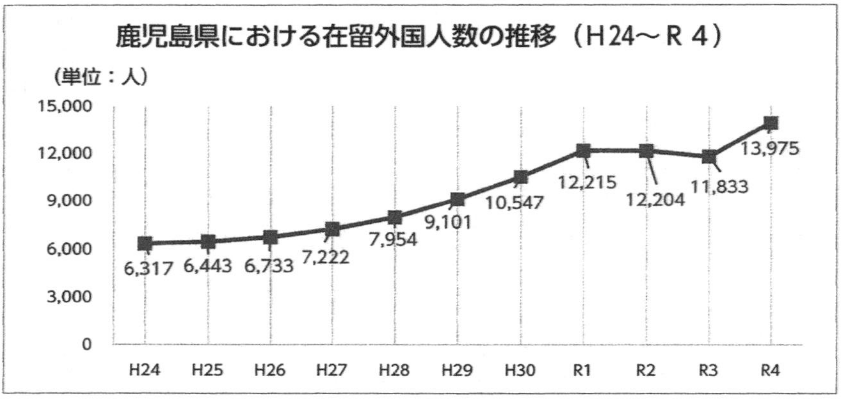

（出入国在留管理庁「在留外国人統計」をもとに作成）

・ 在留外国人とは「留学生」、「定住者」や「永住者」など、日本で生活している外国人を指す。

【資料2】

社会参加に関する困りごと（上位５項目）

1位	どのような活動が行われているか知らない	49.6%
2位	自分にどのような活動ができるかわからない	35.6%
3位	言葉が通じるか不安がある	25.3%
4位	地域の人たちが自分を受け入れてくれるか不安がある	22.7%
5位	他の用事と時間が重なり、参加できない	17.8%

（出入国在留管理庁「令和４年度　在留外国人に対する基礎調査」をもとに作成）

※　複数回答可としているため、割合を足し合わせても100.0%にならない。

・　この調査における社会参加とは、社会におけるさまざまな活動に参加することをいう。活動の内容としては「ボランティア活動」、「町内会・自治会への加入」、「行政機関の活動への協力」、「学校の保護者会の活動」などがある。

問題

山田さんは、グループで話し合ったことを受けて「在留外国人が抱える課題に対して私たちにできること」というテーマで、クラスの生徒に向けて意見文を書くことにしました。あなたならどのように書きますか。あとの(1)～(4)の**条件**に従って書きなさい。

条件

(1)　二段落で構成し、六行以上八行以下で書くこと。

(2)　第一段落には【資料1】及び【資料2】から読み取ったことを書くこと。

(3)　第二段落には、第一段落を踏まえて、在留外国人が抱える課題に対して私たちにできることを書くこと。

(4)　原稿用紙の使い方に従って、文字、仮名遣いも正確に書くこと。ただし、資料を示す場合や、資料中の数値をそのまま使用する場合は、次の例にならって書くこと。

例　【資料1】→ 資｜料｜1　　数値→ 三｜〇｜・｜五｜％

令和五年度

国語

（50分）

注意

1 監督者の「始め」の合図があるまで開いてはいけません。
2 問題用紙は表紙を入れて十一ページあり、これとは別に解答用紙が一枚あります。
3 受検番号は、解答用紙及び問題用紙の決められた欄に記入しなさい。
4 答えは、問題の指示に従って、**すべて解答用紙に記入しなさい。**
5 監督者の「やめ」の合図ですぐにやめなさい。

受検番号	

鹿児島県公立高等学校

2023(R5) 鹿児島県公立高
教英出版

1 次の1・2の問いに答えなさい。

1 次の――線部のカタカナは漢字に直し、漢字は仮名に直して書け。

(1) 光をアびる。

(2) 危険をケイコクする信号。

(3) 社会のフウチョウを反映する。

(4) 映画の世界に陶酔する。

(5) トレーニングを怠る。

(6) 小冊子を頒布する。

2 次の行書で書かれた漢字の特徴を説明したものとして、最も適当なものを次から選び、記号で答えよ。

ア 全ての点画の筆の運びが直線的である。

イ 点画が一部連続し、筆順が変化している。

ウ 点画の省略がなく、線の太さが均一である。

2 次の文章を読んで、あとの1～4の問いに答えなさい。（1～14は形式段落を表している。）

少し違う角度から学校の知の意義を話しましょう。一つ目は、経験は狭いし、経験し続けるだけでこの世の中のいろいろなことを学べるほど人生は長くない、ということです。1

十九世紀ドイツの「鉄血宰相」と言われたオットー・フォン・ビスマルクが、「愚者は経験から学ぶ、賢者は歴史から学ぶ」と言ったと言われています。正確には少し違うようですが、なかなか味わいのある言葉です。2

愚かな人は自分が経験したところから学ぶ。賢者はほかの人の経験、すなわち、歴史の中の誰かの成功や誰かの失敗、そういうものから学んで、自分の目の前のことに生かしていく。そういう意味の言葉です。3

身近な問題を日常的にこなすためには、多くの場合、自分の経験だけで大丈夫かもしれません。［ a ］、身近で経験できる範囲の外側にある問題や、全く新しい事態にある問題について、考えたり、それに取り組んだりしようとすると、身近なこれまでの自分の経験だけではどうにもなりません。4

たとえば、何年も商売をやっていくと、商売のこつを覚えたりお客さんとの関係ができたりします。難しい言葉も文字式も、社会も理科も、そこには不要①です。しかし、ある日、「今、自分たちの市で起きている再開発計画について、商店街のみんなで対応を考えましょう」という話になったら、商売の経験だけでは対応できません。再開発計画の書類を手に入れて目を通したり、法令を調べたり、みんなで議論をしたりすることが必要になります。それには、経験で身につけた日々の商売の知識や(注)ノウハウとは異なる種類の知が必要になるのです。日々の経験を超えた知、です。5

（中略）

ジョン・デューイという非常に有名な教育哲学者が『民主主義と教育』（岩波文庫、松野安男訳）という本の中で、次のように書いています。「経験の材料は、本来、変わりやすく、当てにならない。それは、不安定であるから、無秩序なのである。経験を信頼する人は、自分が何に頼っているのかを知らない。なぜなら、それは、人ごとに、また、日ごとに変わり、そして言うまでもなく国ごとにも変わるからである」（前掲書下巻、一一〇頁《ページ》）。ある人が経験するものは、たまたまそれであって、偶然的で特殊的なものなのです。6

それどころか、個人の経験というのは、狭く偏っていたりもします。デューイは、次のように述べています。「経験からは、信念の基準は出てこない。なぜなら、多種多様な地方的慣習からもわかるように、あらゆる相容《あいい》れない信念を誘発するのが、まさに経験の本性そのものだからである」（同右）。7

［ b ］、経験は大事だけれども、それはどうしても狭い限定されたものでしかありません。しかも、経験から学ぶというときに、経験の幅を少しずつ拡《ひろ》げていくのには結構時間がかかります。少しずつ経験を拡げたり、何度も失敗したりするためには、人の人生はあまりにも時間が限られています。8

むしろ、文字による情報を通して、ほかの人の成功や失敗がどうだったのかとか、ほかの人の経験がどうなのかということを学ぶのが、てっとり早く「自分の経験」の狭さを脱する道です。そこでは、単に文字の読み書きができるというだけでなく、学校で学ぶ社会科や理科、外国語や数学の知識などが役に立つはずです。何せ、学校の知は「世界の縮図」なのですから。 9

二つ目に話したいのは、知識があるかないかで経験の質は違うということです。「知識か経験か」という二項対立ではなくて、そもそも経験の質は、知識があるかないかで異なっているのです。 10

ここでも再びデューイの議論を紹介します。一つ目は、十分な知識があれば、深い意味を持つ経験ができる、ということです。デューイは、同じように望遠鏡で夜の星を見ている天文学者と小さな少年との違いを例に挙げて論じています（前掲書下巻、二六頁）。望遠鏡で見えている星は同じです。だけれども、そこから読み取るものは全然違うということです。望遠鏡を覗《のぞ》いている小さな少年は、「赤く光る星がきれいだなあ」と思うかもしれません。しかし、同じ星を同じような望遠鏡で見ている天文学者は、「この光の色は、星の温度や現在の状況を伝えている。この星の色をどう考えればいいんだ」ということを考えながら星を見たりするでしょう。そこから、宇宙の謎が解明できるかもしれません。「単なる物質的なものとしての活動と、その同じ活動がもつことのできる意味の豊かさとの間の相違ほど著しいものはない」とデューイは述べています。 11

（中略）

デューイが言っている知識と経験の話でもう一つなるほどと思うのは、まだ経験していないもの、これから何が起きるかといったことを考えるために、既存の知識が必要だ、と述べているくだりです。 12

（中略）

デューイが挙げている例は医者の例です。目の前の患者の症状、頭が痛いとか喉が痛いとか、(注)既往症が何かとか、こういうのを全部総合して考えると、これはこういう病気でこれからこうなるから、そうすると投与すべき薬はこれだとか、そういうふうに考えます。そのことをデューイは、「直面する未知の事物を解釈し、部分的に明らかな事実をそれと関連して思い当たる諸現象で補充し、それらの事実の起こり得る未来を予見し、それによって計画を立てる」と述べています。十分な知識があってこそ、「目の前の患者を診る」という新しい経験に、適切に対応できるわけです。 13

同じように、われわれは、世の中のあれこれについての知識を持っていて、それを使って、現状を認識し、未来に向けた判断をするのです。知識は常に過去のものです。過去についての知識を組み合わせて現状を分析し、未来に向けていろいろなことをする。これが②知識の活用の本質です。そうすると、学校の知というのは、そういう意味で意義がとてもよく分かるわけです。無味乾燥に見えるけれども、世界がどうなっているかという知識をみんなが勉強して、それを使って目の前の現実を解釈して、新しい事態への対応（新たな経験）に活《い》かしていけるわけです。 14

（広田照幸「学校はなぜ退屈でなぜ大切なのか」ちくまプリマー新書による）

(注) ノウハウ＝技術的知識・情報。物事のやり方、こつ。
既往症＝現在は治っているが、過去にかかったことのある病気。

1　本文中の［ a ］・［ b ］にあてはまる語の組み合わせとして、最も適当なものを次から選び、記号で答えよ。

ア（a　しかし　b　つまり）　イ（a　だが　b　むしろ）
ウ（a　すると　b　だから）　エ（a　また　b　例えば）

2　――線部①「不要」とあるが、この熟語と同じ構成の熟語として、最も適当なものを次から選び、記号で答えよ。

ア　失敗　イ　信念　ウ　過去　エ　未知

3 次は、ある生徒が授業で本文について学び、内容を整理したノートの一部である。これを読んで、あとの問いに答えよ。

形式段落 1 ～ 9 　学校の知の意義①

・自分の経験だけでは対応できない問題
　例：商店街の再開発計画

●日々の経験を超えた知が必要になる。
●個人の経験は偶然的かつ特殊的で狭く偏っていることもある。
●経験の幅を拡げるには時間がかかる。

○ Ⅰ から他人の成功、失敗、経験を学ぶことができる。
◎学校で学ぶ知識が役に立つ。

形式段落 10 ～ 14 　学校の知の意義②

・知識が多ければ、それだけ Ⅱ ができる。
　例：同じ夜の星を見る少年と天文学者
・未経験のことに対応するために、既存の知識が大切だ。
　例：目の前の患者を診る医者

○知識があることで経験の質は向上する。
◎学校で学ぶ知識が役に立つ。

〈まとめ〉学校で学ぶ意義＝ Ⅲ ことにある。

Ⅰ ・ Ⅱ に入る最も適当な言葉を、 Ⅰ には七字、 Ⅱ には九字で本文中から抜き出して書き、 Ⅲ には六十五字以内でふさわしい内容を考えて答えよ。

---

4 次は、四人の中学生が発言したものである。――線部②「知識の活用の本質」について、筆者の考えに最も近いものを選び、記号で答えよ。

ア 英語について興味があるので、英字新聞の記事を読むことに挑戦しようと思います。そのために、たくさんの英単語を暗記して知識をより増やせるように、自分専用の単語帳を作りたいです。

イ 県外へ修学旅行に行き、私たちの住む地域の良さを改めて感じました。総合的な学習の時間に、伝統文化や産業、郷土料理などに関する話を聞いて、地域の魅力について理解を深めたいです。

ウ 自然災害の被害が毎年大きくなってきているそうです。社会科や理科の学習内容を生かして通学路の危険な箇所を把握し、災害時に的確な行動をとれるようハザードマップを作成したいです。

エ 少子高齢化が進むと街に活気がなくなるのではないかと思っています。これからは、中学校の生徒会活動だけでなく、地域の子ども会活動やボランティア活動などにも参加していきたいです。

3 次の文章を読んで、あとの1～3の問いに答えなさい。

> 平安時代の音楽家であった和邇部用光《わにべのもちみつ》が、土佐の国（現在の高知県）の祭りに出かけた後、都に向かう船旅の途中で海賊に襲われた。本文はそれに続く場面である。

（用光は）弓矢の行方知らねば（弓矢を扱うことができないので、）、防ぎ戦ふに力なくて、今は疑ひなく殺されなむずと思ひて、(注)篳篥《ひちりき》を取り出でて、(注)屋形の上に①ゐて、「あの党や。今は沙汰《さた》に及ばず。とくなにものをも取りたまへ。（そこの者たちよ。今はとやかく言っても始まらない。早くなんでも好きなものをお取りください。）ただし、年ごろ、思ひしめたる（心に深く思ってきた）篳篥の、小調子《こてうし》といふ曲、吹きて聞かせ申さむ。さることこそありしかと（そのようなことがあったと、）、のちの物語にもしたまへ（話の種とされるがよい）」と②いひければ、(注)宗《むね》との大きなる声にて、「主たち（お前たち、）、しばし待ちたまへ。かくいふことなり。もの聞け」と③いひければ、船を押さへて（船をその場にとどめて、）、おのおの静まりたるに、用光、今はかぎりとおぼえければ、涙を流して、めでたき音を吹き出でて、吹きすましたりけり（心をすまして吹き続けた。）。海賊、静まりて、いふことなし。よくよく聞きて、曲終はりて、先の声にて、「君が船に心をかけて（ねらいをつけて、）、寄せたりつれども、曲の声に涙落ちて、かたさりぬ（去ってしまおう）」とて、漕《こ》ぎ去りぬ。

（「十訓抄」による）

(注) 篳篥＝雅楽の管楽器。
屋形＝船の屋根。
宗と＝海賊の中心となっている者。

---

1 ――線部①「ゐて」を現代仮名遣いに直して書け。

2 ――線部②「いひければ」、③「いひければ」の主語は誰か。その組み合わせとして正しいものを次から選び、記号で答えよ。

ア（②　宗と　　③　海賊）　イ（②　海賊　③　あの党）
ウ（②　あの党　③　用光）　エ（②　用光　③　宗と）

3 次は、本文の内容をもとに先生と生徒が話し合っている場面である。［Ⅰ］～［Ⅲ］に適当な言葉を補って会話を完成させよ。ただし、［Ⅰ］・［Ⅱ］には、本文中から最も適当な言葉を五字で抜き出し、［Ⅲ］には、十字以内でふさわしい内容を考えて現代語で答えること。

先　生　「この話では、最終的に海賊は用光から何も奪わずに去っています。海賊はなぜ去ったのか考えてみましょう。」
生徒A　「用光の演奏が素晴らしかったからだと思います。」
生徒B　「どうして素晴らしいということがわかるの。」
生徒A　「用光の演奏について本文に『［Ⅰ］』という表現があるよ。」
生徒C　「なるほど。どんな思いで演奏していたんだろう。」
生徒A　「用光が海賊と出会った場面で『今は疑ひなく殺されなむず』とあるように、死を覚悟していたんだと思うよ。」
生徒B　「たしかに演奏をする場面で用光は『［Ⅱ］』と思っているね。」
生徒A　「きっと演奏には万感の思いが込もっていたんだろうね。」
生徒B　「だから、その演奏を聞いた宗とは、『曲の声に涙落ちて』と言って、何も奪わずに去っているんだね。」
生徒C　「そうか、音楽には［Ⅲ］力《ちから》があるのかもしれないね。」
先　生　「そうですね。いい話し合いができましたね。ちなみに作者は本文の続きで、この話を『管弦の徳』という言葉でまとめています。」

4 次の文章を読んで、あとの**1**〜**3**の問いに答えなさい。

新しい感染症が流行する中、ともに中学三年生で美術部の千暁《かずあき》とバレー部の鈴音《すずね》は思い切り活動ができない学校生活を送っている。ある日、鈴音がうっかり墨をつけて汚してしまった描きかけの絵を前に、千暁は思案していた。

この絵をどうしよう。

昔みたいに新しく描き直す、なんてことは、今までの労力的にもできないし、そもそも気軽なスケッチブックじゃなくて大きなキャンバスだから、取り替えもきかない。

汚れの部分だけをパレットナイフか何かで削り取って、目立たないように上からもう少し明度の低いオイルパステルで塗り直す？

それとも、いっそ(注)アクリルガッシュで汚れ以外の部分も塗り足してみて、質感のアクセントにする？

まだなんとかなる。

でも、……なぜだかやる気がまったく起きない。

とりあえずアクリルガッシュの箱を開けたけれど、明度と彩度の高いあざやかないつもの絵の具を、手に取る気が起こってこない。

バーガンディ、クリムゾン、ブラウン、オーク、レモンイエロー、イエロー、……一本一本、絵の具をゆっくり指さしながらぼんやり考えていると、吹奏楽部の部員の一人がヤケでも起こしたんだろう。最近ものすごい勢いで流行りだしたアニメの主題歌を倍速で吹き出して、サビのところで変な音が出て止まった。

ぎゃはは、と吹奏楽部の部員たちの笑い声が聞こえた。

これじゃ進めない。『僕を連れて進め』ない。

僕はちょっと噴き出して、それから自分の指がたまたま止まった絵の具を見た。

黒。

僕がめったに使うことのない、黒だ。

この絵を描くにあたっては、一度も、一ミリだって使っていない、色。

あざやかで躍動感あふれる選手たち。

……実際のところ彼らは、大会がなくなって、ふてくされて練習に身が入らなくなっている。

①僕だってそうだ。

市郡展の審査がないっていうことが、思いのほか響いていて、うまく絵が描けなくなっていた。

なんだかイライラして、それをモデルのせいにして、体育館で鈴音に言いがかりをつけた。無様でかっこ悪くて。

……この墨で汚されたのは、今の僕らそのものじゃないか。

僕はもう一度、練りこまれた墨をなぞる。

……あぁ、そうか。

僕の頭に詰まっていた、垂れこめたもやのようなものの中に、色あざやかな何かが差しこんだ。

それは細い細い線のようで、かぼそくて、……それでも。

僕は黒のアクリルガッシュを取り出した。箱入りのセットとは別の、一度も使っていなかった特大の黒チューブを金属製のトレーに乗せて、版画で使うローラーにべったりとつけた。

はじから慎重に、しっかりと。

あざやかだった絵の上に転がしていく。黒く、黒く。

全部、全部、黒く。

不思議なことに、少しずつ、少しずつ、僕の気持ちは落ち着いていった。

次の１～４の問いに答えなさい。

１　長方形 ABCD の対角線 AC の長さを求めよ。

２　図２において，△ACF が二等辺三角形であることを証明せよ。

３　線分 DF の長さを求めよ。

４　△AIJ の面積を求めよ。

5 図1のような AB = 6 cm，BC = 3 cm である長方形ABCDがある。

図1

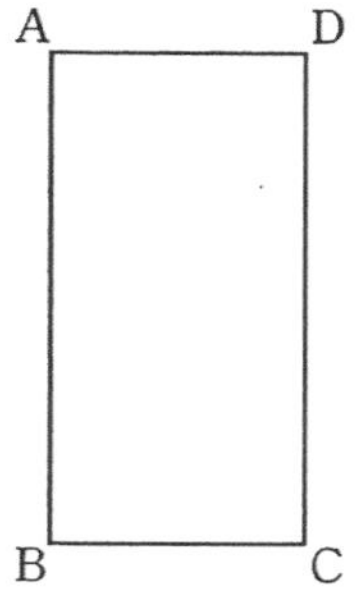

図2は，図1の長方形ABCDを対角線ACを折り目として折り返したとき，点Bの移った点をEとし，線分AEと辺DCの交点をFとしたものである。

図2

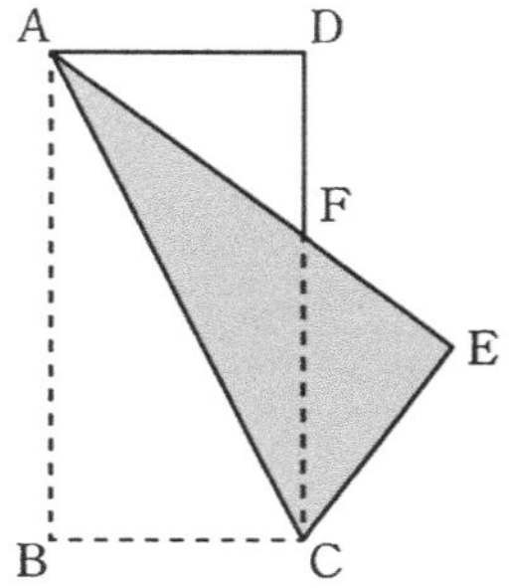

図3は，図2の折り返した部分をもとに戻し，長方形ABCDを対角線DBを折り目として折り返したとき，点Cの移った点をGとし，線分DGと辺ABの交点をHとしたものである。

図3

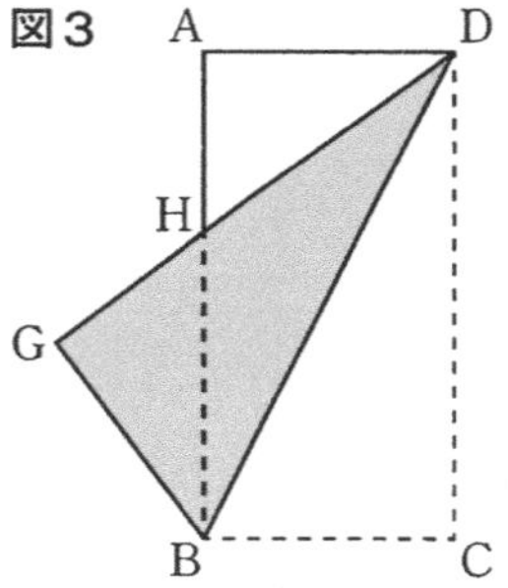

図4は，図3の折り返した部分をもとに戻し，線分DHと対角線AC，線分AFの交点をそれぞれI，Jとしたものである。

図4

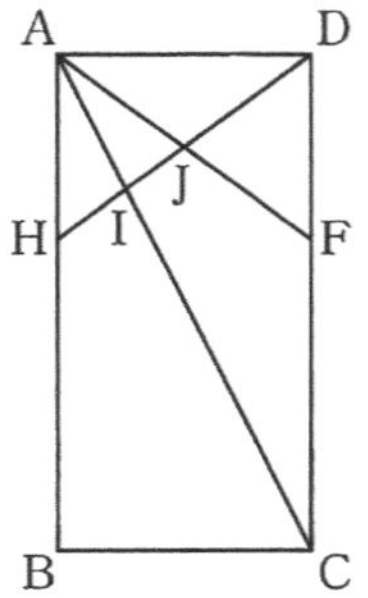

3　点Cの x 座標が -2 であるとき，次の(1)，(2)の問いに答えよ。

(1)　点Bの座標を求めよ。ただし，求め方や計算過程も書くこと。

(2)　大小2個のさいころを同時に投げ，大きいさいころの出た目の数を a，小さいさいころの出た目の数を b とするとき，座標が（$a-2$，$b-1$）である点をPとする。点Pが3点O，A，Bを頂点とする△OABの辺上にある確率を求めよ。ただし，大小2個のさいころはともに，1から6までのどの目が出ることも同様に確からしいものとする。

4 下の図で，放物線は関数 $y=\frac{1}{4}x^2$ のグラフであり，点Oは原点である。点Aは放物線上の点で，その x 座標は4である。点Bは x 軸上を動く点で，その x 座標は負の数である。2点A，Bを通る直線と放物線との交点のうちAと異なる点をCとする。次の**1**～**3**の問いに答えなさい。

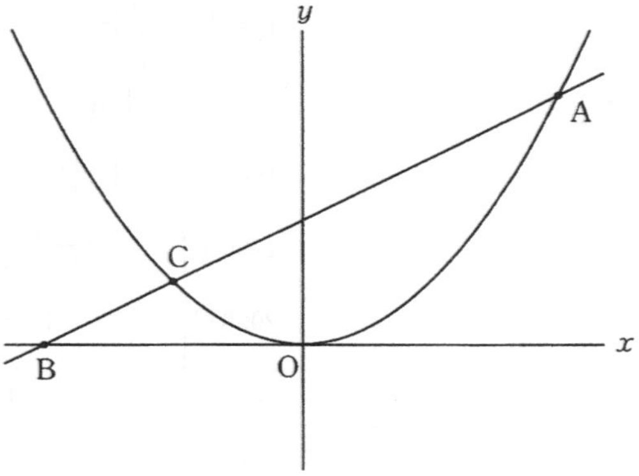

1 点Aの y 座標を求めよ。

2 点Bの x 座標が小さくなると，それにともなって小さくなるものを下の**ア**～**エ**の中からすべて選び，記号で答えよ。

ア 直線ABの傾き　**イ** 直線ABの切片　**ウ** 点Cの x 座標　**エ** △OACの面積

3　1960年から2020年まで10年ごとの鹿児島県の市町村別の人口に占める割合について，**図2**は15歳未満の人口の割合を，**図3**は65歳以上の人口の割合を箱ひげ図に表したものである。ただし，データについては，現在の43市町村のデータに組み替えたものである。

図2

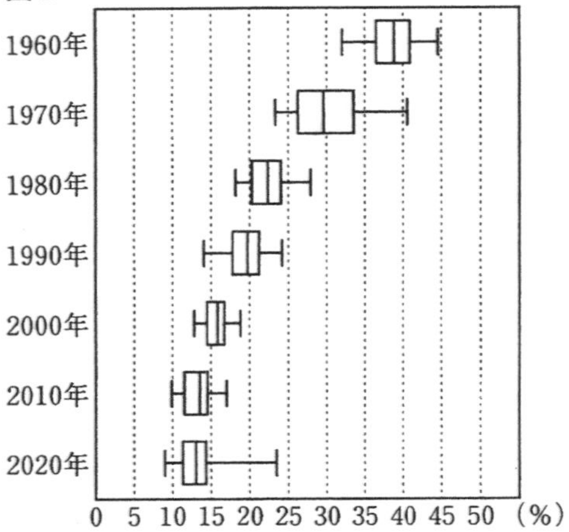

図3

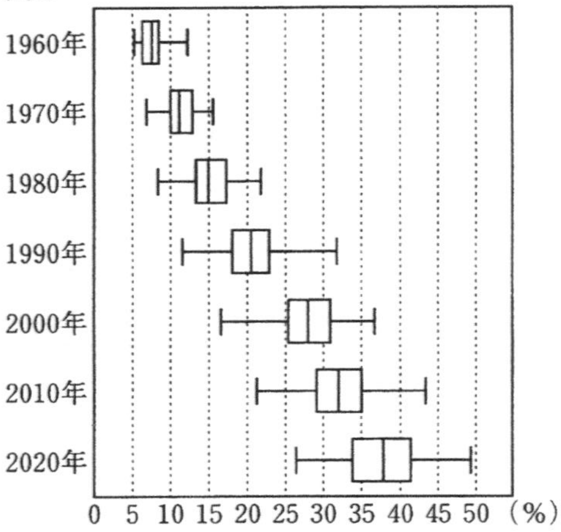

図2や**図3**から読みとれることとして，次の①～⑤は，「正しい」，「正しくない」，「**図2**や**図3**からはわからない」のどれか。最も適当なものを下の**ア**～**ウ**の中からそれぞれ1つ選び，記号で答えよ。

① **図2**において，範囲が最も小さいのは1990年である。

② **図3**において，1980年の第3四分位数は15%よりも大きい。

③ **図2**において，15%を超えている市町村の数は，2010年よりも2020年の方が多い。

④ **図3**において，2000年は30以上の市町村が25%を超えている。

⑤ **図2**の1990年の平均値よりも，**図3**の1990年の平均値の方が大きい。

ア　正しい　　　**イ**　正しくない　　　**ウ**　**図2**や**図3**からはわからない

6　次は，Ann が自分の発表で使うグラフと，それを見ながら話している Ann と Ken との対話である。Ann に代わって，対話中の □ に15語程度の英文を書け。２文以上になってもかまわない。

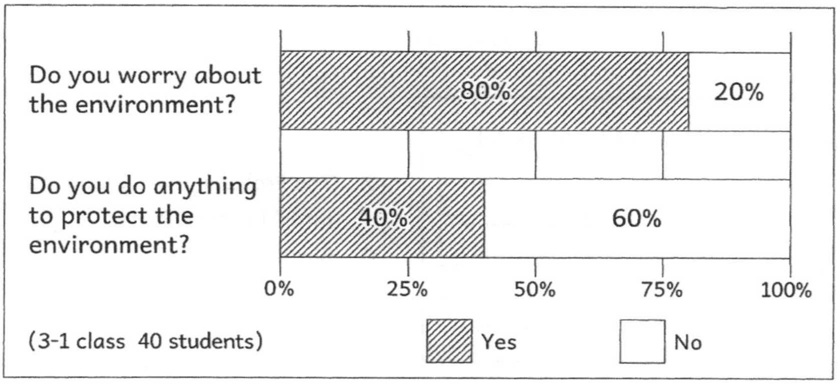

Ann : Your presentation was good. I'll speak in the next class. Please look at this. 80% of our classmates worry about the environment, but more than half of them don't do anything to save the environment. I don't think it is good. We should do something to change this.

Ken : What can we do?

Ann : □

Ken : That's a good idea.

1　次は，下線部①で Ken が見せたスライドである。Ken が発表した順になるようにスライドの（　A　）～（　C　）に入る最も適当なものを下のア～ウの中からそれぞれ一つずつ選び，その記号を書け。

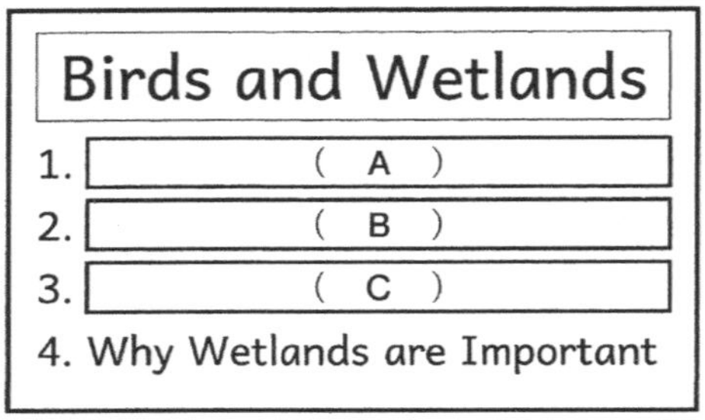

ア　The Problem about Wetlands
イ　Birds' Favorite Places
ウ　Birds in Japan

2　下線部②の内容を最もよく表している英語５語を，本文中から抜き出して書け。

3　下線部③で Ken が見せたグラフとして最も適当なものを下のア～ウの中から一つ選び，その記号を書け。

ア

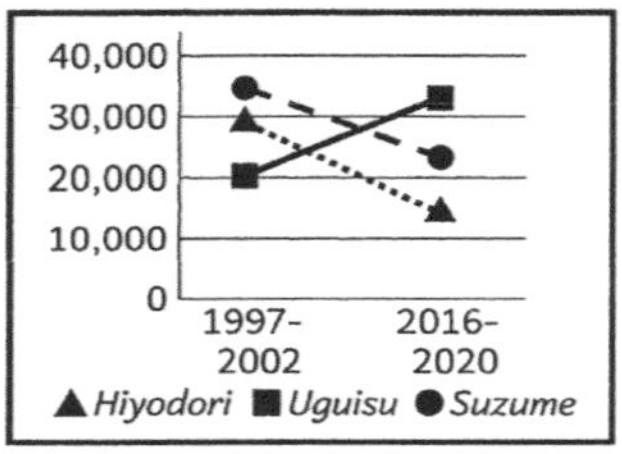

イ

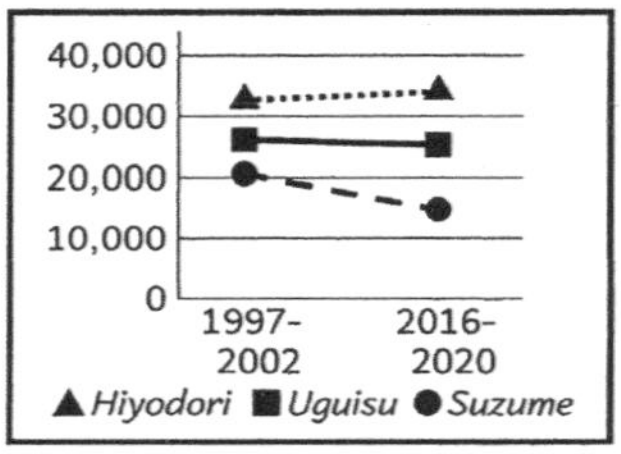

ウ

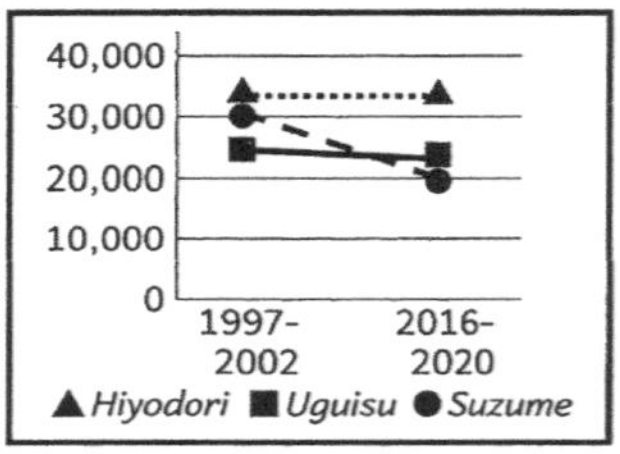

※各グラフの縦軸は鳥の数を，横軸は調査期間を示す。　（「全国鳥類繁殖分布調査」をもとに作成）

4　（　④　），（　⑤　）に入る語の組み合わせとして，最も適当なものを下のア～エから一つ選び，その記号を書け。

	④	⑤
ア	money	water
イ	money	air
ウ	food	air
エ	food	water

5　下線部⑥の内容を具体的に25字程度の日本語で書け。

問題は次のページに続く

4 次は，中学生の Ken が英語の授業で発表した鳥と湿地（wetlands）についてのプレゼンテーションである。英文を読み，あとの問いに答えなさい。

Hello everyone. Do you like birds? I love birds so much. Today, I'd like to talk about birds and their favorite places, wetlands.

①Today, I will talk about four points. First, I want to talk about birds in Japan. Second, I will explain favorite places of birds. Third, I will tell you ②the problem about their favorite places, and then, I will explain why wetlands are important for us, too.

Do you know how many kinds of birds there are in Japan? Bird lovers in Japan work together to learn about birds every year. From 2016 to 2020, 379 kinds of birds were found. ③Please look at this graph*. The three birds seen often in Japan are *Hiyodori*, *Uguisu*, and *Suzume*. We have seen *Hiyodori* the most often. From 1997 to 2002, we could see *Suzume* more often than *Uguisu*, but *Suzume* became the third from 2016 to 2020.

Second, I will talk about birds' favorite places, "wetlands." Have you ever heard about wetlands? Wetlands are areas* of land* which are covered with water. Why do birds love wetlands?

Wetlands can give the best environment for many kinds of living things. There is a lot of water in wetlands. So, many kinds of plants live there. These plants are home and food for many insects* and fish. Birds eat those plants, insects, and fish. Wetlands are the best environment for birds because there is a lot of（　④　）for birds.

Wetlands are now getting smaller and that's a big problem. You can find information on the website of the United Nations*. It says, "In just 50 years — since 1970 — 35% of the world's wetlands have been lost." Why are they getting smaller? Each wetland has different reasons for this. People are using too much（　⑤　）. For example, they use it for drinking, agriculture* and industry*. Global warming* is hurting wetlands, too. Wetlands are lost faster than forests because of these reasons. This is very serious for birds.

Do we have to solve this? Yes, we do. Those birds' favorite places are very important for humans, too. They support both our lives and environment. I'll tell you ⑥two things that wetlands do for us. First, wetlands make water clean. After the rain, water stays in wetlands. Then, dirt* in the water goes down, and the clean water goes into the river. We use that clean water in our comfortable lives. Second, wetlands can hold CO_2. Plants there keep CO_2 in their bodies even after they die. Actually, wetlands are better at holding CO_2 than forests. They are very useful to stop global warming.

Why don't you do something together to protect birds and wetlands? Thank you for listening.

注　graph　グラフ　　area(s)　地域　　land　陸地　　insect(s)　昆虫
　　the United Nations　国際連合　　agriculture　農業　　industry　産業
　　global warming　地球温暖化　　dirt　泥

2023(R5) 鹿児島県公立高
K 教英出版

Ⅲ 次は，ある英字新聞の記事（article）と，それを読んだ直後の Ted 先生と Mone との対話である。英文と対話文を読み，（　　）内に入る最も適当なものを下のア～エの中から一つ選び，その記号を書け。

"I love my high school life," said Jiro. Jiro is a student at an agricultural* high school in Kagoshima. He and his classmates are very busy. They go to school every day, even on summer and winter holidays, to take care of* their cows*. They clean the cow house and give food to their cows. One of them is *Shizuka*. Now they have a big dream. They want to make *Shizuka* the best cow in Japan.

What is the most important thing when we raise* cows? "The answer is to keep them healthy*," Jiro's teacher said. "No one wants sick cows. So, we take care of the cows every day. We can use computer technology* to keep them healthy. It is very useful."

Jiro answered the same question, "I agree with my teacher. It's not easy to keep them healthy. Cows must eat and sleep well. So, we give them good food. We also walk* them every day. We make beds for cows. Many people think love is important to raise good cows. That's true, but it is not enough for their health."

Now, Jiro and his classmates are working hard to keep their cows healthy. "We will do our best," Jiro and his classmates said.

注 agricultural 農業の　take care of ～ ～の世話をする　cow(s) 牛　raise ～ ～を育てる
healthy 健康に　technology 技術　walk ～ ～を歩かせる

Ted : What is the most important point in this article?
Mone : (　　　　　　　　　　　　　　)
Ted : Good! That's right! That is the main point.

ア To raise good cows, the students don't have to use computer technology.
イ To raise good cows, the students must be careful to keep them healthy.
ウ The students must give cows a lot of love when they are sick.
エ The students have to eat a lot of beef if they want to be healthy.

Ⅱ　次は，鹿児島ミュージックホール（Kagoshima Music Hall）のウェブサイトの一部と，それを見ている Maki と留学生の Alex との対話である。二人の対話を読み，あとの問いに答えよ。

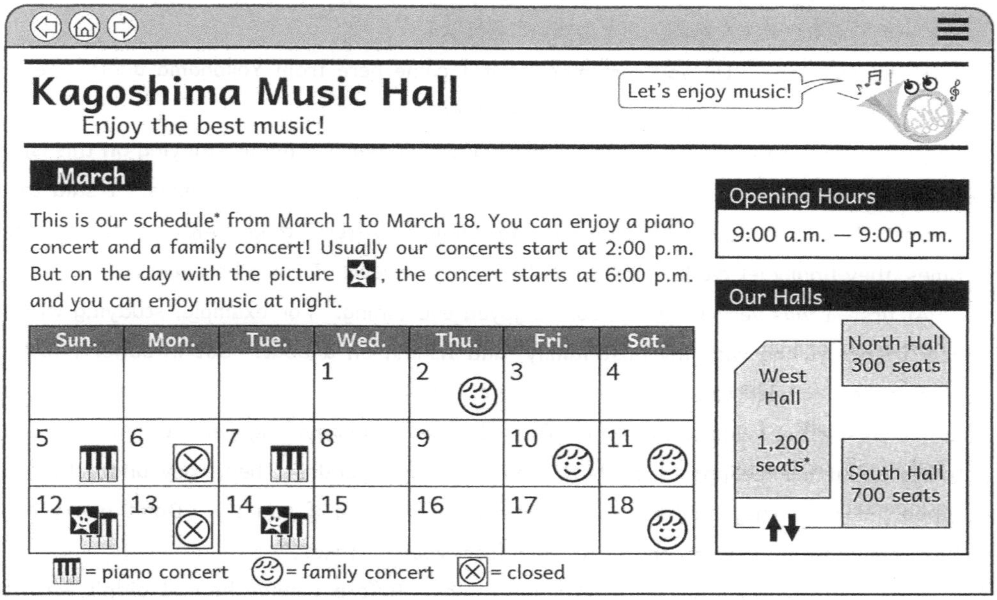

注　schedule　スケジュール　　seat(s)　座席

Maki : Alex, please look at this. We can enjoy a concert at Kagoshima Music Hall.

Alex : That's nice. I like music. What kind of concerts can we enjoy?

Maki : They have two kinds of concerts, a piano concert and a family concert.

Alex : What is the family concert?

Maki : I have been to a family concert before. You can listen to some popular songs and sing songs with musicians. It's fun. They always have the family concerts in (①) Hall. A lot of families come to the concerts, so the biggest hall is used for the family concert.

Alex : How about the other one?

Maki : You can enjoy the wonderful piano performance by a famous musician.

Alex : I like playing the piano, so I want to go to the piano concert. Shall we go?

Maki : Well, I can't go to the concert in the second week because I will have tests on March 6 and 8. And I will have my sister's birthday party on the evening of March 12. How about (②)?

Alex : OK! I can't wait!

1　(①) に入る最も適当なものを下のア～ウの中から一つ選び，その記号を書け。

ア　West　　イ　North　　ウ　South

2　(②) に入る最も適当なものを下のア～エの中から一つ選び，その記号を書け。

ア　March 7　　イ　March 11　　ウ　March 12　　エ　March 14

3 次のⅠ～Ⅲの問いに答えなさい。

Ⅰ 次は，中学生の Koji が，英語の授業で発表した “My Experiences Here” というタイトルのスピーチである。英文を読み，あとの問いに答えよ。

Hello, everyone! Do you remember that I came here from Yokohama about one year ago? Today, I want to talk about my experiences.

When I was 13 years old, I read a newspaper and learned about studying on this island. I was very interested. I liked nature, especially the sea and its animals. I said to my parents, “Can I study on the island in Kagoshima?” After I talked with my parents many times, they finally let me live and study here for one year. I came here last April.

At first, I was very (①), so I enjoyed everything. For example, studying with my new friends, living with my host family* and fishing on a boat. But in June, I lost my confidence*. I tried to wash the dishes, but I broke many. When I made *onigiri*, I used too much salt*. I made so many mistakes. I couldn't do anything well. When I felt sad, I talked about my feelings to my host family and my friends. Then, they understood and supported me. They said to me, “You can do anything if you try. Don't worry about making mistakes. It is important to learn from your mistakes.”

Now, I am happy and try to do many things. Before I came here, I didn't wash the dishes after dinner, but now I do it every day. Before I came here, I didn't enjoy talking with others, but now I enjoy talking with my friends on this island. I often asked for help from others*, but now I don't do that. [②]

I have to leave here soon. I have learned a lot from my experiences here. I think I am independent* now. Thank you, everyone. I'll never forget the life on this island.

注 host family ホストファミリー（滞在先の家族） confidence 自信 salt 塩
asked for help from others 他人に助けを求めた independent 精神的に自立している

1 (①) に入る最も適当なものを下のア～エの中から一つ選び，その記号を書け。

ア angry　イ excited　ウ sick　エ sleepy

2 次の質問に対する答えを，本文の内容に合うように英文で書け。

Who supported Koji when he was sad?

3 [②] に入る最も適当なものを下のア～ウの中から一つ選び，その記号を書け。

ア I wish I had friends on this island.

イ I didn't learn anything on this island.

ウ I have changed a lot on this island.

【放送

次に，５番の問題です。まず，問題の指示を読みなさい。

（約23秒間休止）

それでは放送します。

I'm going to talk about how much meat Japanese and American people ate in 2020. They often eat three kinds of meat; beef, chicken, and pork. Look at this. Japanese people ate chicken as much as pork. How about American people? They ate chicken the most. You may think beef is eaten the most in the U.S., but that's not true. It is interesting.

（約10秒間休止）

次に，６番の問題です。まず，問題の指示を読みなさい。

（約15秒間休止）

それでは放送します。

Welcome to "Starlight Concert"! To enjoy the concert, please remember some rules. You can drink water or tea. You can take pictures and put them on the Internet if you want to. You can enjoy dancing to the music. But you cannot talk on the phone in this hall. We hope you will enjoy the concert and make good memories. Thank you.

（約３秒おいて，繰り返す。）（約10秒間休止）

次に，７番の問題です。まず，問題の指示を読みなさい。

（約15秒間休止）

それでは放送します。

Hello, everyone. Today, I'll talk about one thing I learned. Last week, I watched an interview of my favorite singer on TV. She had a difficult time before she became famous. She was very poor and had to work, so she didn't have time to learn music. How did she become famous? The answer was in the interview. "I've never given up my dream," she said. I learned that I should never give up my dream. I hope that her words will help me a lot in the future.

Question : What did Tomoko learn from her favorite singer?

（約７秒間休止）

では，２回目を放送します。　（最初から質問までを繰り返す。）（約15秒間休止）

次に，８番の問題です。まず，問題の指示を読みなさい。

（約15秒間休止）

それでは，放送します。

Naoko : Some students from Australia will visit our class next week.
Paul : Yes, Naoko. I want you to do something to welcome them.
Naoko : I have an idea to make them happy in the classroom.
Paul : Oh, really? What will you do for them?
Naoko : (　　　　　　　　　　　　　　)

（約３秒おいて，繰り返す。）（約１分間休止）

〈チャイムの音四つ〉

これで，聞き取りテストを終わります。次の問題に進みなさい。

Ⅱ　電流と電圧の関係を調べるために，**図1**のように電源装置，スイッチ，電流計，電圧計，端子P，端子Qを接続して，端子P，Q間に抵抗器を取り付けてスイッチを入れたところ，抵抗器に電流が流れた。

次に，端子P，Q間の抵抗器をはずし，抵抗の大きさが15Ωの抵抗器aと抵抗の大きさが10Ωの抵抗器bを用いて，**実験1**，**2**を行った。ただし，抵抗器以外の抵抗は考えないものとする。

図1

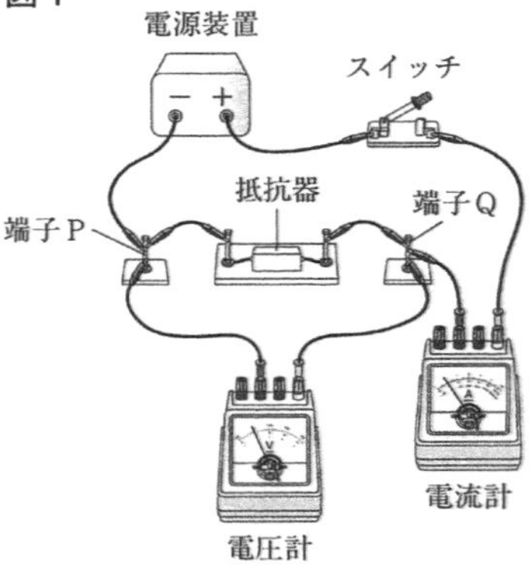

実験1　**図2**のように抵抗器aと抵抗器bを接続したものを端子P，Q間につないで，電源装置の電圧調節つまみを動かし，電圧計の値を見ながら電圧を0V，1.0V，2.0V，3.0V，4.0V，5.0Vと変化させたときの，電流の大きさをそれぞれ測定した。**表**はその結果である。

図2

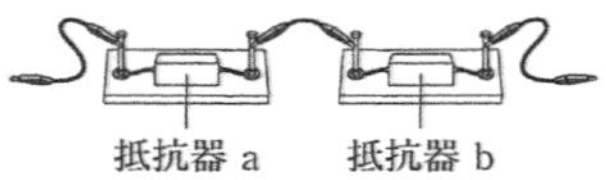

表

電圧　〔V〕	0	1.0	2.0	3.0	4.0	5.0
電流〔mA〕	0	40	80	120	160	200

実験2　**図3**のように，抵抗器aと抵抗器bを接続したものを端子P，Q間につないで，電源装置の電圧調節つまみを調節し，電圧計が5.0Vを示すようにした。

図3

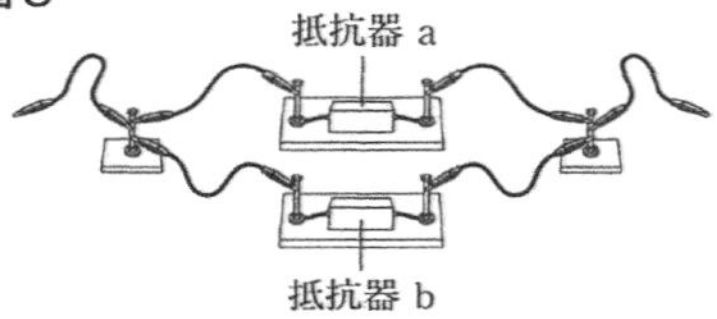

1　**図1**のように電流が流れる道すじのことを何というか。

2　**実験1**について，端子P，Q間の電圧と電流の関係をグラフにかけ。ただし，**表**から得られる値を「•」で示すこと。

3　**実験2**で，抵抗器bに流れる電流は何Aか。

4　**実験1**，**2**で，電圧計が5.0Vを示しているとき，消費する電力が大きい順に**ア**～**エ**を並べよ。

ア　**実験1**の抵抗器a　　　**イ**　**実験1**の抵抗器b

ウ　**実験2**の抵抗器a　　　**エ**　**実験2**の抵抗器b

5 次のⅠ，Ⅱの各問いに答えなさい。答えを選ぶ問いについては記号で答えなさい。

Ⅰ　凸レンズのはたらきを調べるため，**図1**のように，光源，焦点距離 10 cm の凸レンズ，スクリーン，光学台を使って実験装置を組み立て，次の**実験1～3**を行った。このとき，凸レンズは光学台に固定した。

図1

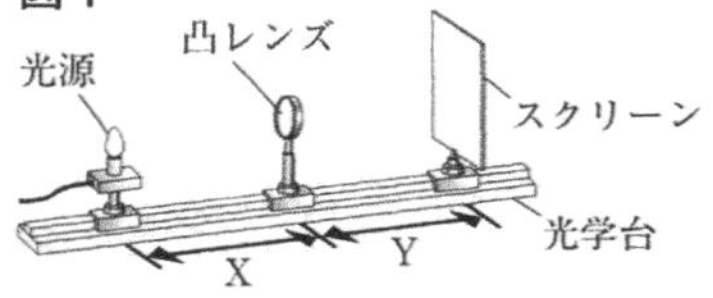

実験1　光源を動かして，光源から凸レンズまでの距離Xを 30 cm から 5 cm まで 5 cm ずつ短くした。そのたびに，はっきりとした像がうつるようにスクリーンを動かして，そのときの凸レンズからスクリーンまでの距離Yをそれぞれ記録した。**表**はその結果であり，「－」はスクリーンに像がうつらなかったことを示す。

表

X〔cm〕	30	25	20	15	10	5
Y〔cm〕	15	17	20	30	－	－

実験2　**図1**の装置でスクリーンにはっきりとした像がうつったとき，**図2**のように，凸レンズの下半分を光を通さない厚紙でかくした。このとき，スクリーンにうつった像を観察した。

図2

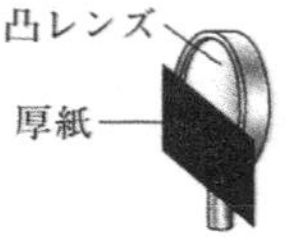

実験3　**図1**と焦点距離の異なる凸レンズを使って，スクリーンにはっきりとした像がうつるようにした。**図3**は，このときの光源，凸レンズ，スクリーンを真横から見た位置関係と，点Aから凸レンズの点Bに向かって進んだ光の道すじを模式的に表したものである。

図3

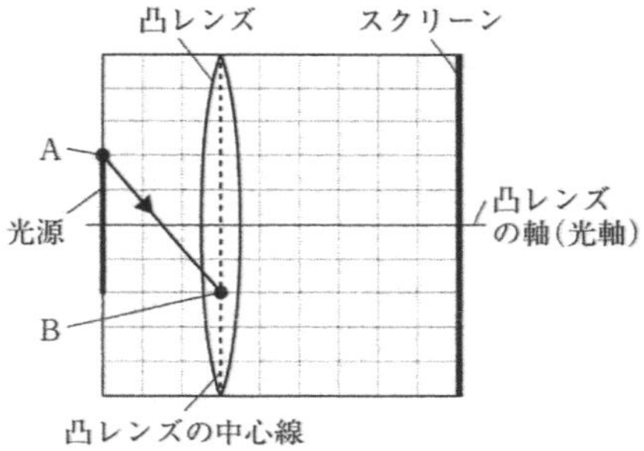

1　凸レンズのような透明な物体の境界面に，ななめに入射した光が境界面で曲がる現象を光の何というか。

2　**実験1**で，スクリーンに光源と同じ大きさの像がうつった。このときのXは何 cm か。

3　**実験2**について述べた次の文中の①，②について，それぞれ正しいものはどれか。

> 凸レンズの下半分を厚紙でかくしたとき，かくす前と比べて，観察した像の明るさや形は次のようになる。
> ・観察した像の明るさは①（**ア**　変わらない　　**イ**　暗くなる）。
> ・観察した像の形は②（**ア**　変わらない　　**イ**　半分の形になる）。

4　**実験3**で，点Bを通った後の光の道すじを解答欄の図中に実線（──）でかけ。ただし，作図に用いる補助線は破線（----）でかき，消さずに残すこと。また，光が曲がって進む場合は，凸レンズの中心線で曲がるものとする。

Ⅱ　ゆきさんとりんさんは，**図１**の生物をさまざまな特徴の共通点や相違点をもとに分類している。次は，そのときの２人と先生の会話の一部である。

ゆき：動物について，動き方の観点で分類すると，**カブトムシ**と**スズメ**は，はねや翼をもち，飛ぶことができるから同じグループになるね。
りん：ほかに体の表面の観点で分類すると，**トカゲ**と**メダカ**にだけ□があるから，同じグループになるね。
先生：そのとおりですね。
ゆき：植物と動物について，それぞれ観点を変えて分類してみようよ。

図１

１　会話文中の□にあてはまることばを書け。

２　２人は**図１**の植物について，**表１**の観点で**図２**のように分類した。**図２**のＡ～Ｆは，**表１**の基準の**ア**～**カ**のいずれかである。ＡとＤはそれぞれ**ア**～**カ**のどれか。

表１

観点	基　準
胚珠	**ア**　胚珠がむきだしである **イ**　胚珠が子房に包まれている
子葉	**ウ**　子葉は１枚 **エ**　子葉は２枚
種子	**オ**　種子をつくる **カ**　種子をつくらない

図２

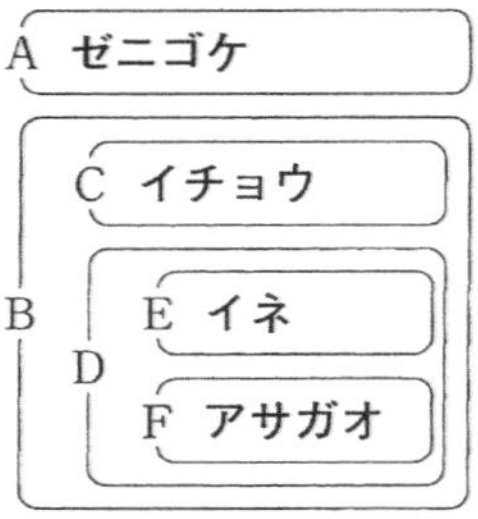

３　２人は**図１**の動物について，**表２**の観点で**図３**のように分類した。**図３**の②，③にあてはまる動物はそれぞれ何か。なお，**図３**のＧ～Ｊは**表２**の基準の**キ**～**コ**のいずれかであり，**図３**の①～③は，**イカ**，**スズメ**，**ネズミ**のいずれかである。

表２

観　点	基　準
子の生まれ方	**キ**　卵生 **ク**　胎生
背骨の有無	**ケ**　背骨がある **コ**　背骨がない

図３

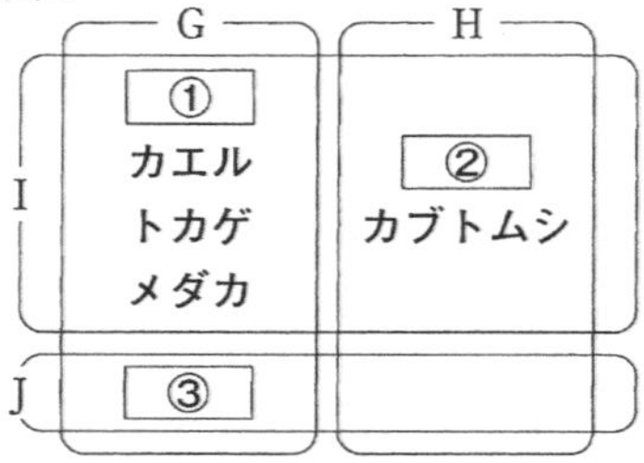

４　２人は**図１**の動物について，「生活場所」を観点にして，「陸上」，「水中」という基準で分類しようとしたが，一つの動物だけはっきりと分類することができなかった。その動物は何か。また，その理由を生活場所に着目して，「幼生」，「成体」ということばを使って書け。

4 次のⅠ，Ⅱの各問いに答えなさい。答えを選ぶ問いについては記号で答えなさい。

Ⅰ　動物は外界のさまざまな情報を刺激として受けとっている。

1　**図1**のヒトの〈受けとる刺激〉と〈感覚〉の組み合わせが正しくなるように，**図1**の「・」と「・」を実線（──）でつなげ。

図1

〈受けとる刺激〉			〈感覚〉
光	・	・	聴覚
におい	・	・	視覚
音	・	・	嗅覚

2　刺激に対するヒトの反応を調べるため，意識して起こる反応にかかる時間を計測する実験を次の**手順1～4**で行った。

図2

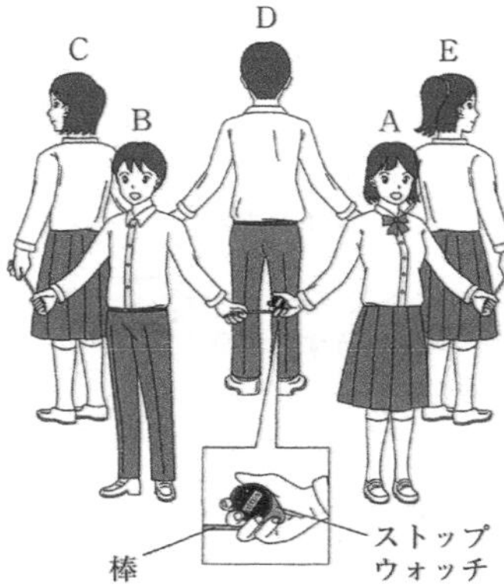

手順1　**図2**のように，５人がそれぞれの間で棒を持ち，輪になる。

手順2　Ａさんは，右手でストップウォッチをスタートさせると同時に，右手で棒を引く。左手の棒を引かれたＢさんは，すぐに右手で棒を引く。Ｃさん，Ｄさん，Ｅさんも，Ｂさんと同じ動作を次々に続ける。

手順3　Ａさんは左手の棒を引かれたらすぐにストップウォッチを止め，かかった時間を記録する。

手順4　**手順1～3**を３回くり返す。

表は，実験の結果をまとめたものである。ただし，**表**には結果から求められる値を示していない。

表

回数	結果〔秒〕	１人あたりの時間〔秒〕
１回目	1.46	
２回目	1.39	
３回目	1.41	
平均		X

(1)　**表**の X にあてはまる値はいくらか。小数第３位を四捨五入して小数第２位まで答えよ。

(2)　中枢神経から枝分かれして全身に広がる感覚神経や運動神経などの神経を何というか。

(3)　実験の「意識して起こる反応」とは異なり，意識とは無関係に起こる反応もある。次の文中の①，②について，それぞれ正しいものはどれか。

> 手で熱いものにさわってしまったとき，とっさに手を引っ込める反応が起こる。このとき，命令の信号が①（ア　脳　　イ　せきずい）から筋肉に伝わり，反応が起こっている。また，熱いという感覚が生じるのは，②（ア　脳　　イ　せきずい　　ウ　手の皮ふ）に刺激の信号が伝わったときである。

Ⅱ　**図１**は，鹿児島県の郷土菓子のふくれ菓子である。その材料は，小麦粉，黒糖，重そうなどである。重そうは炭酸水素ナトリウムの別名であり，ホットケーキの材料として知られるベーキングパウダーにも炭酸水素ナトリウムがふくまれている。ベーキングパウダーにふくまれている炭酸水素ナトリウムの質量を調べるため，次の**実験１**，**２**を行った。

図１

実験１　ある濃度のうすい塩酸 40.00 g が入ったビーカーを５個用意し，それぞれ異なる質量の炭酸水素ナトリウムを**図２**のように加えた。ガラス棒でかき混ぜて十分に反応させ，二酸化炭素を発生させた。その後，ビーカー内の質量を記録した。**表**はその結果である。なお，発生した二酸化炭素のうち，水にとけている質量については無視できるものとする。

図２

表

反応前のビーカー内の質量〔g〕	40.00	40.00	40.00	40.00	40.00
加えた炭酸水素ナトリウムの質量〔g〕	2.00	4.00	6.00	8.00	10.00
反応後のビーカー内の質量〔g〕	40.96	41.92	43.40	45.40	47.40

1　二酸化炭素について，次の文中の［　　］にあてはまる内容を「密度」ということばを使って書け。

> 二酸化炭素は，水に少ししかとけないので，水上置換法で集めることができる。また，［　　　　　　　　］ので，下方置換法でも集めることができる。

2　次の文は，**実験１**について述べたものである。［ a ］にあてはまるものを**ア**～**エ**から選べ。また，［ b ］にあてはまる数値を書け。

> うすい塩酸 40.00 g と反応する炭酸水素ナトリウムの最大の質量は，**表**から［ a ］の範囲にあることがわかる。また，その質量は［ b ］g である。

ア　2.00 g ～4.00 g　　**イ**　4.00 g ～6.00 g

ウ　6.00 g ～8.00 g　　**エ**　8.00 g ～10.00 g

実験２　**実験１**と同じ濃度のうすい塩酸 40.00 g に，ベーキングパウダー 12.00 g を加え，ガラス棒でかき混ぜて十分に反応させたところ，二酸化炭素が 1.56 g 発生した。

3　**実験２**で用いたものと同じベーキングパウダー 100.00 g にふくまれている炭酸水素ナトリウムは何 g か。ただし，**実験２**では塩酸とベーキングパウダーにふくまれている炭酸水素ナトリウムの反応のみ起こるものとする。

1　ⓐに関して，消費税や酒税など税を納める人と負担する人が異なる税を何というか。

2　ⓑに関して，訪問販売や電話勧誘などで商品を購入した場合，一定期間内であれば**資料**のような通知書を売り手に送付することで契約を解除することができる。この制度を何というか。

資料

通知書

次の契約を解除します。

契約年月日　○○年○月○日
商品名　○○○○
契約金額　○○○○○円
販売会社　株式会社×××　□□営業所
担当者　△△△△△

支払った代金○○○○○円を返金し，商品を引き取ってください。

○○年○月○日

○○県○市○町○丁目○番○号
氏名　○○○○○○

3　ⓒに関して述べた次の文の［　X　］，［　Y　］にあてはまることばの組み合わせとして最も適当なものはどれか。

一般的に，［　X　］のときには消費が増え，商品の需要が供給を上回ると，価格が高くても購入される状態が続くため，物価が上がり続ける［　Y　］がおこる。

ア（X　好況　　Y　デフレーション）　　イ（X　不況　　Y　デフレーション）
ウ（X　好況　　Y　インフレーション）　エ（X　不況　　Y　インフレーション）

4　ⓓについて述べた文として**誤っているもの**はどれか。
ア　政府資金の取り扱いを行う。
イ　日本銀行券とよばれる紙幣を発行する。
ウ　一般の銀行に対して資金の貸し出しや，預金の受け入れを行う。
エ　家計や企業からお金を預金として預かる。

5　ⓔについて述べた次の文の［　　　　　　］に適することばを補い，これを完成させよ。ただし，**負担**ということばを使うこと。

株主には，株式会社が倒産した場合であっても，［　　　　　　］という有限責任が認められている。

Ⅲ　**資料１**は，鹿児島中央駅に設置されているエレベーターの場所を案内している標識の一部である。この標識にみられる表記の工夫について，**資料２**をもとに**50字以上60字以内**で書け。

資料１

資料２　鹿児島県における外国人宿泊者数の推移

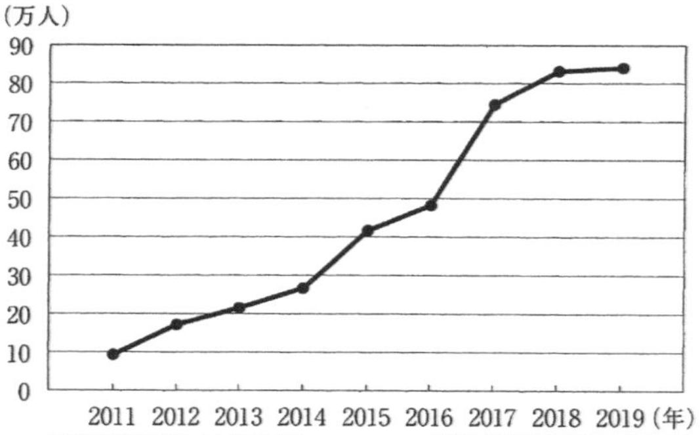

※宿泊者数は延べ人数である。　（鹿児島県観光統計から作成）

4　ⓓに関して，予算の議決における衆議院の優越について述べた次の文の X ， Y にあてはまることばの組み合わせとして最も適当なものはどれか。

> 予算について，参議院で衆議院と異なった議決をした場合に X を開いても意見が一致しないときや，参議院が，衆議院の可決した予算を受け取ったあと Y 日以内に議決しないときは，衆議院の議決が国会の議決となる。

ア（X　両院協議会　　Y　30）　　イ（X　両院協議会　　Y　10）
ウ（X　公聴会　　Y　30）　　エ（X　公聴会　　Y　10）

5　中学生のゆきさんは，ⓔに関して調べ，**資料１**，**資料２**の取り組みがあることを知った。**資料１**，**資料２**の取り組みのねらいとして考えられることは何か。**資料３**，**資料４**をもとにして書け。

資料１　期日前投票所の大学への設置

資料２　高校生を対象としたある市の期日前投票所の取り組み

・高校生を対象にした独自の選挙チラシを配布し，情報提供・啓発を実施
・生徒が昼休みや放課後に投票できるよう，各学校ごとに開設時間を配慮

（総務省資料から作成）

資料３　年齢別投票率
（第49回衆議院議員総選挙［2021年実施］）

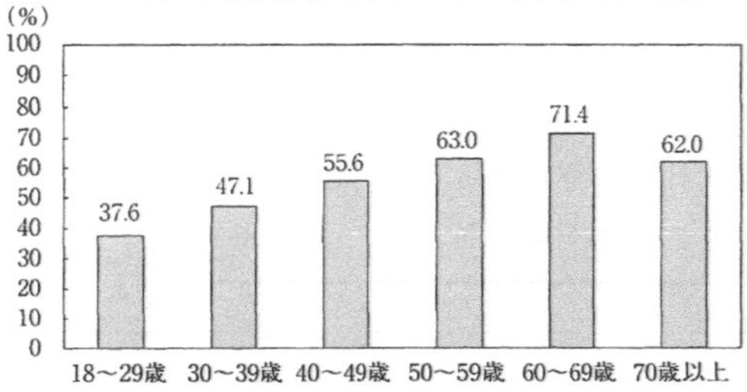

※年齢別投票率は全国から抽出して調査したものである。
（総務省資料から作成）

資料４　年齢別棄権理由とその割合
（第49回衆議院議員総選挙［2021年実施］）

理　由	18～29歳	30～49歳	50～69歳	70歳以上
選挙にあまり関心がなかったから	46.7%	31.4%	30.7%	15.6%
仕事があったから	37.8%	24.8%	14.9%	3.1%
重要な用事(仕事を除く)があったから	22.2%	9.1%	8.9%	3.1%

※調査では，17の選択肢からあてはまるものをすべて選ぶようになっている。
※18～29歳の棄権理由の上位三位を示している。
（第49回衆議院議員総選挙全国意識調査から作成）

Ⅱ　次は，ある中学校の生徒たちが「私たちと経済」について班ごとに行った調べ学習のテーマと調べたことの一覧である。１～５の問いに答えよ。

班	テ　ー　マ	調　べ　た　こ　と
1	政府の経済活動	ⓐ租税の意義と役割，財政の役割と課題
2	消費生活と経済	消費者の権利と責任，消費者問題，ⓑ消費者を守る制度
3	市場のしくみと金融	ⓒ景気の変動と物価，ⓓ日本銀行の役割
4	生産と労働	企業の種類，ⓔ株式会社のしくみ，労働者の権利と労働問題

2023(R5) 鹿児島県公立高
教英出版

3 次のⅠ～Ⅲの問いに答えなさい。答えを選ぶ問いについては一つ選び，その記号を書きなさい。

Ⅰ　次は，ある中学生が「よりよい社会をつくるために」というテーマで，公民的分野の学習を振り返ってまとめたものの一部である。**1**～**5**の問いに答えよ。

よりよい社会をつくるために

◇ 人権の保障と日本国憲法

基本的人権は，ⓐ個人の尊重の考え方に基づいて日本国憲法で保障されている。

社会の変化にともない，ⓑ「新しい人権」が主張されるようになった。

◇ 持続可能な社会の形成

世代間や地域間の公平，男女間の平等，貧困削減，ⓒ環境の保全，経済の開発，社会の発展等を調和の下に進めていく必要がある。

◇ 国民の自由や権利を守る民主政治

国の権力を立法権，行政権，司法権の三つに分け，それぞれⓓ国会，内閣，裁判所に担当させることで権力の集中を防ぎ，国民の自由と権利を守ろうとしている。

◇ 民主政治の発展

民主政治を推進するために，国民一人一人が政治に対する関心を高め，ⓔ選挙などを通じて，政治に参加することが重要である。

↓

よりよい社会の実現を目指し，現代社会に見られる課題の解決に向けて主体的に社会に関わろうとすることが大切である。

1　次の文は，ⓐに関する日本国憲法の条文である。□にあてはまることばを**漢字２字**で書け。

第13条　すべて国民は，個人として尊重される。生命，自由及び□追求に対する国民の権利については，公共の福祉に反しない限り，立法その他の国政の上で，最大の尊重を必要とする。

2　ⓑに関して，「新しい人権」に含まれる権利として最も適当なものはどれか。

ア　自由に職業を選択して働き，お金や土地などの財産を持つ権利

イ　個人の私的な生活や情報を他人の干渉などから守る権利

ウ　国や地方の公務員の不法行為で受けた損害に対して賠償を求める権利

エ　労働組合が賃金などの労働条件を改善するために使用者と交渉する権利

3　ⓒに関して，ダムや高速道路など，大規模な開発事業を行う際に，事前に周辺の環境にどのような影響があるか調査・予測・評価することを何というか。

4　ⓒに関する次の文の □ にあてはまることばを，**資料２**を参考に答えよ。ただし，□ には同じことばが入る。

> 犬養毅首相が暗殺されたこの事件によって，□ の党首が首相となっていた □ 内閣の時代が終わり，終戦まで軍人出身者が首相になることが多くなった。

資料２　**第27代から第31代首相と所属・出身**

代	首　相	所属・出身
27	浜口　雄幸	立憲民政党
28	若槻礼次郎	立憲民政党
29	**犬養　　毅**	**立憲政友会**
30	斎藤　　実	海　　軍
31	岡田　啓介	海　　軍

5　ⓓに関して，この条約が結ばれた以前のできごととして，最も適当なものはどれか。

ア　朝鮮戦争がはじまった。　　イ　沖縄が日本に復帰した。
ウ　東海道新幹線が開通した。　エ　バブル経済が崩壊した。

Ⅲ　**資料１**は米騒動のようすを描いたものである。米騒動がおこった理由を，**資料２**，**資料３**を参考にして書け。ただし，**シベリア出兵**と**価格**ということばを使うこと。

資料１　**米騒動のようす**（1918年）

資料２　**シベリア出兵のようす**（1918年）

資料３　**東京の米１石（約150 kg）あたりの年平均取引価格**

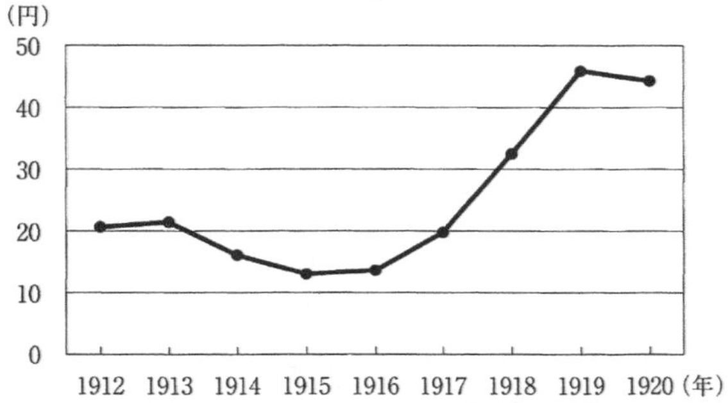

（「日本近代史辞典」から作成）

2023(R5) 鹿児島県公立高
教英出版

6　ⓒに関する次の文の［　　　　　　］に適することばを補い，これを完成させよ。

商品作物の栽培や農具・肥料の購入などで，農村でも貨幣を使う機会が増えた。その結果，土地を集めて地主となる農民が出る一方，土地を手放して小作人になる者や，都市に出かせぎに行く者が出るなど，農民の間で［　　　　　　］という変化が生じた。

Ⅱ　次は，中学生が「近代以降の日本の歴史」について調べ学習をしたときにまとめた〔あ〕～〔え〕の４枚のカードと，先生と生徒の会話の一部である。１～５の問いに答えよ。

〔あ〕近代産業の発展
ⓐ日清戦争前後に軽工業部門を中心に産業革命が進展した。ⓑ日露戦争前後には重工業部門が発達し，近代産業が発展した。

〔い〕国際協調と国際平和
第一次世界大戦後に，世界平和と国際協調を目的とする［　①　］が設立された。また軍備縮小をめざすワシントン会議が開かれた。

〔う〕軍部の台頭
ⓒ五・一五事件や二・二六事件が発生し，軍部が政治的な発言力を強め，軍備の増強を進めていった。

〔え〕民主化と国際社会への復帰
戦後，GHQ の占領下で，政治・経済面の民主化がはかられた。またⓓサンフランシスコ平和条約を結び，独立を回復した。

先　生：複数のカードに戦争や軍備ということばが出てきますが，〔い〕のカードのころには，第一次世界大戦に参加した国や新たな独立国で民主主義が拡大していきました。
生徒Ａ：日本でも，民主主義的な思想の普及やさまざまな社会運動が展開されていったのですね。
先　生：そうです。大正時代を中心として政治や社会に広まった民主主義の風潮や動きを［　②　］とよびます。
生徒Ｂ：でもその後の流れは，〔う〕のカードのように，軍部が台頭して戦争への道を歩んでいったのですね。
生徒Ａ：なぜ，第一次世界大戦の反省はいかされなかったのかな。どうして，その後の戦争を防ぐことができなかったのだろう。
先　生：そのことについて，当時の世界や日本の政治・経済の情勢から考えてみましょう。

1　［　①　］，［　②　］にあてはまる最も適当なことばを書け。ただし，［　①　］は**漢字４字**で書け。

2　ⓐに関して，日清戦争前後のできごとについて述べた次の文の［　X　］，［　Y　］にあてはまることばの組み合わせとして最も適当なものはどれか。

明治政府は，日清戦争直前の1894年，陸奥宗光外相のときにイギリスとの交渉で［　X　］に成功した。また，日清戦争後の1895年に下関条約を結んだが，［　Y　］により遼東半島を返還した。

	X	Y
ア	関税自主権の回復	日比谷焼き打ち事件
イ	関税自主権の回復	三国干渉
ウ	領事裁判権（治外法権）の撤廃	日比谷焼き打ち事件
エ	領事裁判権（治外法権）の撤廃	三国干渉

資料１

3　ⓑに関して，**資料１**の人物は，この戦争に出兵した弟を思って「君死にたまふことなかれ」という詩をよんだことで知られている。この人物は誰か。

受検番号

合計得点

※90点満点

5

資料番号

見出し A

B

8 7 6 5 4 3 2 1 9点

3

Ⅲ Ⅱ

3

Y

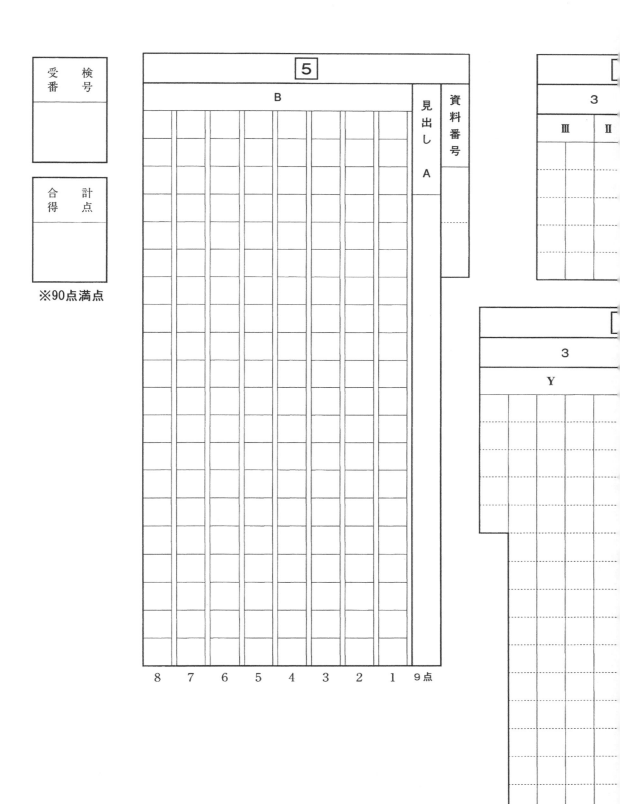

数学解答用紙

1	1	(1)		(2)		(3)		(4)	個	(5)
	2	$x=$ ， $y=$				3	通り	4		5

2	1	(1)		(2)		(3)	度
	2	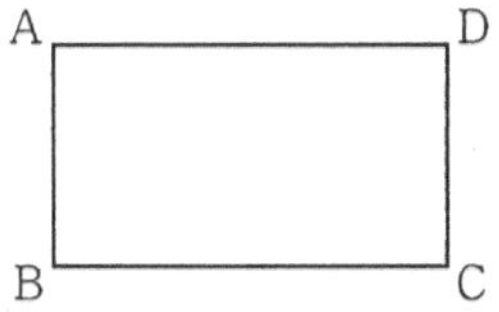		3	(方程式と計算過程) 答　　　　cm		

3	1		2	(1)	%	(2)

【解答

英 語 解 答 用 紙

1	1	
	2	
	3	
	4	
	5	
	6	
	7	She learned that she should (　　　　　　　　　　).
	8	

1．3点
2．3点
3．3点
4．3点
5．3点
6．3点
7．3点
8．4点

2	1	①	②
	2	①	② ③
	3	(1)	(　　　　　　　　　　) yesterday.
		(2)	I hear that it (　　　　　　　　　　) tomorrow.
		(3)	No, but our father knows (　　　　　　　　　　) it.
	4		On my way home yesterday,

1．2点×2
2．2点×3
3．2点×3
4．7点

【解答

理　科　解　答　用　紙

1	1		N
	2	CH_4 ＋ $2O_2$ →	
	3		
	4		
	5	(1)	Pa
		(2) C　　D　　E	
		(3)	秒
		(4)	

2	I	1	
		2	傾斜がゆるやかな形の火山はドーム状の形の火山に比べて,
		3	

4	I	1	〈受けとる刺激〉 光・におい・音	〈感覚〉 聴覚・視覚・嗅覚
		2	(1)	
			(2)	
			(3) ①	②
	II	1		
		2	A	D
		3	②	③
		4	動物名	
			理由	

	1	

【解答

社　会　解　答　用　紙

1	Ⅰ	1	
		2	
		3	
		4	①　　③
		5	（多くの EU 加盟国では，）
		6	
	Ⅱ	1	
		2	
		3	
		4	
		5	

2	Ⅱ	1	①
			②
		2	
		3	
		4	
		5	
	Ⅲ		

	Ⅰ	1	
		2	
		3	
		4	
		5	

【解答

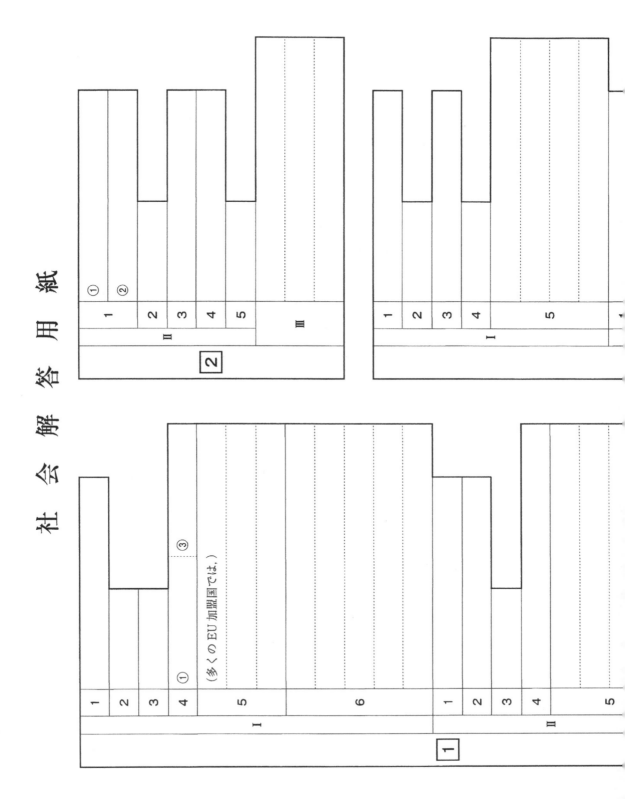

	Ⅲ	1	
		2	記号
			(ⓑとは異なりⓐは,)

2	Ⅰ	1	①
			②
		2	
		3	
		4	→ → →
		5	
		6	

	Ⅱ	3	
		4	
		5	
	Ⅲ		50

1 Ⅰ. 1. 2点
2. 2点
3. 2点
4. 2点
5. 2点
6. 4点
Ⅱ. 1. 2点
2. 2点
3. 2点
4. 2点
5. 4点
Ⅲ. 1. 2点
2. 3点

2 Ⅰ. 1. 2点×2
2. 2点
3. 3点
4. 3点
5. 2点
6. 2点
Ⅱ. 2点×6
Ⅲ. 3点

受検番号	

3 Ⅰ. 1. 2点
2. 2点
3. 2点
4. 2点
5. 4点
Ⅱ. 1. 2点
2. 2点
3. 3点
4. 2点
5. 3点
Ⅲ. 4点

合計得点	

※90点満点

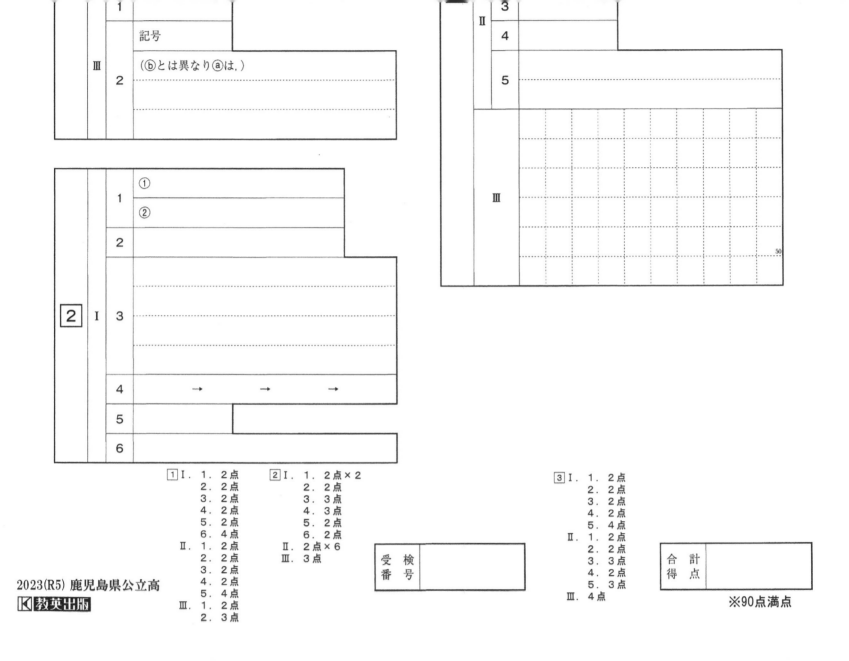

Ⅱ	2			
	3	a	b	
	4			倍

3	Ⅰ	1	−極		電流の向き
		2			
		3	(1) a		b
			(2)		
	Ⅱ	1			
		2	a		b
		3			g

5	Ⅰ	4	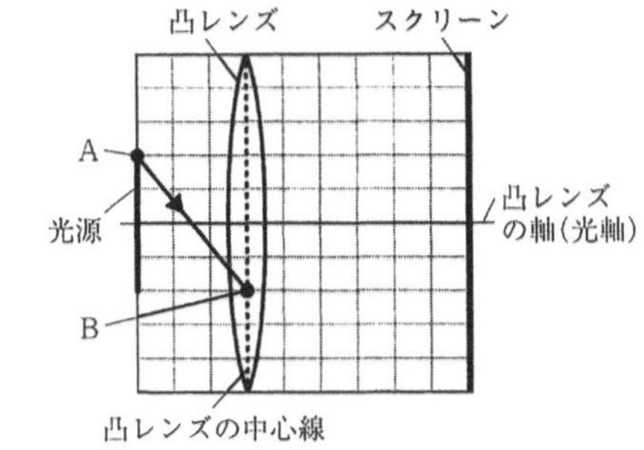
	Ⅱ	1	
		2	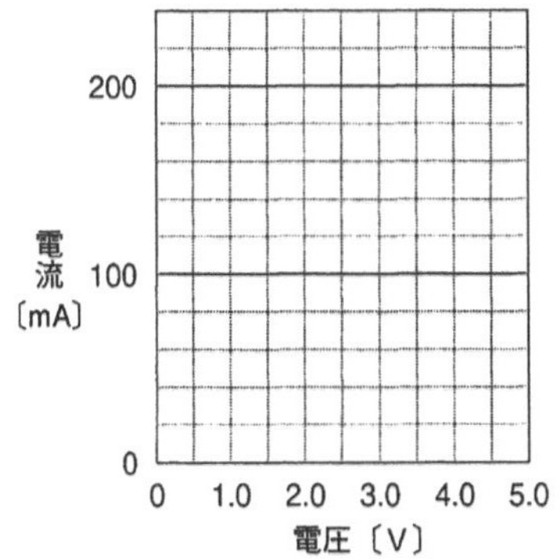
		3	A
		4	→ → →

1 1. 2点
2. 3点
3. 2点
4. 2点
5. (1)2点
(2)3点
(3)2点
(4)2点

2 Ⅰ. 1. 2点
2. 2点
3. 2点
4. 3点
Ⅱ. 1. 2点
2. 2点
3. 2点
4. 3点

3 Ⅰ. 1. 2点
2. 2点
3. (1)2点
(2)3点
Ⅱ. 1. 2点
2. 4点
3. 3点

4 Ⅰ. 1. 2点
2. (1)3点
(2)2点
(3)2点
Ⅱ. 1. 2点
2. 2点
3. 2点
4. 3点

5 Ⅰ. 1. 2点
2. 2点
3. 2点
4. 3点
Ⅱ. 1. 2点
2. 2点
3. 2点
4. 3点

受検番号	

合計得点	

※90点満点

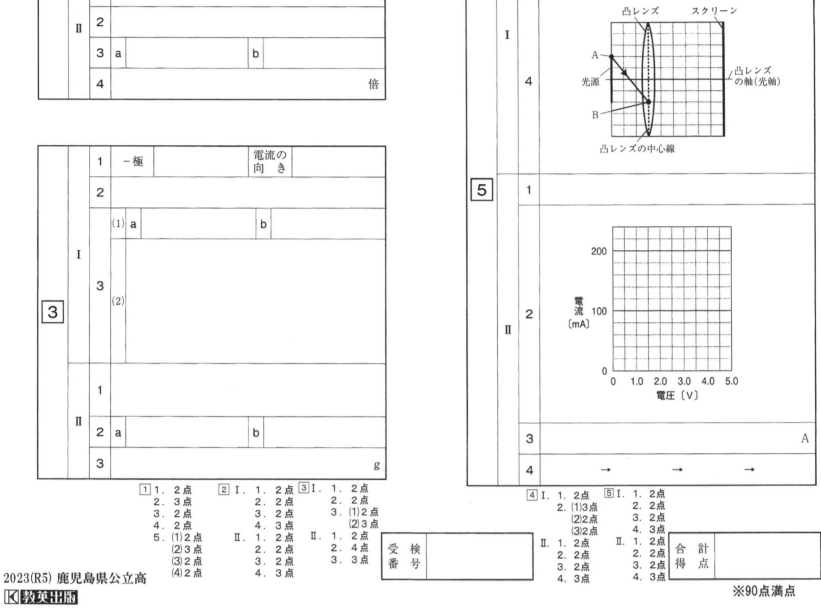

35

3			
I	1		
	2		
	3		
II	1		2
III			

I．1．2点
2．3点
3．2点
II．1．3点
2．3点
III．4点

4						
1	（A）		（B）		（C）	
2						
3						
4						
5	20					
	25	30				
6	15					

1．3点
2．4点
3．3点
4．4点
5．6点
6．5点

受検番号	

合計得点	

※90点満点

4	1			3	(1)	（求め方や計算過程） 答　B（　　　，　　　）
	2					
	3	(2)				

5	1	cm	2		（証明）
	3	cm			
	4	cm^2			

1 3点×9
2 1．3点×3
2．4点
3．4点

3 2点×8
4 1．3点
2．3点
3．(1)5点
(2)4点

5 1．3点
2．5点
3．3点
4．4点

受検番号	

合計得点	

※90点満点

国語解答用紙

1

1

(1) びる

(2)

(3)

(4)

(5) る

(6)

2

1．2点×6
2．2点

2

1

2

3

Ⅰ

Ⅱ

Ⅲ

4

1．3点
2．3点
3．Ⅰ．4点
Ⅱ．4点
Ⅲ．7点
4．5点

1

2点
3点
4点
4点
5点

1

2

Ⅰ

Ⅱ

1．3点
2．Ⅰ．3点
Ⅱ．4点
Ⅲ．4点
3．3点
4．6点

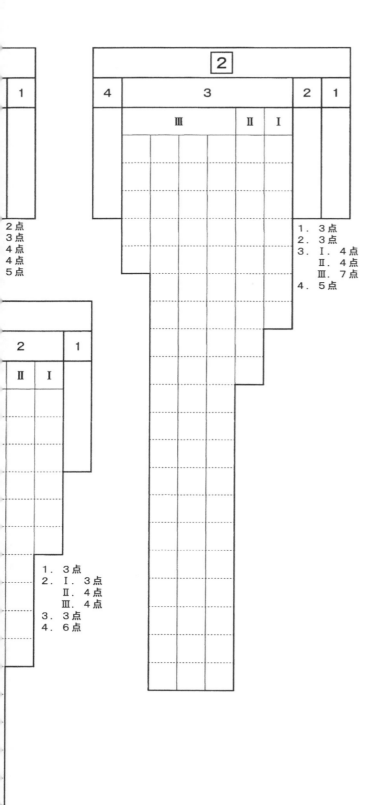

2 次のⅠ～Ⅲの問いに答えなさい。答えを選ぶ問いについては一つ選び，その記号を書きなさい。

Ⅰ　次の略年表を見て，1～6の問いに答えよ。

世紀	主なできごと	
5	大和政権の大王たちが，たびたび中国に使いを送った	A
8	平城京を中心に，仏教や唐の文化の影響を受けた ⓐ天平文化が栄えた	
11	① 政治は，藤原道長・頼通のときに最も栄えた	
13	北条泰時が，武士独自の法である ② を制定した	B
16	ⓑ商業や手工業，流通の発達にともない，京都などの都市が発展した	
18	貨幣経済が広まったことで，ⓒ自給自足に近かった農村社会に変化が生じた	

1　①，②にあてはまる最も適当なことばを書け。

2　Aのころ，主に朝鮮半島などから日本列島へ移住し，須恵器とよばれる土器を作る技術や漢字などを伝えた人々を何というか。

3　ⓐについて，**資料1**は天平文化を代表する正倉院宝物の「螺鈿紫檀五絃琵琶《らでんしたんのごげんびわ》」と「瑠璃坏《るりのつき》」である。**資料1**から読み取れる天平文化の特色を書け。ただし，**遣唐使**ということばを使うこと。

資料1

螺鈿紫檀五絃琵琶

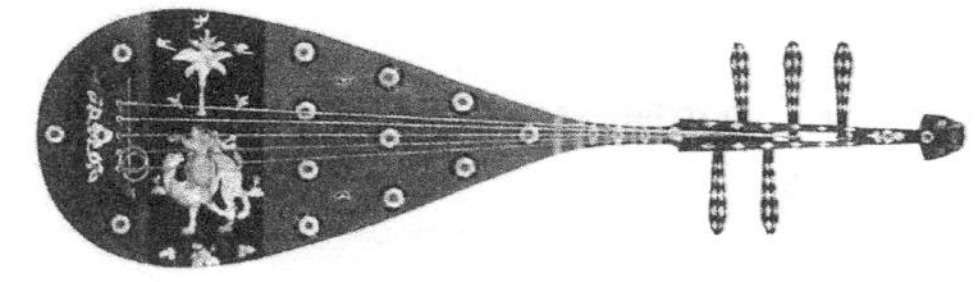

・5弦の琵琶はインドが起源といわれている。
・中国で作られたと考えられている。

瑠璃坏

・西アジアで作られたガラスに，中国で銀の脚を付けたと考えられている。

4　AとBの間の時期におこった次のア～エのできごとを，年代の古い順に並べよ。

ア　桓武天皇が長岡京，ついで平安京へ都を移し，政治を立て直そうとした。
イ　白河天皇が位を息子にゆずり，上皇となったのちも政治を行う院政をはじめた。
ウ　聖徳太子が蘇我馬子と協力し，中国や朝鮮半島の国々にならった新しい政治を行った。
エ　関東地方で平将門，瀬戸内地方で藤原純友がそれぞれ反乱を起こした。

5　ⓑについて述べた次の文の X ， Y にあてはまることばの組み合わせとして最も適当なものはどれか。

> **資料2**は，『洛中洛外図屏風《らくちゅうらくがいずびょうぶ》』の中に描かれている16世紀後半の祇園祭のようすである。平安時代から行われているこの祭は，1467年に始まった X で中断したが，京の有力な商工業者である Y によって再興され，現在まで続いている。

ア（X　応仁の乱　　Y　惣）
イ（X　応仁の乱　　Y　町衆）
ウ（X　壬申の乱　　Y　惣）
エ（X　壬申の乱　　Y　町衆）

資料2　洛中洛外図屏風
（米沢市上杉博物館蔵）

5　**略地図**中の**宮崎県**では，**写真２**のようなビニールハウスなどを用いたピーマンの栽培が盛んである。**宮崎県**でこのような農業が盛んであるのはなぜか。**資料２**～**資料４**をもとに書け。ただし，**気候**，**出荷量**，**価格**ということばを使うこと。

写真２

資料２　各地の月別平均気温

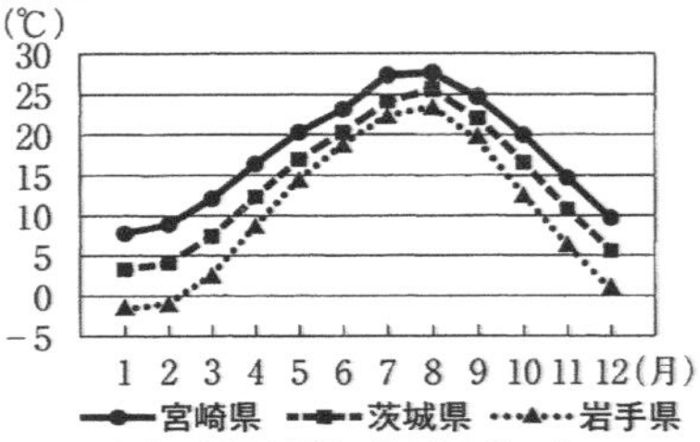

※各地の気温は各県の県庁所在地のもの

（気象庁統計から作成）

資料３　東京都中央卸売市場へのピーマンの月別出荷量（2021年）

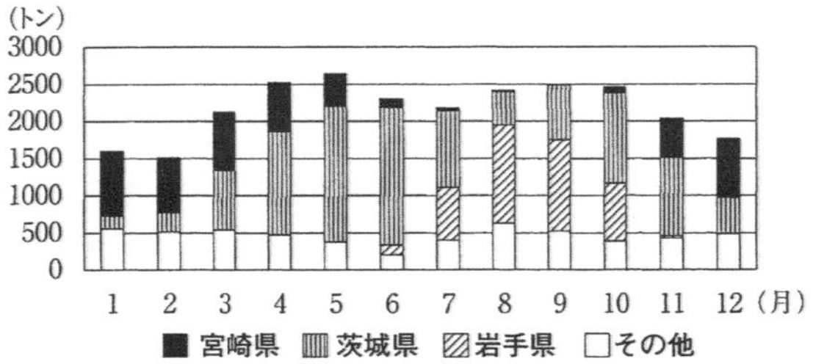

（東京都中央卸売市場統計から作成）

資料４　ピーマンの月別平均価格（2002年～2021年平均）

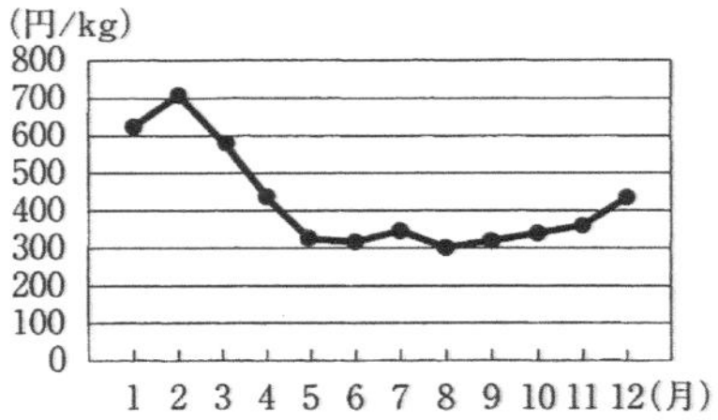

（東京都中央卸売市場統計から作成）

Ⅲ　縮尺が２万５千分の１である次の**地形図**を見て，１，２の問いに答えよ。

１　**地形図**の読み取りに関する次の**A**，**B**の文について，下線部の正誤の組み合わせとして最も適当なものはどれか。

A：□で囲まれた①の範囲には，消防署はみられない。

B：●―●で示した②，③間の**地形図**上での長さは３cmなので，実際の距離は750ｍである。

ア（**A**　正　**B**　正）　イ（**A**　正　**B**　誤）
ウ（**A**　誤　**B**　正）　エ（**A**　誤　**B**　誤）

２　次の**表**は，高知市の指定緊急避難場所一覧の一部を示したものであり，**表**中の**ア**，**イ**は**地形図**中にⓐ，ⓑで示した避難場所のいずれかである。ⓐは**ア**，**イ**のどちらか。また，そのように考えた理由を，ⓐ周辺の地形の特徴をふまえ，解答欄の書き出しのことばに続けて書け。

地形図

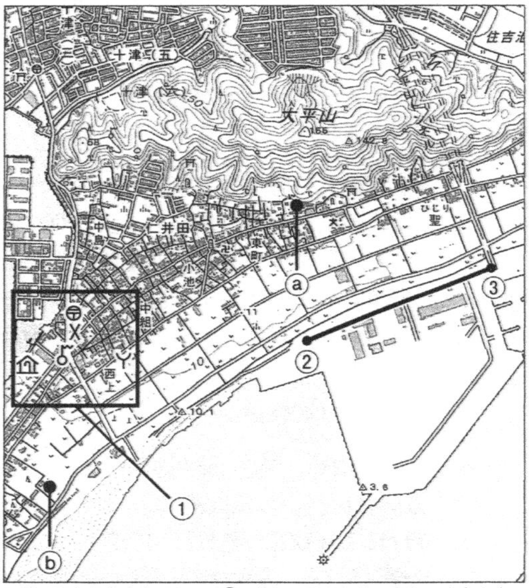

※読み取りやすくするため，①の範囲の地図記号の表記の大きさを一部変更している。

（令和元年国土地理院発行２万５千分の１地形図「高知」から作成）

表

	洪　水	土砂災害
ア	○	○
イ	○	×

（高知市資料から作成）

○：避難可
×：避難不可

Ⅱ　次の**略地図**を見て，１～５の問いに答えよ。

略地図

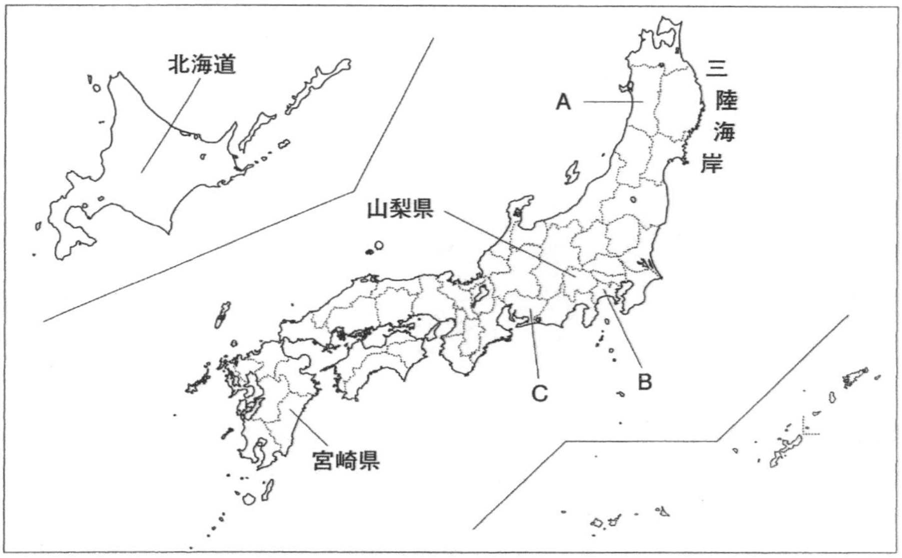

１　**略地図**中の**北海道**では，乳牛を飼育し，生乳やバター，チーズなどの乳製品を生産する農業が盛んである。このような農業を何というか。

２　**略地図**中の**三陸海岸**の沖合は，日本でも有数の漁場となっている。その理由の一つとして，この海域が暖流と寒流のぶつかる潮目（潮境）となっていることが挙げられる。**三陸海岸**の沖合などの東日本の太平洋上で，暖流である日本海流とぶつかる寒流の名称を答えよ。

３　**資料１**は**略地図**中の**Ａ～Ｃ**県の人口に関する統計をまとめたものであり，**ア～ウ**は**Ａ～Ｃ**県のいずれかである。**Ｂ**県は**ア～ウ**のどれか。

資料１

	人口増減率（％）	年齢別人口割合（％）			産業別人口割合（％）		
		0～14歳	15～64歳	65歳以上	第１次産業	第２次産業	第３次産業
ア	1.22	11.8	62.7	25.6	0.8	21.1	78.1
イ	－6.22	9.7	52.8	37.5	7.8	25.5	66.6
ウ	0.79	13.0	61.7	25.3	2.1	32.7	65.3
全国	－0.75	11.9	59.5	28.6	3.4	24.1	72.5

※四捨五入しているため，割合の合計が100％にならないところがある。
※人口増減率は，2015年から2020年の人口増減率であり，
（2020年人口－2015年人口）÷2015年人口×100で求められる。
（「日本国勢図会2022/23」などから作成）

４　**略地図**中の**山梨県**では，**写真１**のような扇状地が見られる。扇状地の特色とそれをいかして行われている農業について述べた次の文の［　　　　］に適することばを補い，これを完成させよ。

扇状地の中央部は粒の大きい砂や石からできているため［　　　　］。そのため，水田には適さないが，ぶどうなどの果樹の栽培に利用されている。

写真１

2023(R5) 鹿児島県公立高
K 教英出版

5　**略地図1**中の**フランス**や**ドイツ**などの多くのEU加盟国では，**資料1**のように，国境を自由に行き来し，買い物などの経済活動を行う人々が多い。この理由について，解答欄の書き出しのことばに続けて書け。ただし，**パスポート**と**ユーロ**ということばを使うこと。

資料1

6　**資料2**は，**略地図1**中の**ブラジル**の1963年と2020年における輸出総額と主な輸出品の割合を示しており，**資料3**は近年における**ブラジル**の主な輸出品の輸出量と世界における割合及び順位を示している。ブラジルの主な輸出品の変化と特徴について，**資料2**，**資料3**をもとに書け。ただし，**モノカルチャー経済**ということばを使うこと。

資料2　**ブラジルの輸出総額と主な輸出品の割合**

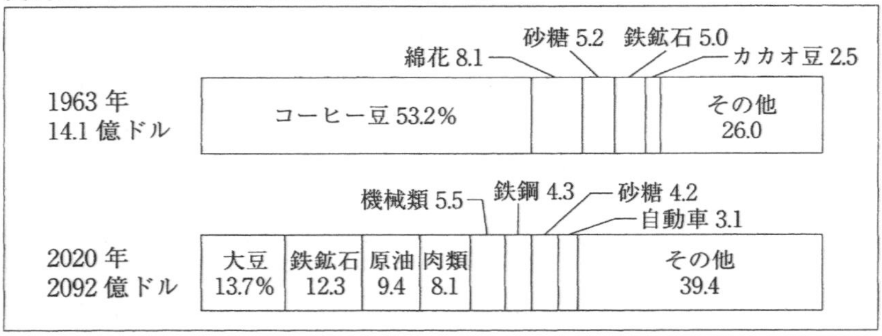

（「日本国勢図会2022/23」などから作成）

資料3　**ブラジルの主な輸出品の輸出量と世界における割合及び順位**

品　目	輸出量	割　合	順　位
大　豆	8297万トン	47.9%	1位
鉄鉱石	343百万トン	20.7%	2位
原　油	6226万トン	2.8%	11位
肉　類	772万トン	14.7%	2位

※大豆と鉄鉱石は2020年，原油と肉類は2019年の統計　（「世界国勢図会2022/23」などから作成）

1 次のⅠ～Ⅲの問いに答えなさい。答えを選ぶ問いについては一つ選び，その記号を書きなさい。

Ⅰ 次の**略地図１**，**略地図２**を見て，１～６の問いに答えよ。

略地図１

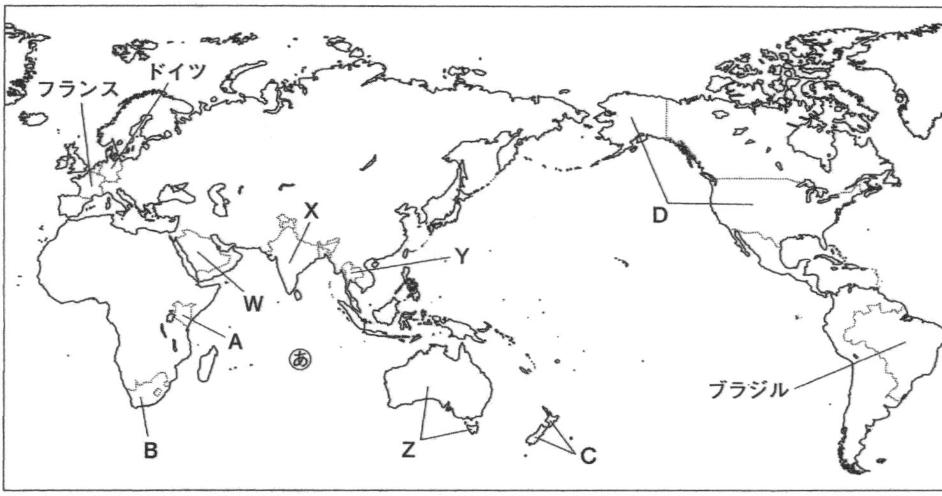

１ **略地図１**中の㋐は，三大洋の一つである。この海洋の名称を答えよ。

２ **略地図２**は，図の中心の**東京**からの距離と方位を正しく表した地図である。**略地図２**中のア～エのうち，**東京**から北東の方位，約 8000 km に位置している場所として，最も適当なものはどれか。

略地図２

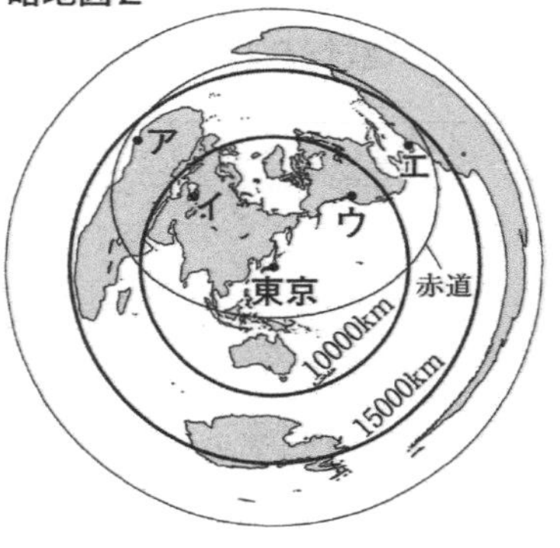

３ **略地図１**中の**A**～**D**国の特徴について述べた次のア～エのうち，**B**国について述べた文として最も適当なものはどれか。

ア 牧草がよく育つことから牧畜が盛んであり，特に羊の飼育頭数は人口よりも多いことで知られている。

イ サバナが広く分布し，内陸の高地では，茶や切り花の生産が盛んである。

ウ サンベルトとよばれる地域では，先端技術産業が発達している。

エ 過去にはアパルトヘイトとよばれる政策が行われていた国であり，鉱産資源に恵まれている。

４ **表**は，**略地図１**中の**W**～**Z**国で信仰されている宗教についてまとめたものであり，**表**中の①～④には，**語群**の宗教のいずれかが入る。**表**中の①，③の宗教として適当なものをそれぞれ答えよ。なお，同じ番号には同じ宗教が入るものとする。

表

	主な宗教別の人口割合（%）
W	①（94），④（4），②（1）
X	②（80），①（14），④（2）
Y	③（83），①（9）
Z	④（64），③（2），①（2）

（「データブックオブ・ザ・ワールド2023」から作成）

語群

仏教　キリスト教　ヒンドゥー教　イスラム教

2023(R5) 鹿児島県公立高
教英出版

社　　　会

（50分）

注　　意

1　監督者の「始め」の合図があるまで開いてはいけません。

2　問題用紙は表紙を入れて11ページあり，これとは別に解答用紙が１枚あります。

3　受検番号は，解答用紙及び問題用紙の決められた欄に記入しなさい。

4　答えは，問題の指示に従って，**すべて解答用紙に記入しなさい。**

5　監督者の「やめ」の合図ですぐにやめなさい。

受検番号	

3 次のⅠ，Ⅱの各問いに答えなさい。答えを選ぶ問いについては記号で答えなさい。

Ⅰ　あいさんはダニエル電池をつくり，電極の表面の変化を調べて，電流をとり出すしくみを考えるため，次の**実験**を行った。

図

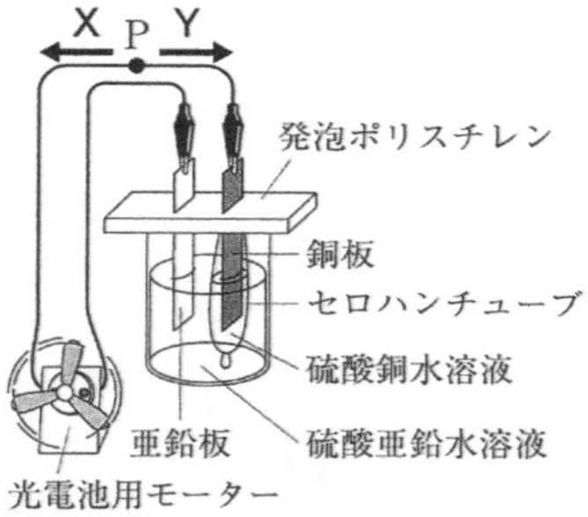

実験

① ビーカーに硫酸亜鉛水溶液と亜鉛板を入れた。

② セロハンチューブの中に硫酸銅水溶液と銅板を入れ，これをビーカーの中の硫酸亜鉛水溶液に入れた。

③ **図**のように，亜鉛板と銅板に光電池用モーターを接続すると光電池用モーターが回転した。

④ しばらく光電池用モーターを回転させると，亜鉛板，銅板ともに表面が変化し，亜鉛板は表面がでこぼこになっていることが確認できた。

1　ダニエル電池の－極は，亜鉛板と銅板のどちらか。また，**図**の点Pを流れる電流の向きは，**図**のX，Yのどちらか。

2　水溶液中の銅板の表面で起こる化学変化のようすを模式的に表しているものとして，最も適当なものはどれか。ただし，㊀は電子を表している。

ア

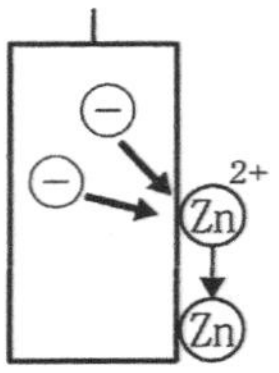

イ

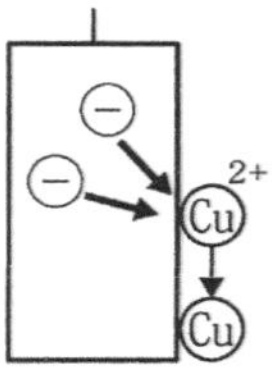

ウ

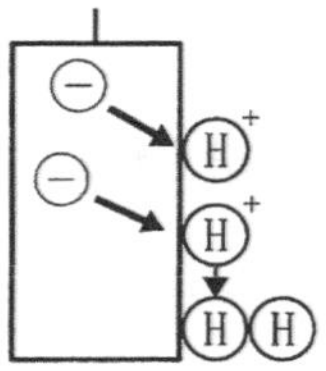

エ

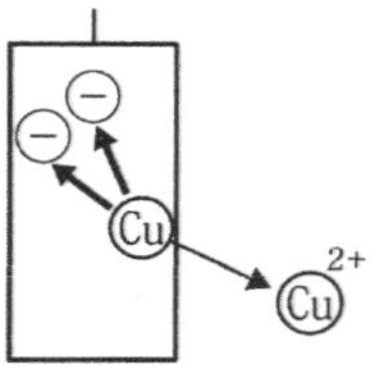

3　次は，**実験**の後のあいさんと先生の会話である。

あい：この実験を通して，ダニエル電池では，物質のもつ［ a ］エネルギーが［ b ］エネルギーに変換されているということが理解できました。

先生：ところで，セロハンチューブにはどのような役割があると思いますか。

あい：セロハンチューブには，硫酸亜鉛水溶液と硫酸銅水溶液が簡単に混ざらないようにする役割があると思います。

先生：そのとおりです。セロハンチューブがなく，この二つの水溶液が混ざると，亜鉛板と硫酸銅水溶液が直接反応して亜鉛板の表面には金属が付着し，電池のはたらきをしなくなります。このとき，亜鉛板の表面ではどのような反応が起きていますか。

あい：亜鉛板の表面では，［ c ］という反応が起きています。

(1)　会話文中の［ a ］，［ b ］にあてはまることばを書け。

(2)　会話文中の［ c ］について，「亜鉛イオン」，「銅イオン」，「電子」ということばを使って正しい内容となるように書け。

Ⅱ　たかしさんとひろみさんは，太陽の黒点について調べるため，**図1**のような天体望遠鏡を使って太陽の表面を数日間観察した。そのとき太陽の像を記録用紙の円の大きさに合わせて投影し，黒点の位置や形をスケッチした。その後，記録用紙に方位を記入した。**図2**は，スケッチしたもののうち2日分の記録である。

図1

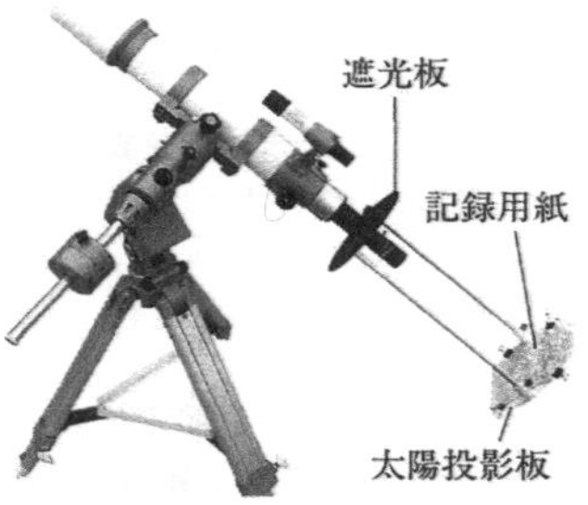

図2

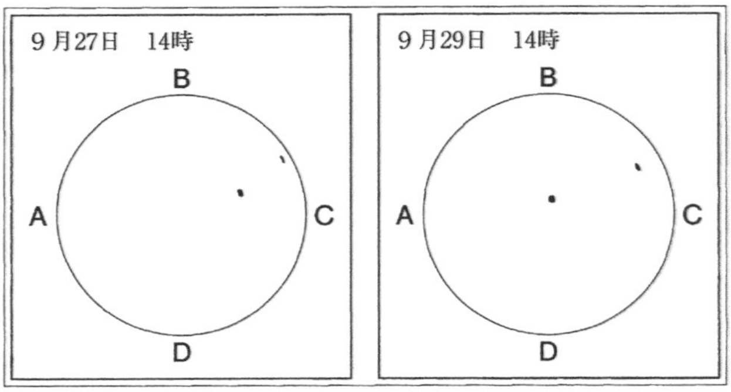

1　黒点が黒く見える理由を，解答欄の書き出しのことばに続けて書け。

2　**図2**の**A**～**D**には記入した方位が書かれている。天体望遠鏡を固定して観察していたとき，記録用紙の円から**A**の方向へ太陽の像がずれ動いていた。**A**はどれか。

ア　東　　イ　西　　ウ　南　　エ　北

次は，観察の後の2人と先生の会話である。

たかし：数日分の記録を見ると，黒点の位置が変化していることから，太陽は［a］していることがわかるね。

ひろみ：周辺部では細長い形に見えていた黒点が，数日後，中央部では円形に見えたことから，太陽は［b］であることもわかるね。

先　生：そのとおりですね。

たかし：ところで，黒点はどれくらいの大きさなのかな。

ひろみ：地球の大きさと比べて考えてみようよ。

3　この観察からわかったことについて，会話文中の［a］と［b］にあてはまることばを書け。

4　下線部について，記録用紙の上で太陽の像は直径10 cm，ある黒点はほぼ円形をしていて直径が2 mmであったとする。この黒点の直径は地球の直径の何倍か。小数第2位を四捨五入して小数第1位まで答えよ。ただし，太陽の直径は地球の直径の109倍とする。

2 次のⅠ，Ⅱの各問いに答えなさい。答えを選ぶ問いについては記号で答えなさい。

Ⅰ　ある日，桜島に行ったゆうさんが，気づいたことや，桜島に関してタブレット端末や本を使って調べたり考えたりしたことを，図のようにまとめた。

図

桜島について　　　　○年△月□日

〈気づいたこと〉

・ゴツゴツした岩がたくさんあった。
・道のあちらこちらに火山灰が見られた。

桜島

〈火山の形〉

傾斜がゆるやかな形	円すい状の形（桜島）	ドーム状の形

弱い ←	マグマのねばりけ	→ 強い

〈火山灰の観察〉

目的：火山灰にふくまれる一つ一つの粒の色や形を調べる。
方法：少量の火山灰を［ a ］。
その後，適切な操作を行い，双眼実体顕微鏡で粒をくわしく観察する。

〈火山灰の広がり〉

桜島の降灰予報から火山灰の広がりについて考えた。右の桜島の降灰予報から，桜島上空の風向は［ b ］であることがわかる。もし，桜島上空に上がった火山灰が，この風によって 10 m/s の速さで 30 km 離れた地点Pの上空に到達したとすると，そのときにかかる時間は，［ c ］分であると考えられる。

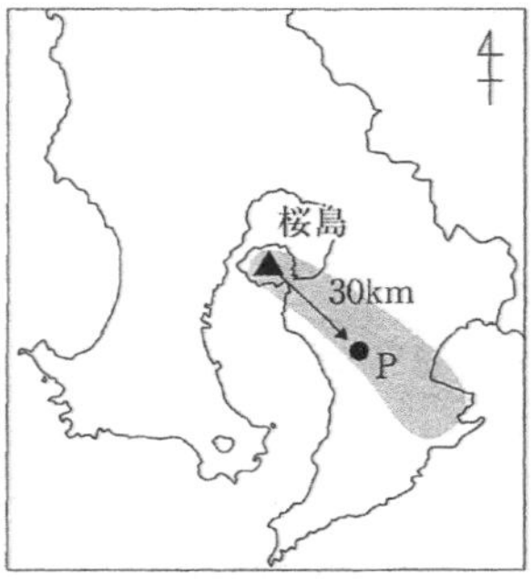

桜島の降灰予報

1　地下にあるマグマが地表に流れ出たものを何というか。

2　図の〈火山の形〉について，噴火のようすと火山噴出物の色の特徴を解答欄の書き出しのことばに続けて書け。

3　図の〈火山灰の観察〉について，［ a ］にあてはまる操作として最も適当なものはどれか。

ア　蒸発皿に入れて水を加え，指でおして洗う　　イ　スライドガラスにのせ染色液をたらす
ウ　ビーカーに入れてガスバーナーで加熱する　　エ　乳鉢に入れて乳棒を使ってすりつぶす

4　図の〈火山灰の広がり〉について，［ b ］と［ c ］にあてはまるものとして最も適当なものはそれぞれどれか。

［ b ］　ア　北東　　イ　南東　　ウ　南西　　エ　北西
［ c ］　ア　3　　イ　10　　ウ　50　　エ　300

5　ある日，動物園に行ったみずきさんは，いろいろな動物を見たり，乗馬体験をしたりした。

(1)　動物のエサやり体験コーナーに行くと，エサの入った箱が水平な机の上に置かれていた。エサと箱を合わせた質量を 10 kg，エサの入った箱が机と接している部分の面積を 0.2 m^2 とするとき，机が箱から受ける圧力の大きさは何 Pa か。ただし，質量 100 g の物体にはたらく重力の大きさを 1 N とする。

(2)　シマウマやライオンを見た後，展示館に行くと，**図２**のような展示があった。これは，何らかの原因で，植物がふえたとしても，長い時間をかけてもとのつり合いのとれた状態にもどることを示した模式図である。生物の数量の関係の変化を表したものになるように，C～Eにあてはまるものを**ア**～**ウ**から一つずつ選べ。なお，**図２**のAはつり合いのとれた状態を示しており，**図２**及び**ア**～**ウ**の破線（┆）はAの状態と同じ数量を表している。

図２

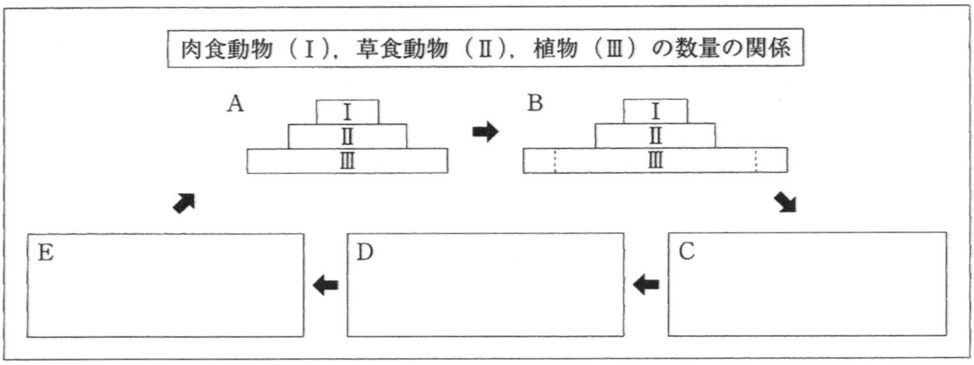

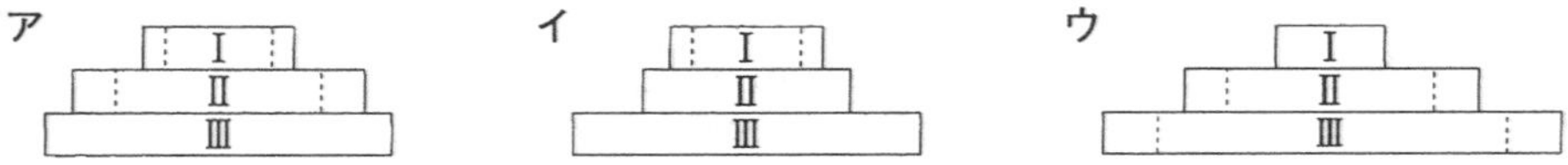

(3)　乗馬体験コーナーで，「以前は仕事率の単位に馬力が使われ，1 馬力は約 735 W であった。」という話を聞いた。735 W の仕事率で 44100 J の仕事をするとき，かかる時間は何秒か。

(4)　売店に，「廃棄プラスチック削減に取り組んでいます。」という張り紙があった。みずきさんは，人間の生活を豊かで便利にしている科学技術の利用と自然環境の保全について関心をもち，家でプラスチックについて調べた。プラスチックについて述べたものとして，**誤っているもの**はどれか。

ア　水にしずむものもある。

イ　有機物である。

ウ　人工的に合成されたものはない。

エ　薬品による変化が少ない。

1　次の各問いに答えなさい。答えを選ぶ問いについては記号で答えなさい。

1　**図1**の力A，力Bの合力の大きさは何Nか。
ただし，**図1**の方眼の1目盛りを1Nとする。

図1

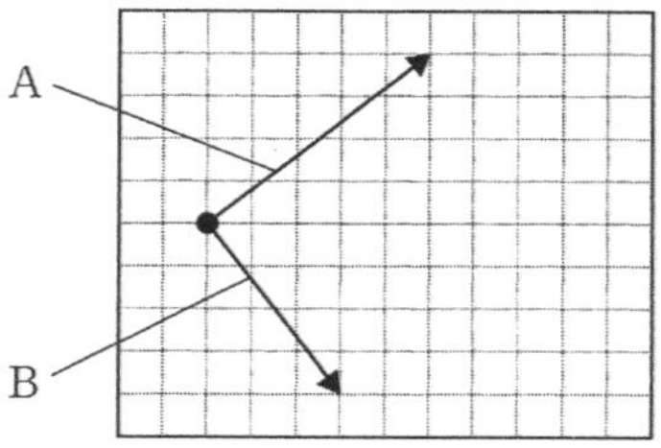

2　メタン（CH_4）を燃焼させると，二酸化炭素と水ができる。この化学変化を表す次の化学反応式を完成せよ。

CH_4　＋　$2O_2$　→

3　顕微鏡を使って小さな生物などを観察するとき，はじめに視野が最も広くなるようにする。次の**ア**～**エ**のうち，最も広い視野で観察できる接眼レンズと対物レンズの組み合わせはどれか。

ア　10倍の接眼レンズと4倍の対物レンズ
イ　10倍の接眼レンズと10倍の対物レンズ
ウ　15倍の接眼レンズと4倍の対物レンズ
エ　15倍の接眼レンズと10倍の対物レンズ

4　震度について，次の文中の□にあてはまる数値を書け。

ある地点での地震によるゆれの大きさは震度で表され，現在，日本では，気象庁が定めた震度階級によって震度0から震度□までの10階級に分けられている。

2023(R5) 鹿児島県公立高
K 教英出版

理　　　科

（50分）

注　　　意

1　監督者の「始め」の合図があるまで開いてはいけません。

2　問題用紙は表紙を入れて11ページあり，これとは別に解答用紙が１枚あります。

3　受検番号は，解答用紙及び問題用紙の決められた欄に記入しなさい。

4　答えは，問題の指示に従って，**すべて解答用紙に記入しなさい。**

5　監督者の「やめ」の合図ですぐにやめなさい。

受検番号	

※教英出版注
音声は，解答集の書籍ＩＤ番号を教英出版ウェブサイトで入力して聴くことができます。

英語聞き取りテスト台本

（実施時間　約11分00秒）

〈チャイムの音四つ〉

これから，英語の聞き取りテストを行います。問題用紙の２ページを開けなさい。

英語は１番から５番は１回だけ放送します。６番以降は２回ずつ放送します。メモをとってもかまいません。

（約３秒間休止）

では，１番の問題を始めます。まず，問題の指示を読みなさい。

（約12秒間休止）

それでは放送します。

Kenta : Lucy, you are wearing nice shoes. You look good.
Lucy : Thank you. I bought them yesterday. I'm very happy.
Kenta : Oh, I want new shoes, too.

（約10秒間休止）

次に，２番の問題です。まず，問題の指示を読みなさい。

（約11秒間休止）

それでは放送します。

Mark : It's getting cold. Winter is coming. I don't like winter.
Yumi : I agree. I like spring the best because we can see beautiful flowers.
Mark : Me, too. Spring is my favorite season.

（約10秒間休止）

次に，３番の問題です。まず，問題の指示を読みなさい。

（約15秒間休止）

それでは放送します。

Becky : How many pages do you have to read for the English test, Tomoya?
Tomoya : 40 pages.
Becky : How many pages have you finished?
Tomoya : 26 pages.
Becky : You have 14 pages to read. I hope you will do your best.

（約10秒間休止）

次に，４番の問題です。まず，問題の指示を読みなさい。

（約14秒間休止）

それでは放送します。

Saki : I hear that you will go back to Australia next month, Bob. How long will you stay there?
Bob : For two weeks. I'll be back in Japan on January 10th.
Saki : So, you will spend New Year's Day in Australia.
Bob : Yes, with my family.

Question : Is Bob going back to Australia in December or in January?

（約15秒間休止）

英語聞き取りテスト台本

4　次は，中学生の Hikari が昨日の下校中に体験した出来事を描いたイラストである。Hikari になったつもりで，イラストに合うように，一連の出来事を解答欄の書き出しに続けて25～35語の英語で書け。英文の数は問わない。

3 (1)〜(3)について，下の［例］を参考にしながら，（　　　）内の語を含めて3語以上使用して，英文を完成させよ。ただし，（　　　）内の語は必要に応じて形を変えてもよい。また，文頭に来る語は，最初の文字を大文字にすること。

［例］

<　教室で　> *A* : What were you doing when I called you yesterday? *B* : (　study　) in my room.　　　　（答）　I was studying

(1) <　教室で　>

A : When did you see the movie?

B : (see) yesterday.

(2) <　教室で　>

A : It's rainy today.　How about tomorrow?

B : I hear that it (sunny) tomorrow.

(3) <　家で　>

A : Can you use this old camera?

B : No, but our father knows (use) it.

2 次の１～４の問いに答えなさい。

1　次は，Kohei と ALT の Ella 先生との，休み時間における対話である。下の①，②の表現が入る最も適当な場所を対話文中の〈　ア　〉～〈　エ　〉の中からそれぞれ一つ選び，その記号を書け。

①　How long will you talk?　　②　Can you help me?

Kohei :　Hi, can I talk to you now?

Ella :　Sure.　What's up, Kohei?　〈　ア　〉

Kohei :　I have to make a speech in my English class next week.　Before the class, I want you to check my English speech.　〈　イ　〉

Ella :　Yes, of course.　What will you talk about in your speech?

Kohei :　I'm going to talk about my family.

Ella :　All right.　〈　ウ　〉

Kohei :　For three minutes.

Ella :　I see.　Do you have time after school?

Kohei :　Yes, I do.　〈　エ　〉　I will come to the teachers' room.　Is it OK?

Ella :　Sure.　See you then.

2　次は，John と父の Oliver との自宅での対話である。（　①　）～（　③　）に，下の［　　］内の［説明］が示す英語１語をそれぞれ書け。

John :　Good morning, Dad.

Oliver :　Good morning, John.　Oh, you will have a party here tonight with your friends, right?

John :　Yes.　I'm very happy.　Ben and Ron will come.

Oliver :　What time will they come?

John :　They will（　①　）at the station at 5:30 p.m.　So, maybe they will come here at 5:45 p.m. or 5:50 p.m.

Oliver :　I see.

John :　Can we use the（　②　）?　We will cook pizza together.

Oliver :　That's good.　You can use all the（　③　）on the table.

John :　Thank you.　We will use the potatoes and onions.

［説明］　①　to get to the place

②　the room that is used for cooking

③　plants that you eat, for example, potatoes, carrots, and onions

5　これから，White 先生が下の表を使って授業中に行った説明の一部を放送します。下の表を参考にしながら White 先生の説明を聞き，その内容として最も適当なものを下の**ア**～**エ**の中から一つ選び，その記号を書きなさい。

	 beef	 chicken	 pork
Japan	1,295,000 t	2,757,000 t	2,732,000 t
The U.S.	12,531,000 t	16,994,000 t	10,034,000 t

※単位はｔ（トン）　　（「米国農務省のウェブサイト」をもとに作成）

ア　日本とアメリカにおける食肉の消費について
イ　日本とアメリカにおける食肉の生産について
ウ　日本とアメリカにおける食肉の輸入について
エ　日本とアメリカにおける食肉の輸出について

6　あなたは，あるコンサート会場に来ています。これから放送されるアナウンスを聞いて，このコンサートホール内で禁止されていることを下の**ア**～**エ**の中から一つ選び，その記号を書きなさい。

ア　水やお茶を飲むこと　　**イ**　写真を撮ること
ウ　音楽に合わせて踊ること　　**エ**　電話で話すこと

7　これから，英語の授業での Tomoko の発表を放送します。発表の後に，その内容について英語で質問します。下の英文がその質問の答えになるように，（　　　）に適切な英語を補って英文を完成させなさい。

She learned that she should (　　　　　　　　　　　　　　　　).

8　これから，中学生の Naoko と ALT の Paul 先生との対話を放送します。その中で，Paul 先生が Naoko に質問をしています。Naoko に代わって，その答えを英文で書きなさい。２文以上になってもかまいません。書く時間は１分間です。

※教英出版注
音声は，解答集の書籍ＩＤ番号を教英出版ウェブサイトで入力して聴くことができます。

1 **聞き取りテスト**　放送の指示に従って，次の１～８の問いに答えなさい。英語は１から５は１回だけ放送します。６以降は２回ずつ放送します。メモをとってもかまいません。

1　これから，Kenta と Lucy との対話を放送します。Lucy が昨日買ったものとして最も適当なものを下のア～エの中から一つ選び，その記号を書きなさい。

ア

イ

ウ

エ

2　これから，Mark と Yumi との対話を放送します。二人が最も好きな季節を下のア～エの中から一つ選び，その記号を書きなさい。

ア　spring　　イ　summer　　ウ　autumn　　エ　winter

3　これから，Becky と Tomoya との対話を放送します。Tomoya が英語のテスト勉強のために読まなければならないページは全部で何ページか，最も適当なものを下のア～エの中から一つ選び，その記号を書きなさい。

ア　14ページ　　イ　26ページ　　ウ　40ページ　　エ　56ページ

4　これから，Saki と Bob との対話を放送します。対話の後に，その内容について英語で質問します。下の英文がその質問の答えになるよう，（　　　　）に入る適切な英語１語を書きなさい。

He is going back to Australia in (　　　　).

英　　　語

（50分）

注　　意

1　監督者の「始め」の合図があるまで開いてはいけません。

2　**問題の[1]は放送を聞いて答える問題です。**

3　問題用紙は表紙を入れて12ページあり，これとは別に解答用紙が1枚あります。

4　受検番号は，解答用紙及び問題用紙の決められた欄に記入しなさい。

5　答えは，問題の指示に従って，**すべて解答用紙に記入しなさい。**

6　**問題の[2]の4，[4]の6**については，次の指示に従いなさい。

※　一つの下線に1語書くこと。
※　短縮形（I'm や don't など）は1語として数え，符号（ , や ? など）は語数に含めない。
（例1）No,　I'm　not.　【3語】
（例2）It's　June　30　today.　【4語】

7　監督者の「やめ」の合図ですぐにやめなさい。

受検番号	

3 国勢調査（1950 年～ 2020 年）の結果をもとに表や図を作成した。次の **1** ～ **3** の問いに答えなさい。

1　**表**は，鹿児島県の人口総数を表したものである。**表**をもとに，横軸を年，縦軸を人口総数として，その推移を折れ線グラフに表したとき，折れ線グラフの形として最も適当なものを下の**ア**～**エ**の中から 1 つ選び，記号で答えよ。

表

	1950 年	1955 年	1960 年	1965 年	1970 年	1975 年	1980 年	1985 年	1990 年	1995 年	2000 年	2005 年	2010 年	2015 年	2020 年
人口総数(人)	1804118	2044112	1963104	1853541	1729150	1723902	1784623	1819270	1797824	1794224	1786194	1753179	1706242	1648177	1588256

ア
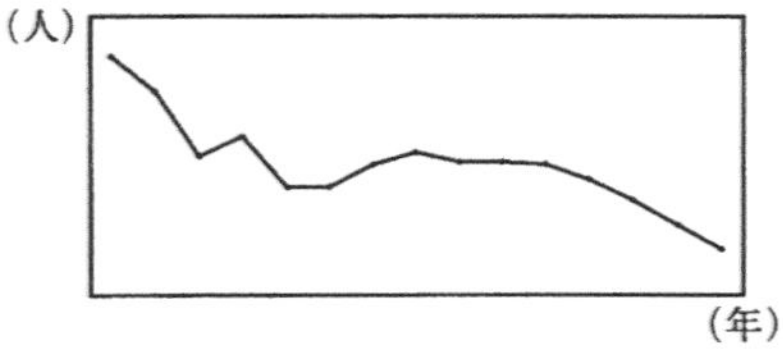

イ
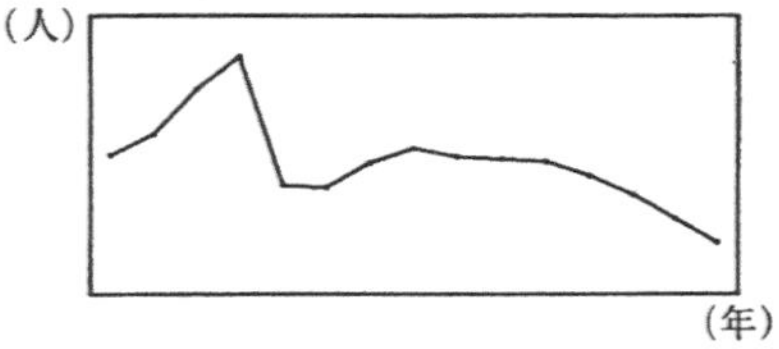

ウ
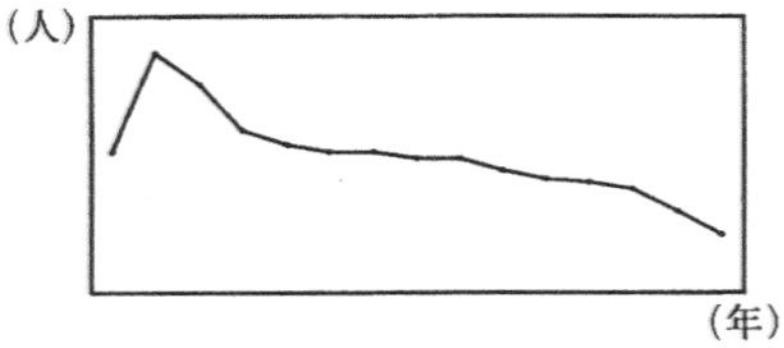

エ
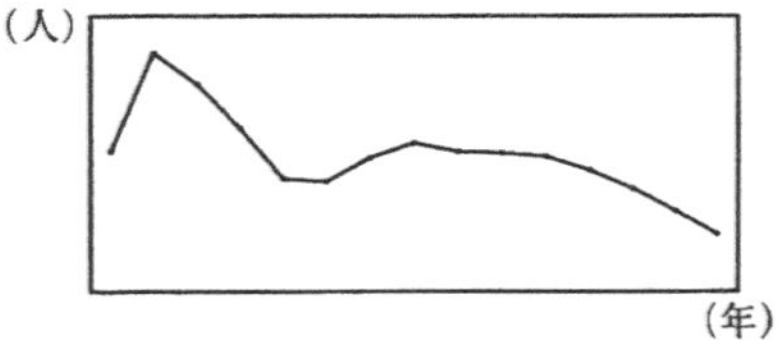

2　**図 1** は，2020 年における都道府県別の人口に占める 15 歳未満の人口の割合を階級の幅を 1% にして，ヒストグラムに表したものである。鹿児島県は約 13.3% であった。次の⑴，⑵の問いに答えよ。

図 1
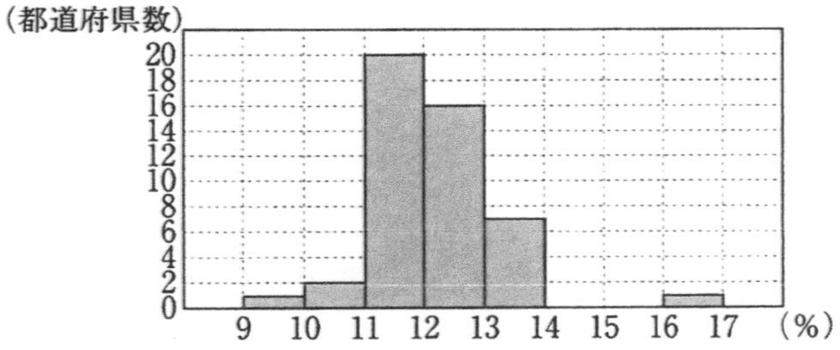

⑴　鹿児島県が含まれる階級の階級値を求めよ。

⑵　2020 年における都道府県別の人口に占める 15 歳未満の人口の割合を箱ひげ図に表したものとして，最も適当なものを下の**ア**～**エ**の中から 1 つ選び，記号で答えよ。

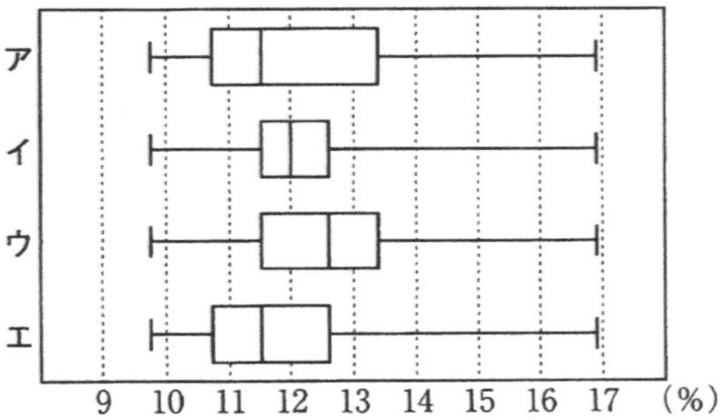

2　右の図のような長方形ABCDがある。次の**【条件】**をすべて満たす点Eを，定規とコンパスを用いて作図せよ。ただし，点Eの位置を示す文字Eを書き入れ，作図に用いた線も残しておくこと。

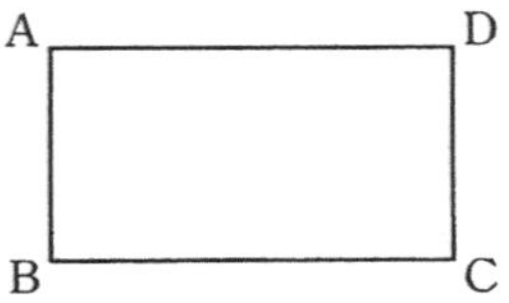

【条件】

- 線分BEと線分CEの長さは等しい。
- △BCEと長方形ABCDの面積は等しい。
- 線分AEの長さは，線分BEの長さより短い。

3　底面が正方形で，高さが3 cmの直方体がある。この直方体の表面積が$80\ \mathrm{cm}^2$であるとき，底面の正方形の一辺の長さを求めよ。ただし，底面の正方形の一辺の長さをx cmとして，xについての方程式と計算過程も書くこと。

2 次の**1**～**3**の問いに答えなさい。

1　次は，先生と生徒の授業中の会話である。次の(1)～(3)の問いに答えよ。

図

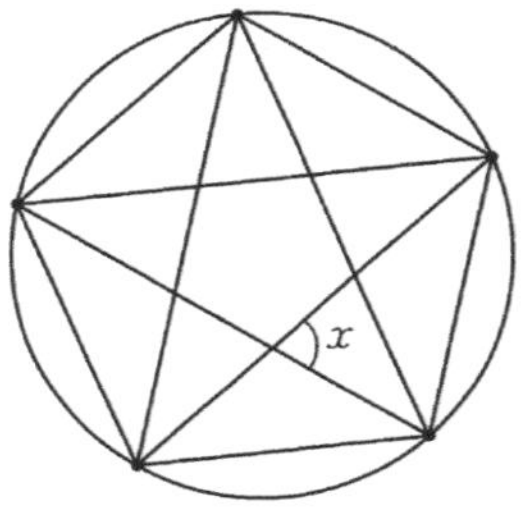

先　生：円周を5等分している5つの点をそれぞれ結ぶと，**図**のようになります。**図**を見て，何か気づいたことはありますか。

生徒A：先生，私は正五角形と星形の図形を見つけました。

先　生：正五角形と星形の図形を見つけたんですね。
それでは，正五角形の内角の和は何度でしたか。

生徒A：正五角形の内角の和は □ 度です。

先　生：そうですね。

生徒B：先生，私は大きさや形の異なる二等辺三角形がたくさんあることに気づきました。

先　生：いろいろな図形がありますね。
他の図形を見つけた人はいませんか。

生徒C：はい，①ひし形や台形もあると思います。

先　生：たくさんの図形を見つけましたね。
図形に注目すると，②**図**の $\angle x$ の大きさもいろいろな方法で求めることができそうですね。

(1)　□ にあてはまる数を書け。

(2)　下線部①について，ひし形の定義を下の**ア**～**エ**の中から1つ選び，記号で答えよ。

ア　4つの角がすべて等しい四角形

イ　4つの辺がすべて等しい四角形

ウ　2組の対辺がそれぞれ平行である四角形

エ　対角線が垂直に交わる四角形

(3)　下線部②について，$\angle x$ の大きさを求めよ。

2　連立方程式 $\begin{cases} 3x + y = 8 \\ x - 2y = 5 \end{cases}$ を解け。

3　10 円硬貨が 2 枚，50 円硬貨が 1 枚，100 円硬貨が 1 枚ある。この 4 枚のうち，2 枚を組み合わせてできる金額は何通りあるか求めよ。

4　$\dfrac{9}{11}$ を小数で表すとき，小数第 20 位を求めよ。

5　下の 2 つの表は，A 中学校の生徒 20 人と B 中学校の生徒 25 人の立ち幅跳びの記録を，相対度数で表したものである。このA 中学校の生徒 20 人と B 中学校の生徒 25 人を合わせた 45 人の記録について，200 cm 以上 220 cm 未満の階級の相対度数を求めよ。

A 中学校

階級（cm）	相対度数
160 以上 ～ 180 未満	0.05
180 ～ 200	0.20
200 ～ 220	0.35
220 ～ 240	0.30
240 ～ 260	0.10
計	1.00

B 中学校

階級（cm）	相対度数
160 以上 ～ 180 未満	0.04
180 ～ 200	0.12
200 ～ 220	0.44
220 ～ 240	0.28
240 ～ 260	0.12
計	1.00

1 次の**1**～**5**の問いに答えなさい。

1 次の(1)～(5)の問いに答えよ。

(1) $63 \div 9 - 2$ を計算せよ。

(2) $\left(\frac{1}{2} - \frac{1}{5}\right) \times \frac{1}{3}$ を計算せよ。

(3) $(x + y)^2 - x(x + 2y)$ を計算せよ。

(4) 絶対値が7より小さい整数は全部で何個あるか求めよ。

(5) 3つの数 $3\sqrt{2}$, $2\sqrt{3}$, 4について，最も大きい数と最も小さい数の組み合わせとして正しいものを下の**ア**～**カ**の中から1つ選び，記号で答えよ。

	最も大きい数	最も小さい数
ア	$3\sqrt{2}$	$2\sqrt{3}$
イ	$3\sqrt{2}$	4
ウ	$2\sqrt{3}$	$3\sqrt{2}$
エ	$2\sqrt{3}$	4
オ	4	$3\sqrt{2}$
カ	4	$2\sqrt{3}$

数　　　学

（50分）

注　　　意

1　監督者の「始め」の合図があるまで開いてはいけません。

2　問題用紙は表紙を入れて11ページあり，これとは別に解答用紙が１枚あります。

3　受検番号は，解答用紙及び問題用紙の決められた欄に記入しなさい。

4　答えは，問題の指示に従って，**すべて解答用紙に記入しなさい**。計算などは，問題用紙の余白を利用しなさい。

5　監督者の「やめ」の合図ですぐにやめなさい。

受検番号	

そうだよな。
と、僕は思った。
そうだ、なんかこの絵は嘘《うそ》っぽいって心のどこかでずっと思っていたんだ。
だったらいっそ真っ黒に塗りつぶせ。
そんな嘘なんて。嘘の塊なんて。
『暗闇の牛』ならぬ、暗闇の運動部員たち。
審査も体育祭での展示もないんなら、誰にも遠慮することはないだろう。嘘をついてきれいな絵を描く必要だってないはずだ。
考えてみたら、僕はもう何年も嘘の絵ばかり描いていた気がする。
きっとそれは、あの(注)五年前のタンポポからだ。
……あのとき僕が本当に描きたかったのは、どんな絵だったんだろう。
もしもあのとき、あの汚れをなかったことにして絵を描き直したりせず、汚れたクレヨンのまま、何もかも引き受けて、タンポポを描ききっていたら……。
あれからずっと、僕があざやかな色で塗りつぶしてふさいできたその内側には、一体どんな色たちがうごめいていたんだろう。
鈴音に汚されたこの絵を全部黒く塗ったとき、僕は満ち足りていた。
ああ。
アクリルガッシュが乾くまで、しばらくこの黒さを眺めていたい。
これは真っ黒じゃない。僕は知っている。
この黒の下にたくさんの色彩が詰まっている。
どのくらいそうしていただろう。
窓からの日差しは傾いて、西日特有の、蜂蜜のようにまろやかな光が、薄汚れたシンクに差しこんでいる。

がたん、と部室のドアが開いた。
部活が終わったばかりなんだろう。バレー部のネイビーブルーのユニフォームを着たままの鈴音がひどく青ざめた顔をして僕を見た。マスクを持ったこぶしを固く握りしめて、真夏なのに少し震えているようにも見えた。そして大股で、一直線に僕に近づいてきて、何かを言いかけて、急に凍りついたような顔になった。
視線の先には真っ黒なキャンバス。
「……!!」
息を吸いこむ音と同時に、鈴音は、破裂したように大声で泣き出した。
うわぁああああああ
って、それこそ幼稚園くらいの子どもがギャン泣きするみたいな勢いで。顔を真っ赤にして、ぼろぼろと、どこからそんな水分が出てくるんだろうっていう勢いで、大粒の涙も、いや、粒なんてもんじゃなくて滝みたいな涙も、鼻水も、大声も、のどの奥から、絞り出すように、叫ぶように。
「ごめっ…ごめん、…ごめんなざっ、…」
しゃくりあげながら鈴音が(注)慟哭《どうこく》の合間にごめんなさいをくり返そうとする。
息が詰まって死んでしまうんじゃないかと僕はあわてた。
何より、こんな勢いで泣くなんて。鈴音が泣くなんて。
「いや、何。どうしたの?」
立ち上がって鈴音を落ち着かせようとするけれど、どうすればいいんだ? あの猛獣鈴音といえど女子だぞ。一応女子相手だぞ。じいちゃんばあちゃんや子ども相手じゃないから、背中トントンとか、違うだろう。僕は行き場を失った手を空中で、無様に右往左往させた。

「絵っ、……絵、汚して、だか、……だからそんなっ、」

まっくろぉおおお!!

と、また鈴音が激しく泣き出した。

まっくろ……真っ黒?　いや。いやいやいや、違う。そうじゃない。確かにきっかけはあの汚れだけど。そうじゃない。

僕は自分の意志で、この絵を黒く塗った。

そしてそれは、②僕を少し救いもしたんだ。

どう説明すればいい?　僕は困って頭をかいた。それからふと、大声で泣いている鈴音の涙や鼻水が、西日できらきらしていることに気づいた。わんわん泣いている姿が、きれいだと思った。思ってしまった。悲しみや衝撃に無になるんじゃない。もうまっすぐに、感情を爆発させている姿だ。

「……ちょっとここに立って」

僕は鈴音の腕を引いて、(注)イーゼルの後ろに立たせた。鈴音は言われるままに立って、泣き続けた。

僕は絵の具セットから、パレットナイフを取り出す。

黒のキャンバスに手を置く。もう乾いている。大丈夫。

僕の毛穴がぶわっと一気に開いたような感覚になった。

……いける!

そっと慎重に、それから静かに力をこめて、僕は黒を削り出していく。

パレットナイフを短く持った指先に伝わる、下絵の凹凸に少しずつ引っかかる感覚。

足元にガリガリと薄く削られて落ちる黒のアクリルガッシュの細い破片。

――スクラッチ技法。

黒い絵の具の中から、僕が描いていたあざやかな色合いが、虹色が、細く細く顔をのぞかせる。

削れ。削れ。削りだせ。

これが僕だ。今の僕らだ。

塗りつぶされて、憤《いきどお》って、うまくいかなくて、失敗して、大声で泣いてわめいて、かすかな抵抗をする。

僕の心臓はどきどきしてくる。体温が上がる。いいぞ。慎重につかみ取れ。決して逃すな。対象を捉えろ、この鈴音の爆発を捉えろ、削り出し、描け。描け描け描け描け!!!

③これは狩猟だ。獲物を捕まえろ。生け捕れ。

こんな好戦的な気持ちで絵を描いたのは生まれて初めてだ。

(歌代朔《さく》「スクラッチ」による)

(注)
アクリルガッシュ＝絵の具の一種。
五年前のタンポポ＝洪水被害で避難所生活を送っているときに、クレヨンの汚れをすべて拭き取って千暁が描いた絵。
慟哭＝大声をあげて激しく泣くこと。
イーゼル＝画板やキャンバスを固定するもの。

1　――線部①とあるが、この場面における千暁の様子を説明したものとして最も適当なものを次から選び、記号で答えよ。

ア　描いていた絵を汚されてしまい、鈴音に対するいらだちを隠せずにいる。

イ　描いていた絵を汚されてしまい、賞が取れないだろうとうなだれている。

ウ　力を試す場がなくなってしまい、気落ちして絵を描くことに集中できないでいる。

エ　力を試す場がなくなってしまい、今まで絵を描き続けてきたことを後悔している。

2 次の文章は――線部②における千暁の心情を説明したものである。［Ⅰ］～［Ⅲ］に適当な言葉を補え。ただし、［Ⅰ］には、本文中から最も適当な六字の言葉を抜き出して書き、［Ⅱ］には、十字以内、［Ⅲ］には、十五字以内の言葉を考えて答えること。

> 描きかけの絵を鈴音が墨でうっかり汚してしまったことを機に、千暁は自らの意志で絵を黒く塗り、ここ数年［Ⅰ］で塗った嘘の絵を描いていたことに気づいた。このことは千暁にとって［Ⅱ］きっかけとなっただけでなく、これからは［Ⅲ］絵を描くことができそうだ、と思えるきっかけともなり、満ち足りた気持ちになっている。

3 佐藤さんは、国語の時間に――線部③における千暁の心情について、発表することになった。発表原稿を作成するためにグループで話し合いながら、鈴音が部室に現れた後の千暁と鈴音の心情に関連した描写を付箋に記入し、〈ワークシート〉に貼り付けた。**〈ワークシート〉**の［X］には、**語群**から最も適当なものを選び記号で答え、**発表原稿**の［Y］には、六十五字以内の言葉を考えて答えよ。

語群
- **ア** 怒りに任せて行動する千暁のことが恐ろしい
- **イ** 千暁の絵を台無しにしてしまって申し訳ない
- **ウ** 絵を黒く塗ることを知らせてもらえず悲しい
- **エ** 千暁が絵を黒く塗ったことに納得がいかない

〈ワークシート〉

【鈴音の心情に関連した描写】

- ひどく青ざめた顔
- 少し震えているよう
- 凍りついたような顔
- 視線の先には真っ黒なキャンバス。
- 大声で泣き出した。
- 激しく泣き出した。

→ 理由：［X］と思ったから。

話の流れ →

【千暁の心情に関連した描写】

- あわてた。
- 困って頭をかいた。
- 泣いている姿が、きれいだと思った。
- イーゼルの後ろに立たせた。
- 毛穴がぶわっと一気に開いた
- 黒を削り出していく。
- これが僕だ。今の僕らだ。
- 心臓はどきどきしてくる。
- 体温が上がる。

発表原稿

私たちは――線部③における千暁の心情について［Y］とまとめました。

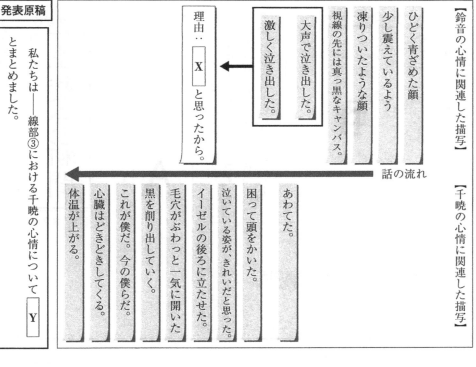

5 中学校の生徒会役員であるあなたは、学校で配られた広報紙を読み、鹿児島県で二〇二三年七月二十九日から八月四日にかけて第47回全国高等学校総合文化祭（以下、総文祭）が開催されることを知りました。興味をもったあなたは、来年度、高校生になる中学三年生に向けて総文祭を紹介したいと考え、生徒会新聞に来場を呼びかける記事を掲載することにしました。記事を書くために準備した、**資料1～3**の中から参考にする資料を二つ選び、あとの(1)～(4)の**条件**に従って、**記事の下書き**を完成させなさい。選んだ二つの資料については、解答用紙に**1～3**の番号を記入すること。

条件

(1) [A] には適当な見出しを書くこと。

(2) [B] は二段落で構成し、六行以上八行以下で書くこと。

・第一段落には、資料から分かることを書くこと。

・第二段落では、第一段落を踏まえて、あなたが考える総文祭の魅力を書くこと。

(3) 選択した資料を示す場合や、資料中の数値を使用する場合は、次の例にならって書くこと。

例　資料→ [資|料|1]　数値→ [30.5|%]

(4) 原稿用紙の正しい使い方に従って、文字、仮名遣いも正確に書くこと。

記事の下書き

○○中学校

生徒会新聞

□月△日発行

A

みなさん！総文祭をご存じですか？総文祭は、芸術文化活動を行っている高校生が目指す「全国大会」です。

B

来年度、本県で開催される総文祭。ぜひ、会場で体感してみてください。

選んだ２つの資料を提示する場所

資料１

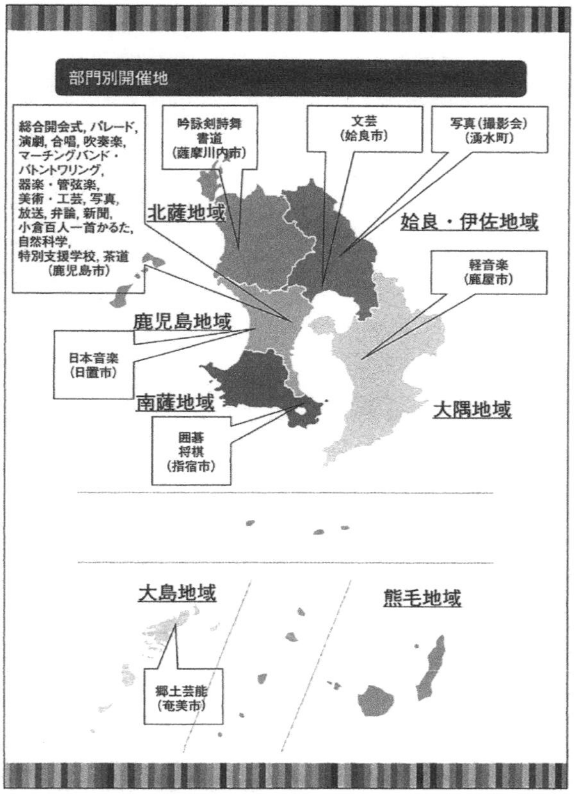

（「鹿児島県教育委員会ホームページ」をもとに作成）

資料２

大会概要

大会について
第47回大会で，全都道府県開催の一巡目を締めくくる記念すべき大会

大会テーマ
47の結晶　桜島の気噴《いぶき》にのせ紬《つむ》げ文化の１ページ

目的
芸術文化活動を通じて，全国的，国際的規模での生徒相互の交流を図る

参加者など
参加校は約３千校
参加者は約２万人
（海外からはニュージーランド，ベトナム，韓国の３カ国）
観覧者は約10万人

（「第47回全国高等学校総合文化祭ホームページ」をもとに作成）

資料３

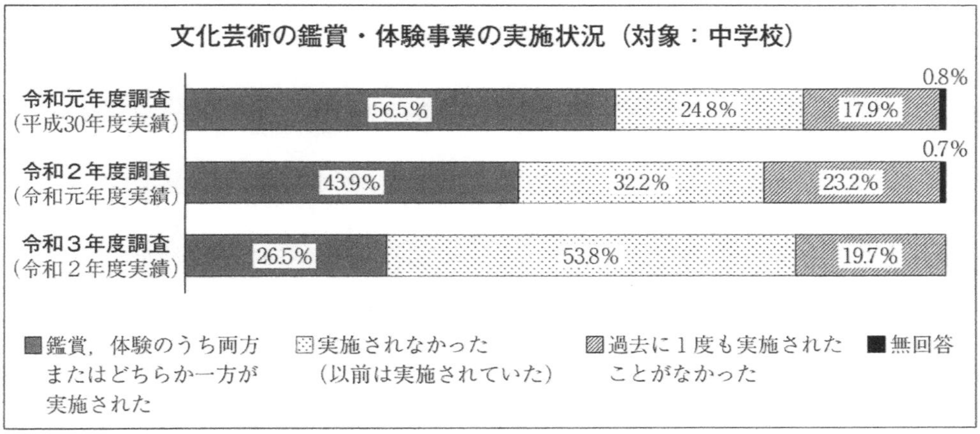

（文化庁　令和元～３年度「文化芸術による子供育成総合事業に関する調査研究」をもとに作成）

令和四年度

国語

（50分）

注意

1 監督者の「始め」の合図があるまで開いてはいけません。

2 問題用紙は表紙を入れて八ページあり、これとは別に解答用紙が一枚あります。

3 受検番号は、解答用紙及び問題用紙の決められた欄に記入しなさい。

4 答えは、問題の指示に従って、**すべて解答用紙に記入しなさい。**

5 監督者の「やめ」の合図ですぐにやめなさい。

受検番号	

鹿児島県公立高等学校

1 次の１・２の問いに答えなさい。

１　次の——線部のカタカナは漢字に直し、漢字は仮名に直して書け。

(1) コナグスリを飲む。　(2) 事件を公平にサバく。

(3) 金のコウミャクを掘り当てる。　(4) 固唾をのんで見守る。

(5) 友人の才能に嫉妬する。　(6) 受賞の喜びに浸る。

２　次の行書で書かれた漢字を楷書で書いたときの総画数を答えよ。

2 次の文章を読んで、あとの１～５の問いに答えなさい。

では哲学対話とは、どのような対話なのでしょうか。「哲学」という名前がついているからといって、(注)倫理の教科書に載っているような昔の思想家や哲学者の考えを知識として知っている必要はありません（もちろん、知っているなら、それはそれで有益ですが）。哲学対話とは、ひとつのテーマや問いについて、対話しながら深く考え、深く考えながら対話する活動です。ここでの「哲学」という言葉は、「根本的に、深く考える」という意味に置き換えられるものです。

（中略）

当然視されていること、常識と思われていること、昔から信じ込まれていること、これらをもう一度掘り起こして、考え直してみることが①「深く考える」ことの意味です。それは自分が立っている足元を見直してみる態度だといえるでしょう。そうして考え直してみた結果、「もとのままでもよい」という結論が出るときもありますし、「部分的に改善していくほうがよい」という結論が出るときもありますし、「大きく変えたほうがよい」「全面的に新しいものにしたほうがよい」という結論が出るときもあるでしょう。

科学の発見も、芸術の新しい表現も、斬新なイベントも、創造的なことはすべて、当然とされていることを一旦疑ってみる態度から生まれてくるのです。そしてこうした態度は、科学や芸術の分野だけではなく、日常生活にも当てはめてみるべきなのです。

しかしながら、自分の思い込みや古い常識に、自分だけで気がつくことはなかなか難しいものです。自分の周りの人たちも一緒に信じてしまっている思い込みならなおさらです。

それに気がつかせてくれるのが、自分とは異なる他者との対話です。その他者は、できれば自分と違えば違うほどいいでしょう。ジェンダーにせよ、性格にせよ、家庭や生い立ちにせよ、考え方にせよ、これまでの経歴にせよ、社会の中での立場にせよ、です。

生徒同士で対話する場合では、年齢はほとんど同じで、社会的立場はまさしく学校の生徒です。その意味で、かなり似た部分の多い他者なのですが、それでもあなたの友人は、あなたには話していない意外なことを考え、普段は見せない意外な側面を持っているものです。

また、自分がこれまでに出会った人のこと、［ a ］、ニュース番組や書籍を通じて知った人たちのことを思い出してみましょう。多様な人がいるはずです。異なった人生を歩んでいればいるほど、異なった考え方をするでしょう。異なった考えの人と対話することが、深く考えるきっかけになります。異なった人の意見が貴重であることに気がつけば、異なった人に興味や関心をもてるようになります。哲学対話の特徴は、前提を問い直し、立場や役割を掘り崩していくことにあります。

(注)ですが、なぜ哲学対話を探究の最初に実施することを勧めるのでしょうか。それは、哲学が「全体性を回復するための知」だからです。少し難しい部分もあるかもしれませんが、お付き合いください。

②哲学は、科学とは異なる知のあり方をしています。哲学は一般の人が、一般的な問題について考えるための学問です。「人生の意味とは何か」「人類に共通の利益はあるのか」「時間とは何か」「愛とは何か」「正義はどのように定まるのか」「国家はどのようにあるべきか」「法の役割とは何か」「正しい認識にはどうやって到達するのか」「宗教は必要か」などが哲学の典型的な問いです。

これらの問いは、複数の教科や学問分野の根底に関わるような問題であることはおわかりでしょう。「愛とは何か」を考えることは、個人的な愛についての考えを尋ねているだけではなく、隣人愛は、社会のなかで人々のつながりはどうあるべきか、家族愛は、家族とはどうあるべきかといった、社会におけるみんなの問題となってくるはずです。社会観や家族観は、政策や法律の設定とも関係してくるでしょう。こうして、愛についての考えは、複数の学問分野、複数の社会の領域に関わってきます。横断的・総合的であるのは、哲学的思考の特徴です。ですから、哲学対話はあらゆる学の基礎となると言ってもいいのです。

しかし哲学のもうひとつの重要な仕事は、それぞれの専門的な知識を、より一般的で全体的な観点から問い直すことです。[b]、遺伝子治療は非常に専門性が高い分野です。しかし遺伝子治療の範囲をどこまで認めていいのか。遺伝子を組み替えて難病にかかりにくくした子どもを作っていいのか。人間の遺伝子に対して、人間はどこまで改変してよいものなのでしょうか。

こうしたことは、社会のだれにでも関わってくるので、医学の専門家だけに判断を任せてよい問題ではありません。社会に存在している常識や知識や技術を、人間の根本的な価値に照らし合わせてあらためて検討することは重要な哲学の役割です。その意味で、哲学は最も素朴な視点からの学問であると同時に、最も高次の視点から常識や知識を批判的に検討する学問です。

その際に哲学がとるべき視点は、いかなる専門家からでもない、いかなる職業や役割からでもない、ひとりの人間ないし市民からの視点です。哲学という学問が最も一般的であり、特定の分野に拘束されないという特徴はここから来ています。

現代社会は、専門性が進み、社会がそれによって分断されていると(注)先ほど述べましたが、哲学は、さまざまな人が集う対話によって、専門化による分断を縫い合わせようとする試みなのです。あらゆる現代の知の中に対話を組み込み、社会の分断を克服しなければなりません。

自分の人生や生き方と、教育機関で教えるような知識やスキルを結びあわせること、生活と知識を結びつけることは、哲学の役割です。そして、自分がどう生きるのかと問うのが哲学であるとすれば、その問いに答える手段を与えてくれるのが、学校で学べるさまざまな知識です。③哲学の問いがなければ、さまざまな知識は扇の要を失ってしまうでしょう。

その自分の哲学を、対話によって深めていこうとするのが哲学対話なのです。

（河野哲也「問う方法・考える方法　『探究型の学習』のために」
ちくまプリマー新書による）

(注) 倫理＝道徳や善悪の基準など人間のあり方を研究する学問。「倫理学」の略。
ですが、なぜ哲学対話を探究の最初に実施することを勧めるのでしょうか。
＝筆者は本文より前の部分で、探究型の学習方法について述べている。
先ほど述べましたが
＝筆者は本文より前の部分で、現代社会における専門性について述べている。

1　本文中の[a]・[b]にあてはまる語の組み合わせとして、最も適当なものを次から選び、記号で答えよ。

ア（a　または　b　一方）　イ（a　すなわち　b　要するに）
ウ（a　しかも　b　なお）　エ（a　あるいは　b　たとえば）

2　次の文は、――線部①「深く考える」ために必要なことについて説明したものである。[Ⅰ]には最も適当な九字の言葉を、[Ⅱ]には最も適当な十三字の言葉を本文中から抜き出して書け。

> 「深く考える」ことは自分の[Ⅰ]を考え直してみることだが、自分の[Ⅰ]に一人だけで気がつくことは難しいので、[Ⅱ]が必要である。

3　――線部②とあるが、本文における「哲学」についての説明として適当なものを次から二つ選び、記号で答えよ。

ア　専門家の立場で、一般的な知識について根底から問い直すこと。
イ　一般の人の立場で、一般的な問題について根本から考えること。
ウ　専門家独自の観点から、一般的な問題を批判的に考え直すこと。
エ　一般的かつ全体的な観点から、専門的な知識を再検討すること。
オ　専門的かつ客観的な観点から、専門的な問題を深く考えること。

4　――線部③とあるが、これはどういうことか。次の「扇の要」の説明を参考にして、「自分がどう生きるのかを問わなければ」に続く形で六十五字以内で説明せよ。

> 扇の要…扇の根元にある軸のこと。外れるとばらばらになってしまう。転じて、物事の大事な部分の意。

5　次のア～エは、四人の中学生が、将来の夢を実現するために考えたものである。〰〰線部「横断的・総合的である」ということの例として最も適当なものを次から選び、記号で答えよ。

ア　プロゴルファーになるために、ゴルフの技術と栄養学を学ぶ。
イ　高校の国語教師になるために、文法と日本の古典文学を学ぶ。
ウ　漫画家になるために、人気漫画の人物と風景の描き方を学ぶ。
エ　世界的なオペラ歌手になるために、発声と曲想の表現を学ぶ。

3　次の文章を読んで、あとの1～4の問いに答えなさい。

ある時、夜更《ふ》けて(注)樋口屋《ひのくちや》の門をたたきて、酢を買ひにくる人あり。中戸を奥へは（戸を隔てて奥へは）幽《かす》かに聞こえける。(注)下男《げなん》目を覚まし、「何程がの」（どれほどですか）といふ。「むつかしながら(注)一文《いちもん》がの」（ごめんどうでしょうが一文分を）といふ。①そら寝入りして、そののち返事もせねば、ぜひなく帰りぬ（しかたなく帰った）。

夜明けて②亭主は、③かの男よび付けて、何の用もなきに「門口《かどぐち》(注)三尺掘れ」といふ。御意《ぎょい》に任せ（お言葉に従って）久三郎、諸肌《もろはだ》ぬぎて、鍬《くは》を取り、堅地《かたち》に気をつくし（堅い地面に苦労して）、身汗水なして、④やうやう掘りける。その深さ三尺といふ時、「銭はあるはづ、いまだ出ぬか」といふ。「小石・貝殻より外に何も見えませぬ」と申す。「それ程にしても銭が一文ない事、よく心得て、かさねては（これからは）一文 商《あきなひ》も大事にすべし。」

（「日本永代蔵」による）

(注)　樋口屋＝店の名前、またはその店主。
下男＝やとわれて雑用をする男性。
一文＝ごくわずかの金銭。
三尺＝約九〇センチメートル。

1　――線部④「やうやう」を現代仮名遣いに直して書け。

2　――線部②「亭主」、③「かの男」とはそれぞれ誰を指すか。その組み合わせとして正しいものを次から選び、記号で答えよ。

ア（②　下男　③　樋口屋）
イ（②　樋口屋　③　酢を買ひにくる人）
ウ（②　酢を買ひにくる人　③　樋口屋）
エ（②　樋口屋　③　下男）

2　AさんとBさんは，次の【課題】について考えた。下の【会話】は，2人が話し合っている場面の一部である。このとき，次の(1)，(2)の問いに答えよ。

【課題】

[長方形 $2n$] の横の長さは何 cm か。ただし，n は自然数とする。

【会話】

A：[長方形 $2n$] は，3種類の色紙をそれぞれ何枚ずつ使うのかな。

B：白の色紙は [ア] 枚だね。赤と青の色紙の枚数は，n が偶数のときと奇数のときで違うね。

A：n が偶数のときはどうなるのかな。

B：n が偶数のとき，[長方形 $2n$] の右端の色紙は青色だね。だから，[長方形 $2n$] は，赤の色紙を [イ] 枚，青の色紙を [ウ] 枚だけ使うね。

A：そうか。つまり [長方形 $2n$] の横の長さは，[エ] cm となるね。

B：そうだね。それでは，<u>n が奇数のときはどうなるのか考えてみよう。</u>

(1)　【会話】の中の [ア] ～ [エ] にあてはまる数を n を用いて表せ。

(2)　【会話】の中の下線部について，n が奇数のとき，[長方形 $2n$] の横の長さを n を用いて表せ。ただし，求め方や計算過程も書くこと。

2022(R4) 鹿児島県公立高
教英出版

5 次の**【手順】**に従って，右のような白，赤，青の3種類の長方形の色紙を並べて長方形を作る。3種類の色紙の縦の長さはすべて同じで，横の長さは，白の色紙が1 cm，赤の色紙が3 cm，青の色紙が5 cm である。

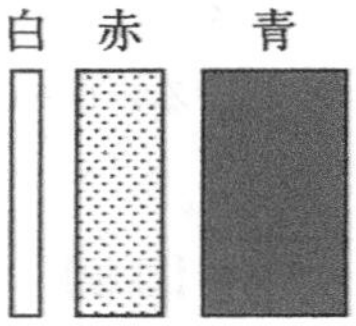

【手順】

下の図のように，長方形を作る。

・白の色紙を置いたものを 長方形1 とする。

・ 長方形1 の右端に赤の色紙をすき間なく重ならないように並べたものを 長方形2 とする。

・ 長方形2 の右端に白の色紙をすき間なく重ならないように並べたものを 長方形3 とする。

・ 長方形3 の右端に青の色紙をすき間なく重ならないように並べたものを 長方形4 とする。

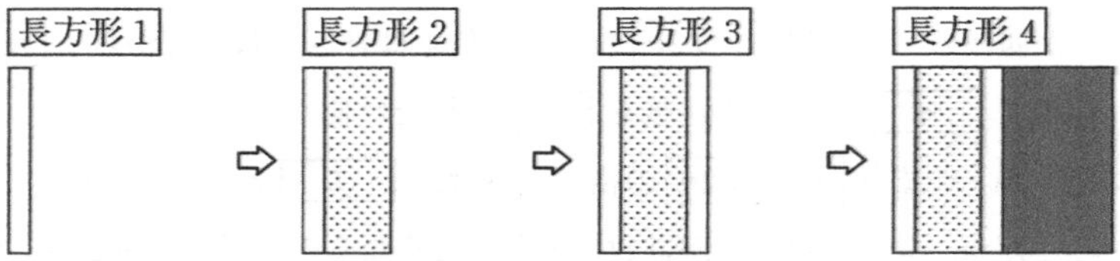

このように，左から白，赤，白，青の順にすき間なく重ならないように色紙を並べ，5枚目からもこの**【手順】**をくり返して長方形を作っていく。

たとえば， 長方形7 は，白，赤，白，青，白，赤，白の順に7枚の色紙を並べた下の図の長方形で，横の長さは 15 cm である。

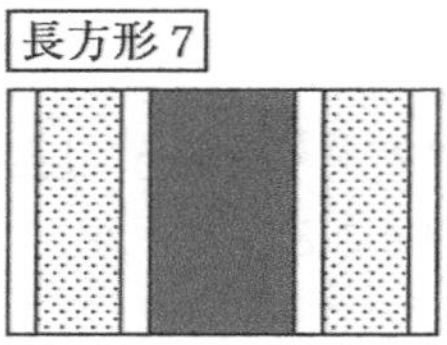

このとき，次の1，2の問いに答えなさい。

1　長方形13 の右端の色紙は何色か。また， 長方形13 の横の長さは何 cm か。

4 右の図のように，正三角形ABCの辺BC上に，DB = 12 cm，DC = 6 cm となる点Dがある。また，辺AB上に△EBDが正三角形となるように点Eをとり，辺AC上に△FDCが正三角形となるように点Fをとる。線分BFと線分ED，ECの交点をそれぞれG，Hとするとき，次の**1**～**5**の問いに答えなさい。

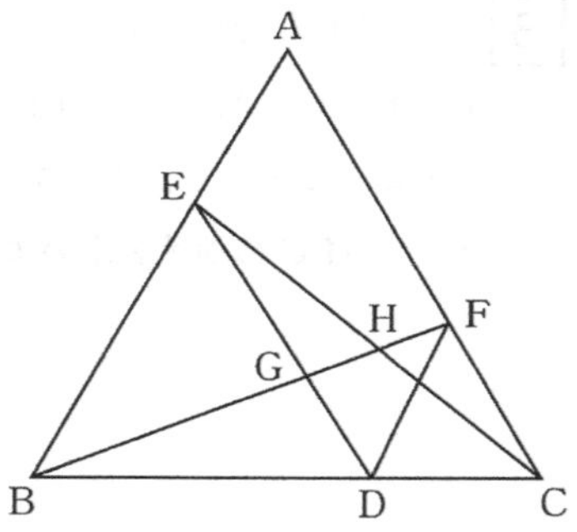

1　∠EDFの大きさは何度か。

2　EG : GD を最も簡単な整数の比で表せ。

3　△BDF ≡ △EDC であることを証明せよ。

4　線分BFの長さは何 cm か。

5　△BDGの面積は，△EHGの面積の何倍か。

3 右の図は，直線 $y = -x + 2a$ …① と△ABCを示したものであり，3点A，B，Cの座標は，それぞれ $(2, 4)$，$(8, 4)$，$(10, 12)$ である。このとき，次の**1**，**2**の問いに答えなさい。

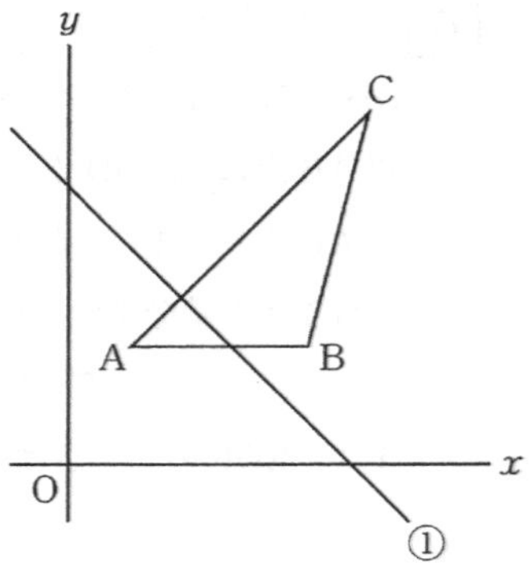

1 △ABCの面積を求めよ。

2 直線①が線分ABと交わるとき，直線①と線分AB，ACの交点をそれぞれP，Qとする。このとき，次の(1)～(3)の問いに答えよ。ただし，点Aと点Bのどちらか一方が直線①上にある場合も，直線①と線分ABが交わっているものとする。

(1) 直線①が線分ABと交わるときの a の値の範囲を求めよ。

(2) 点Qの座標を a を用いて表せ。

(3) △APQの面積が△ABCの面積の $\frac{1}{8}$ であるとき，a の値を求めよ。ただし，求め方や計算過程も書くこと。

That night, Sarah went to the kitchen and took a pen. She was going to write ④her first message to her mother on the whiteboard. At first, she didn't know what to write, but Sarah really wanted to see her mother's happy face. So she decided to write again.

The next morning, Sarah couldn't meet her mother. "Mom had to leave home early. Maybe she hasn't read my message yet," she thought.

That evening, Sarah looked at the whiteboard in the kitchen. The words on it were not Sarah's, instead she found the words of her mother. "Thank you for your message. I was really happy to read it. Please write again." Sarah saw her mother's smile on the whiteboard.

Now, Sarah and her mother talk more often with each other, but they keep writing messages on the whiteboard. It has become a little old, but it acts* as a bridge between Sarah and her mother. They may need it for some years. Sarah hopes she can show her true feelings to her mother without it someday.

注　*refrigerator* 冷蔵庫　*mean* 意地の悪い　*patient(s)* 患者　*act(s)* 作用する，働く

1　次のア～ウの絵は，本文のある場面を表している。本文の内容に合わないものを一つ選び，その記号を書け。

2　下線部①に関して，次の質問に対する答えを本文の内容に合うように英語で書け。
Why did her mother look sad when she talked to Sarah ?

3　下線部②の理由として最も適当なものを下のア～エの中から一つ選び，その記号を書け。
ア　いつも仕事で忙しい母に代わって，Sarah が家事をしなければならなかったから。
イ　Sarah のホワイトボードのメッセージを読んで，母が傷ついたことを知ったから。
ウ　母が書いたホワイトボードのメッセージの内容に Sarah がショックを受けたから。
エ　Sarah は，励ましてくれる母に対してひどいことを言ったことを思い出したから。

4　下線部③に関して，Sarah が John から学んだことを本文の内容に合うように40字程度の日本語で書け。

5　下線部④のメッセージとなるように，Sarah に代わって下の［　　　］内に15語程度の英文を書け。２文以上になってもかまわない。

Mom,
［　　　　　　　　　　　　　　　　　　　　］
Sarah

6　本文の内容に合っているものを，下のア～オの中から二つ選び，その記号を書け。
ア　Sarah and her mother often used the whiteboard to write their plans from the beginning.
イ　Sarah helped her parents do things at home before she began playing soccer with her club.
ウ　During the job experience at the hospital, Sarah talked with John on her last day after lunch.
エ　Sarah wrote her first message to her mother on the whiteboard, but her mother did not answer her.
オ　Sarah can talk with her mother now, so she doesn't write messages on the whiteboard.

An example is "bamboo* paper straws*." They are very special because they are made of bamboo paper. They are also stronger than paper straws. Now, you can buy them in some shops in Kagoshima.

Why is bamboo used to make the straws ? There are some reasons. There is a lot of bamboo in Kagoshima and Kagoshima Prefecture* is the largest producer* of bamboo in Japan. People in Kagoshima know how to use bamboo well. So, many kinds of bamboo products are made there. Bamboo paper straws are one of them.

Will the straws help us stop plastic pollution ? The answer is "Yes !" If you start to use bamboo products, you will get a chance to think about the problem of plastic pollution. By using things around us, we can stop using plastic products. Then we can make our society* a better place to live in. Is there anything else you can use ? Let's think about it.

注　pollution　汚染　product(s)　製品　made of ～　～で作られた　bamboo　竹
　　straw(s)　ストロー　prefecture　県　producer　生産地　society　社会

Mr. Smith :	What is the most important point of this speech ?
Ami :	(　　　　　　　　　　　　)
Mr. Smith :	Good ! That's right ! That is the main point.

ア　We should develop new kinds of plastic products, then we can stop plastic pollution.
イ　We should make more bamboo paper straws because they are stronger than plastic ones.
ウ　We should buy more bamboo products because there is a lot of bamboo in Kagoshima.
エ　We should use more things around us to stop plastic pollution in the world.

4　次の英文を読み，１～６の問いに答えなさい。

There is a small whiteboard on the refrigerator* at Sarah's house. At first, her mother bought it to write only her plans for the day, but it has a special meaning for Sarah now.

When Sarah was a little girl, she helped her parents as much as she could at home. Her parents worked as nurses. Sarah knew that her parents had many things to do.

When Sarah became a first-year junior high school student, she started to play soccer in a soccer club for girls. Her life changed a lot. She became very busy. Sarah and her mother often went shopping together, but they couldn't after Sarah joined the club. She practiced soccer very hard to be a good player.

One morning, her mother looked sad and said, "We don't have enough time to talk with each other, do we ?" Sarah didn't think it was a big problem because she thought it would be the same for other junior high school students. But later ①<u>she remembered her mother's sad face again and again</u>.

Sarah was going to have a soccer game the next Monday. She asked her mother, "Can you come and watch my first game ?" Her mother checked her plan and said, "I wish I could go, but I can't. I have to go to work." Then Sarah said, "You may be a good nurse, but you are not a good mother." She knew that it was mean*, but she couldn't stop herself.

On the day of the game, she found a message from her mother on the whiteboard, "Good luck. Have a nice game !" When Sarah saw it, she remembered her words to her mother. "They made her very sad," Sarah thought. ②<u>She didn't like herself.</u>

Two weeks later, Sarah had work experience at a hospital for three days. It was a hospital that her mother once worked at. The nurses helped the patients* and talked to them with a smile. She wanted to be like them, but she could not communicate with the patients well.

On the last day, after lunch, ③<u>she talked about her problem to a nurse, John</u>. He was her mother's friend. "It is difficult for me to communicate with the patients well," Sarah said. "It's easy. If you smile when you talk with them, they will be happy. If you are kind to them, they will be nice to you. I remember your mother. She was always thinking of people around her," John said. When Sarah heard his words, she remembered her mother's face. She thought, "Mom is always busy, but she makes dinner every day and takes me to school. She does a lot of things for me."

Ⅱ　中学校に留学中の Ellen は，クラスの遠足で訪れる予定のサツマ水族館（Satsuma Aquarium）の利用案内を見ながら，同じクラスの Mika と話をしている。次の対話文を読み，あとの問いに答えよ。

Welcome to Satsuma Aquarium

Aquarium Hours :　9 : 30 a.m. — 6 : 00 p.m. (You must enter by 5 : 00 p.m.)

How much ?

	One Person	Groups (20 or more)
16 years old and over	1,500 yen	1,200 yen
6-15 years old	750 yen	600 yen
5 years old and under	350 yen	280 yen

What time ?

Events (Place)	10:00 a.m.	12:00	2:00 p.m.	4:00 p.m.
Dolphin Show* (Dolphin Pool A)	11:00-11:30	1:30-2:00	3:30-4:00	
Giving Food to Shark* (Water Tank*)		12:30-12:35		
Let's Touch Sea Animals (Satsuma Pool)		12:50-1:05		4:00-4:15
Talking about Sea Animals (Library)	11:00-11:30	1:30-2:00		
Dolphin Training* (Dolphin Pool B)	10:00-10:15	12:30-12:45	2:45-3:00	

注　Dolphin Show　イルカショー　　shark　サメ　　tank　水そう　　Dolphin Training　イルカの訓練

Ellen :　Hi, Mika !　I'm looking forward to visiting the aquarium tomorrow.　I want to check everything.　First, how much should I pay to enter ?

Mika :　There are 40 students in our class and we are all 14 or 15 years old, so everyone should pay （　①　） yen.　But our school has already paid, so you don't have to pay it tomorrow.

Ellen :　OK.　Thank you.　Next, let's check our plan for tomorrow.　We are going to meet in front of the aquarium at 9:30 a.m.　In the morning, all the members of our class are going to see "Dolphin Training" and "Talking about Sea Animals."　In the afternoon, we can choose what to do.　Then, we are going to leave the aquarium at 2:30 p.m.

Mika :　That's right.　What do you want to do in the afternoon ?

Ellen :　I want to enjoy all the events there.　So let's see "（　②　）" at 12:30 p.m.　After that, we will enjoy "（　③　）," and then we will see "（　④　）."

Mika :　That's the best plan !　We can enjoy all the events before we leave !

1　（　①　）に入る最も適当なものを下のア～エの中から一つ選び，その記号を書け。

ア　350　　イ　600　　ウ　750　　エ　1,200

2　（　②　）～（　④　）に入る最も適当なものを下のア～エの中からそれぞれ一つずつ選び，その記号を書け。

ア　Dolphin Show　　イ　Giving Food to Shark

ウ　Let's Touch Sea Animals　　エ　Dolphin Training

Ⅲ　次は，中学生の Ami が授業中に読んだスピーチと，そのスピーチを読んだ直後の Ami と Smith 先生との対話である。英文と対話文を読み，（　　　）内に入る最も適当なものをア～エの中から一つ選び，その記号を書け。

Today, plastic pollution* has become one of the biggest problems in the world and many people are thinking it is not good to use plastic products*.　Instead, they have begun to develop and use more paper products.　In Kagoshima, you can buy new kinds of paper products made of* things around us.　Do you know ?

【放送

次に，５番の問題です。まず，問題の指示を読みなさい。

（約18秒間休止）

それでは放送します。

Welcome to English Camp. We are going to stay here for two days. Please work hard with other members and enjoy this camp. Let's check what you are going to do today. First, you have group work. It will start at 1:20 p.m. In your groups, you'll play games to know each other better. Then, you'll enjoy cooking at three. You will cook curry and rice with teachers. After that, you will have dinner at five and take a bath at seven. You have to go to bed by ten. During the camp, try hard to use English. Don't use Japanese. That's all. Thank you.

（約３秒おいて，繰り返す。）（約10秒間休止）

次に，６番の問題です。まず，問題の指示を読みなさい。

（約20秒間休止）

それでは放送します。

I want to talk about something that happened last week. On Tuesday, I saw an old woman. She was carrying a big bag. It looked heavy. I was just watching her. Then a young girl ran to the old lady and carried her bag. The girl looked younger than me. She helped the old woman, but I didn't. "Why didn't I help her ?" I thought.

The next day, I found a phone on the road. I thought someone would be worried about it. So I took it to the police station. A man was there. He looked at me and said, "I think that's my phone. Can I see it ?" Then he said, "Thank you very much." His happy face made me happy too.

This is my story. It is important to be like the young girl.

Question (1) : Who helped the old woman ?

（約７秒間休止）

Question (2) : What is Shohei's message in this speech ?

（約７秒間休止）

では，２回目の放送をします。　　　（最初から質問 **(2)** までを繰り返す。）（約15秒間休止）

次に，７番の問題です。まず，問題の指示を読みなさい。

（約15秒間休止）

それでは放送します。

Kazuya : Hi, Cathy. Have you ever done any volunteer activities in America ?
Cathy : Yes, of course. Do you want to do a volunteer activity in high school ?
Kazuya : Yes, I do.
Cathy : What do you want to do ?
Kazuya : (　　　　　　　　　　　　　　　　　　　　).

（約３秒おいて，繰り返す。）（約１分間休止）

〈チャイムの音四つ〉
これで，聞き取りテストを終わります。次の問題に進みなさい。

Ⅱ　エタノールの性質を調べるために**実験１**，**実験２**を行った。

実験１　**図１**のように，少量のエタノールを入れたポリエチレンぶくろの口を閉じ，熱い湯をかけたところ，ふくろがふくらんだ。

図１

実験２　水 28.0 cm³ とエタノール 7.0 cm³ を混ぜ合わせた混合物を蒸留するために，**図２**のような装置を組み立てた。この<u>装置の枝つきフラスコに温度計を正しく取りつけてから</u>，水とエタノールの混合物を蒸留した。ガラス管から出てくる気体を冷やして液体にし，４分ごとに５本の試験管に集め，順に**A**，**B**，**C**，**D**，**E**とした。

次に，それぞれの試験管の液体の温度を25℃にして，質量と体積をはかった後，集めた液体の一部を脱脂綿にふくませ，火をつけたときのようすを調べた。**表**は，その結果を示したものである。

図２

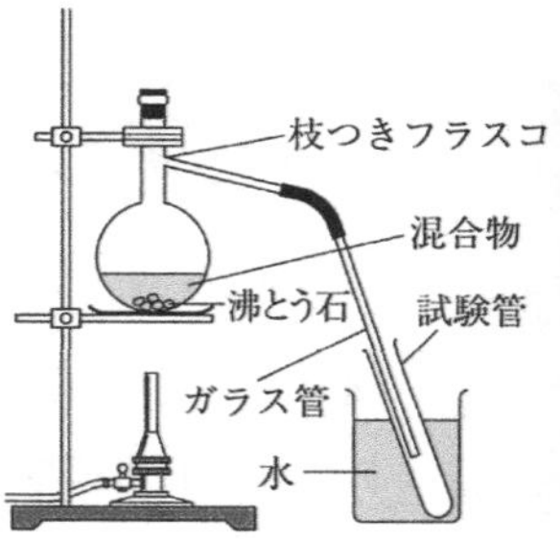

表

試験管	A	B	C	D	E
質量　〔g〕	1.2	2.7	3.3	2.4	2.4
体積　〔cm³〕	1.5	3.2	3.6	2.4	2.4
火をつけたときのようす	燃えた	燃えた	燃えた	燃えなかった	燃えなかった

１　**実験１**で，ふくろがふくらんだ理由として，最も適当なものはどれか。

ア　エタノール分子の質量が大きくなった。

イ　エタノール分子の大きさが大きくなった。

ウ　エタノール分子どうしの間隔が広くなった。

エ　エタノール分子が別の物質の分子に変化した。

２　**実験２**の下線部について，枝つきフラスコに温度計を正しく取りつけた図はどれか。

ア　　　　イ　　　　ウ　　　　エ

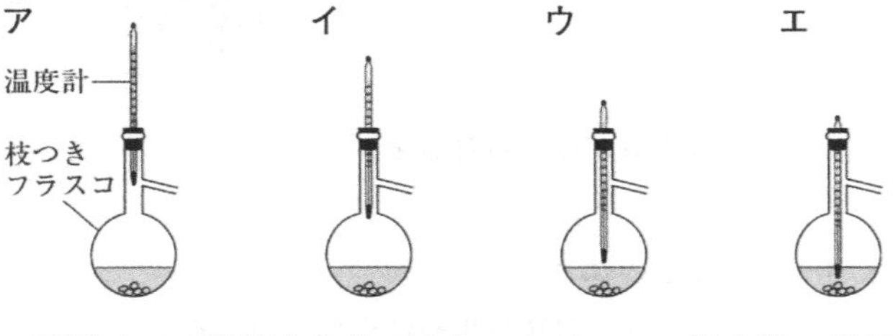

３　**実験２**で，蒸留する前の水とエタノールの混合物の質量を W〔g〕，水の密度を 1.0 g/cm³ とするとき，エタノールの密度は何 g/cm³ か。W を用いて答えよ。ただし，混合物の質量は，水の質量とエタノールの質量の合計であり，液体の蒸発はないものとする。

４　エタノールは消毒液として用いられるが，燃えやすいため，エタノールの質量パーセント濃度が60％以上になると，危険物として扱われる。**図３**は，25℃における水とエタノールの混合物にふくまれるエタノールの質量パーセント濃度とその混合物の密度との関係を表したグラフである。試験管**A**～**E**のうち，エタノールの質量パーセント濃度が60％以上のものをすべて選べ。

図３

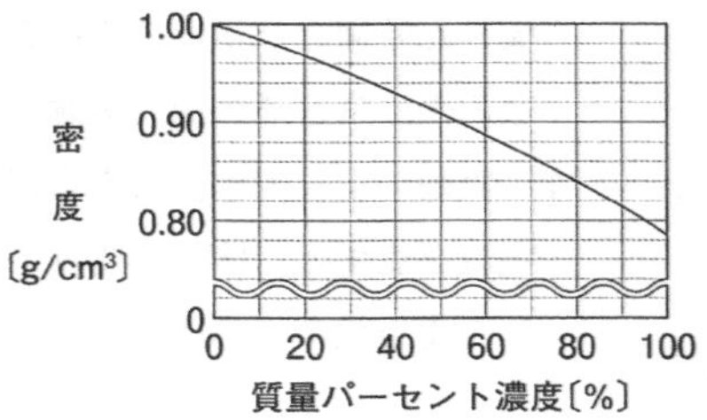

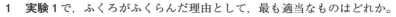

1　下線部の高気圧を特に何というか。

2　下線部について，高気圧や低気圧の動きとして最も適当なものはどれか。

ア　北から南へ動く。　**イ**　南から北へ動く。　**ウ**　東から西へ動く。　**エ**　西から東へ動く。

3　日本列島付近で見られる低気圧について，その中心付近の空気が移動する方向を模式的に表したものとして最も適当なものを，次の**ア**～**エ**から選べ。ただし，**ア**～**エ**の太い矢印は上昇気流または下降気流を，細い矢印は地上付近の風を表している。

ア

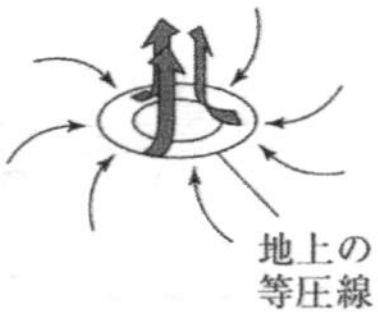

イ

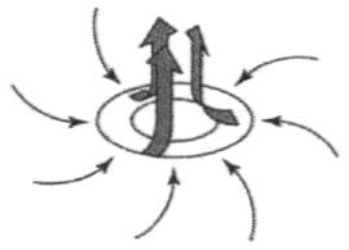

ウ

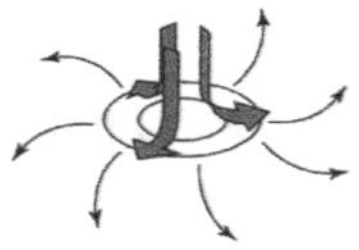

エ

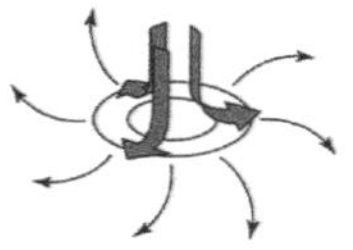

4　**B**の天気図には，ある季節の特徴が見られる。この季節には大陸上で，ある気団が発達するために日本に季節風がふく。この気団の性質を書け。

5　次の**Ⅰ**，**Ⅱ**の各問いに答えなさい。答えを選ぶ問いについては記号で答えなさい。

Ⅰ　塩化銅水溶液の電気分解について，次の**実験**を行った。なお，塩化銅の電離は，次のように表すことができる。

$CuCl_2 \rightarrow Cu^{2+} + 2Cl^-$

実験　**図1**のような装置をつくり，ある濃度の塩化銅水溶液に，2本の炭素棒を電極として一定の電流を流した。その結果，陰極では銅が付着し，陽極では塩素が発生していることが確認された。このときの化学変化は，次の化学反応式で表すことができる。

$CuCl_2 \rightarrow Cu + Cl_2$

図1

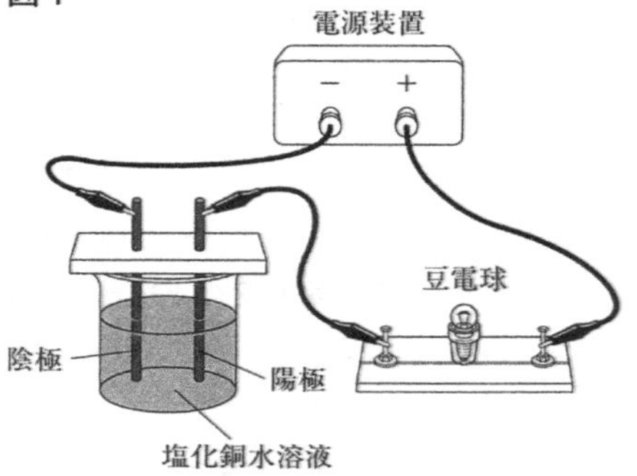

1　塩化銅のように，水にとかしたときに電流が流れる物質を何というか。名称を答えよ。

2　塩素の性質について正しく述べているものはどれか。

ア　無色，無臭である。　**イ**　殺菌作用や漂白作用がある。

ウ　気体の中で最も密度が小さい。　**エ**　物質を燃やすはたらきがある。

3　**実験**において，電流を流した時間と水溶液の中の塩化物イオンの数の関係を**図2**の破線（---）で表したとき，電流を流した時間と水溶液の中の銅イオンの数の関係はどのようになるか。解答欄の図に実線（──）でかけ。

4　**実験**の塩化銅水溶液を塩酸（塩化水素の水溶液）にかえて電流を流すと，陰極，陽極の両方で気体が発生した。この化学変化を化学反応式で表せ。

図2

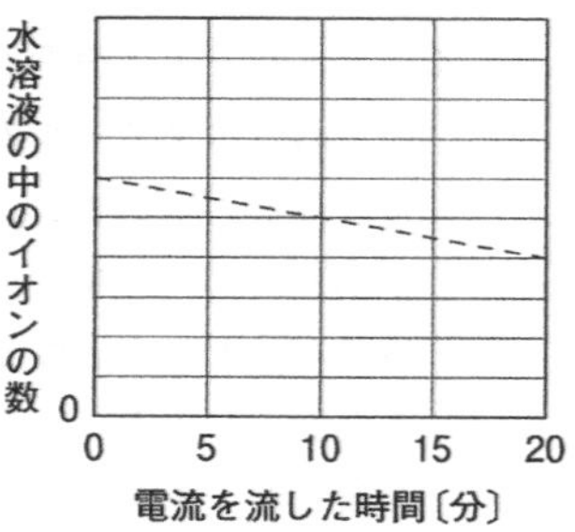

4 次のⅠ，Ⅱの各問いに答えなさい。答えを選ぶ問いについては記号で答えなさい。

Ⅰ　ある日，たかしさんは地震のゆれを感じた。そのゆれは，はじめは小さくこきざみなゆれだったが，その後，大きなゆれになった。後日，たかしさんはインターネットで調べたところ，この地震の発生した時刻は11時56分52秒であることがわかった。

1　下線部のゆれを伝えた地震の波は，何という波か。

2　**表**は，たかしさんがこの地震について，ある地点**A**～**C**の観測記録を調べてまとめたものである。(1)～(3)の問いに答えよ。ただし，この地震の震源は比較的浅く，地震の波は均一な地盤を一定の速さで伝わったものとする。

表

地点	震源距離	小さくこきざみなゆれが始まった時刻	大きなゆれが始まった時刻
A	36 km	11時56分58秒	11時57分04秒
B	72 km	11時57分04秒	11時57分16秒
C	90 km	11時57分07秒	11時57分22秒

(1)　**表**の地点**A**～**C**のうち，震度が最も小さい地点として最も適当なものはどれか。

(2)　「小さくこきざみなゆれ」と「大きなゆれ」を伝えた二つの地震の波について，ゆれが始まった時刻と震源距離との関係を表したグラフをそれぞれかけ。ただし，**表**から得られる値を「•」で示すこと。

(3)　震源距離 126 km の地点における，初期微動継続時間は何秒か。

Ⅱ　鹿児島県に住んでいるひろみさんは，授業で学んだ日本の天気の特徴に興味をもち，毎日気づいたことやインターネットでその日の天気図を調べてわかったことについてまとめた。内容については先生に確認してもらった。**図**は，ひろみさんがまとめたものの一部であり，**A**と**B**の天気図は，それぞれの時期の季節の特徴がよく表れている。

図

天気図と気づいたことやわかったこと

A

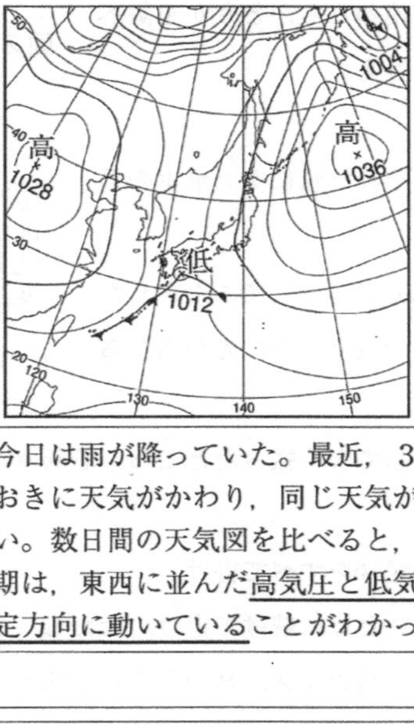

今日は雨が降っていた。最近，３～４日おきに天気がかわり，同じ天気が続かない。数日間の天気図を比べると，今の時期は，東西に並んだ高気圧と低気圧が一定方向に動いていることがわかった。

B

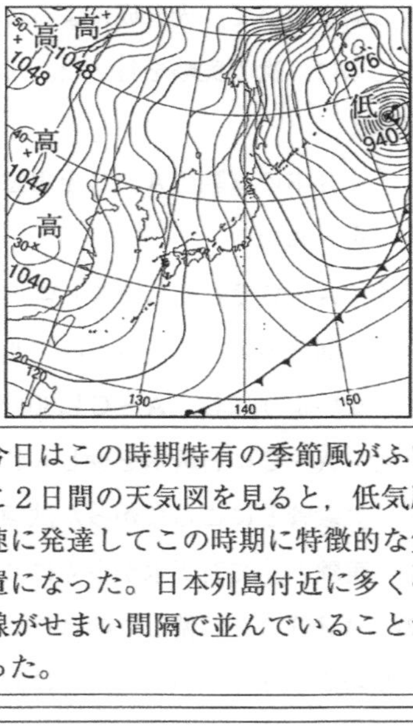

今日はこの時期特有の季節風がふいた。ここ２日間の天気図を見ると，低気圧が急速に発達してこの時期に特徴的な気圧配置になった。日本列島付近に多くの等圧線がせまい間隔で並んでいることがわかった。

（天気図は気象庁の資料により作成）

2022(R4) 鹿児島県公立高
K 教英出版

2　**図2**は，カエルの受精と発生について模式的に示したものである。(1)，(2)の問いに答えよ。

(1)　**図2**の親のからだをつくる細胞の染色体の数が26本であるとすると，**図2**のア，イ，ウの各細胞の染色体の数は，それぞれ何本か。

(2)　**図2**で，カエルに現れるある形質について，顕性形質（優性形質）の遺伝子をＡ，潜性形質（劣性形質）の遺伝子をａとする。**図2**の受精卵の遺伝子の組み合わせをＡＡとしたとき，親（雌）の遺伝子の組み合わせとして可能性があるものをすべて書け。ただし，Ａとａの遺伝子は，遺伝の規則性にもとづいて受けつがれるものとする。

図2

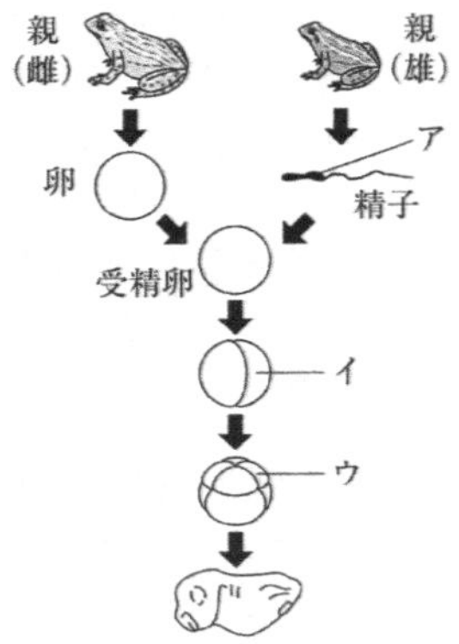

Ⅱ　たかしさんは，校庭でモンシロチョウとタンポポを見つけた。

1　モンシロチョウは昆虫に分類される。昆虫のからだのつくりについて述べた次の文中の［ａ］にあてはまることばを書け。また，［ｂ］にあてはまる数を書け。

昆虫の成虫のからだは，頭部，［ａ］，腹部からできており，足は［ｂ］本ある。

2　タンポポの花は，たくさんの小さい花が集まってできている。**図1**は，タンポポの一つの花のスケッチであり，**ア〜エ**は，**おしべ，めしべ，がく，花弁**のいずれかである。これらのうち，花のつくりとして，外側から2番目にあたるものはどれか。その記号と名称を書け。

図1

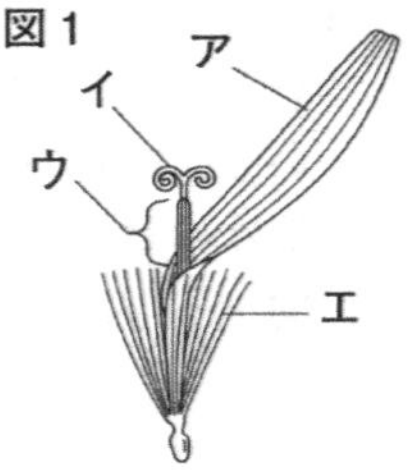

3　植物が行う光合成に興味をもっていたたかしさんは，見つけたタンポポの葉を用いて，光合成によって二酸化炭素が使われるかどうかを調べるために，次の**実験**を行った。(1)，(2)の問いに答えよ。

実験

①　3本の試験管**Ａ〜Ｃ**を用意して，**Ａ**と**Ｂ**それぞれにタンポポの葉を入れた。

②　**Ａ〜Ｃ**それぞれにストローで息をふきこみ，ゴムせんでふたをした。

③　**図2**のように，**Ｂ**のみアルミニウムはくで包み，中に光が当たらないようにし，**Ａ〜Ｃ**に30分間光を当てた。

④　**Ａ〜Ｃ**に石灰水を少し入れ，ゴムせんをしてよく振ったところ，石灰水が白くにごった試験管とにごらなかった試験管があった。

図2

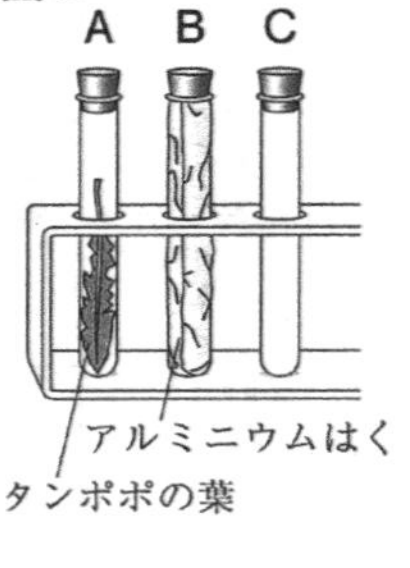

(1)　**実験**の④で石灰水が白くにごった試験管の記号をすべて書け。

(2)　試験管**Ｃ**を準備したのはなぜか。解答欄のことばに続けて書け。ただし，解答欄の書き出しのことばの中の（　　）に対照実験となる試験管が**Ａ**，**Ｂ**のどちらであるかを示すこと。

Ⅱ　次は，ある中学生が公民的分野の学習を振り返って書いたレポートの一部である。１～５の問いに答えよ。

> 　私は，少子高齢社会における社会保障のあり方や，ⓐ消費者の保護など，授業で学習したことと私たちの生活とは深い関わりがあると感じました。また，市場経済や財政のしくみについての学習を通して，ⓑ価格の決まり方やⓒ租税の意義などについて理解することができました。
> 　今日，生産年齢人口の減少，ⓓグローバル化の進展や絶え間ない技術革新などにより，社会は大きく変化しています。そのような中，選挙権年齢が □ 歳に引き下げられ，さらに令和４年度からは成年年齢も □ 歳へと引き下げられ，私たちにとって社会は一層身近なものになっています。私は，社会の一員としての自覚をもって行動したいと思います。

１　□ に共通してあてはまる数を書け。

２　ⓐに関して，業者が商品の重要な項目について事実と異なることを伝えるなどの不当な勧誘を行った場合，消費者はその業者と結んだ契約を取り消すことができる。このことを定めた2001年に施行された法律は何か。

３　ⓑに関して，**資料１**は，自由な競争が行われている市場における，ある商品の需要量と供給量と価格の関係を表したものである。ある商品の価格を**資料１**で示したＰ円としたときの状況と，その後の価格の変化について述べた次の文の［　Ｘ　］，［　Ｙ　］に適することばを補い，これを完成させよ。ただし［　Ｘ　］には，**需要量**，**供給量**ということばを使うこと。

資料１

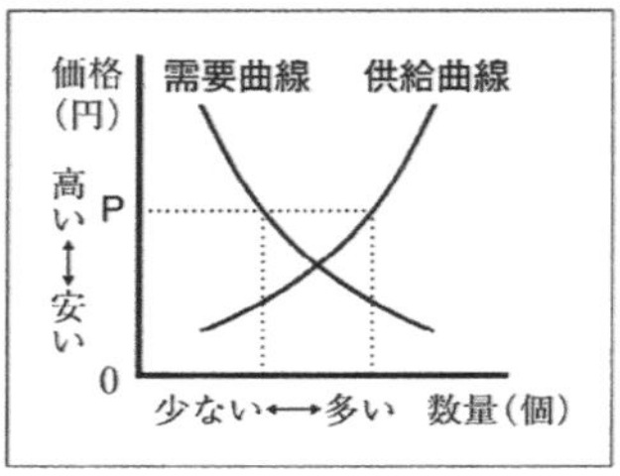

> 価格がＰ円のときは，［　Ｘ　］ため，一般に，その後の価格はＰ円よりも［　Ｙ　］と考えられる。

４　ⓒに関して，次は，社会科の授業で，あるグループが租税のあり方について話し合った際の意見をまとめたものである。このグループの意見を，**資料２**中のア～エのいずれかの領域に位置づけるとすると最も適当なものはどれか。

> ・国内農業を守るために，関税の税率を引き上げる。
> ・社会保障を充実させるために，消費税の税率を引き上げる。

資料２

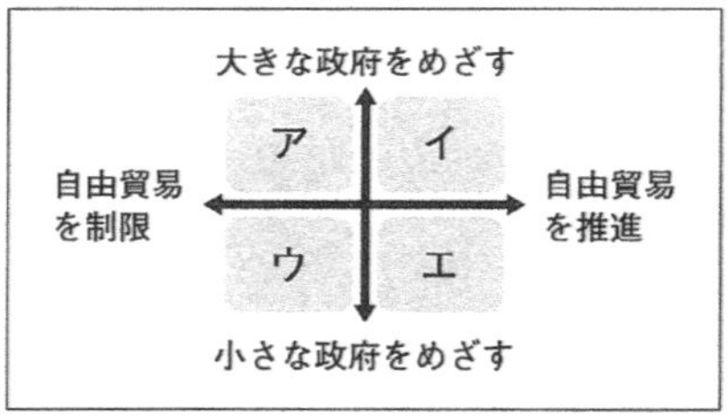

５　ⓓに関して，輸出や輸入を行う企業の活動は，為替相場（為替レート）の変動の影響を受けやすい。ある企業が１台240万円の自動車をアメリカへ輸出する場合，為替相場が１ドル＝120円のとき，アメリカでの販売価格は２万ドルとなった。その後，為替相場が１ドル＝100円に変動したときの，この自動車１台のアメリカでの販売価格はいくらになるか答えよ。なお，ここでは，為替相場以外の影響は考えないものとする。

Ⅲ　**資料１**は，持続可能な開発目標（SDGs）の一つを示したものである。この日標に関して，中学生のしのぶさんは，まだ食べられるのに廃棄される食品が大量にあるという問題に関心をもった。そこで，しのぶさんは自宅近くのスーパーマーケットに行き，この問題の解決への取り組みについて調べたり話を聞いたりした。**資料２**は，その際にしのぶさんが収集した資料である。**資料２**の取り組みが，この問題の解決につながるのはなぜか，解答欄の書き出しのことばに続けて，**40字以上50字以内**で説明せよ。ただし，書き出しのことばは字数に含めないこととする。

資料１

資料２

> **季節商品予約制のお知らせ**
> 土用《どよう》の丑《うし》の日のうなぎやクリスマスケーキ，節分の日の恵方巻きなどを予約販売にします。

※お詫び：著作権上の都合により，イラストは掲載しておりません。　教英出版

3　次のⅠ～Ⅲの問いに答えなさい。答えを選ぶ問いについては一つ選び，その記号を書きなさい。

Ⅰ　次は，ある中学生が日本国憲法について授業で学んだことをノートにまとめたものである。1～6の問いに答えよ。

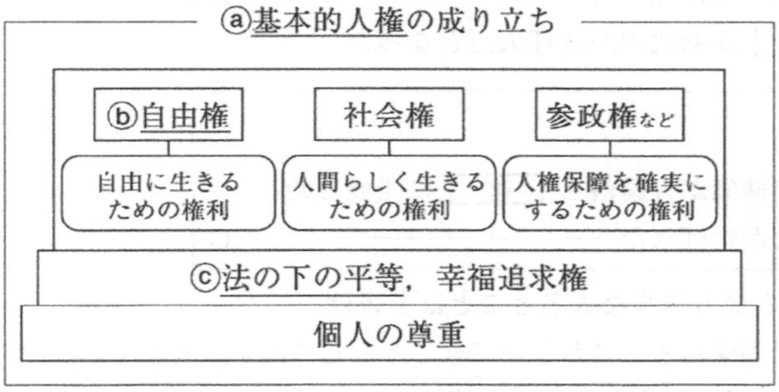

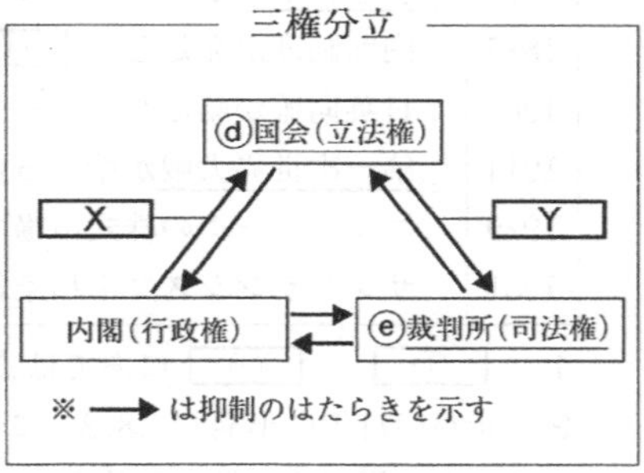

1　ⓐに関して，次は日本国憲法の条文の一部である。［　　　］にあてはまることばを書け。

> 第12条　この憲法が国民に保障する自由及び権利は，国民の不断の努力によつ《(っ)》て，これを保持しなければならない。又，国民は，これを濫用してはならないのであつ《(っ)》て，常に［　　　］のためにこれを利用する責任を負ふ《(う)》。

2　ⓑに関して，身体の自由の内容として最も適当なものはどれか。

ア　財産権が不当に侵されることはない。

イ　裁判を受ける権利を奪われることはない。

ウ　通信の秘密を不当に侵されることはない。

エ　自己に不利益な供述を強要されることはない。

3　ⓒに関して，言語，性別，年齢，障がいの有無にかかわらず，あらかじめ利用しやすい施設や製品などをデザインすること，またはそのようなデザインを何というか。

4　ⓓに関して，次の文は，国会が衆議院と参議院からなる二院制をとっている目的について述べたものである。文中の［　　　　　］に適することばを補い，これを完成させよ。

> 定数や任期，選挙制度が異なる議院を置くことで，［　　　　　］。また，慎重な審議によって一方の議院の行きすぎを防ぐこともできる。

5　［X］，［Y］にあてはまることばの組み合わせとして最も適当なものはどれか。

ア　（X　衆議院の解散　　Y　国民審査）

イ　（X　法律の違憲審査　Y　弾劾裁判所の設置）

ウ　（X　衆議院の解散　　Y　弾劾裁判所の設置）

エ　（X　法律の違憲審査　Y　国民審査）

6　ⓔに関して，**資料**はある地方裁判所の法廷のようすを模式的に示したものである。この法廷で行われる裁判について述べた文として最も適当なものはどれか。

ア　お金の貸し借りなどの個人と個人の間の争いを解決する。

イ　国民の中から選ばれた裁判員が参加する場合がある。

ウ　和解の成立によって裁判が途中で終わることがある。

エ　被害者が法廷に入り被告人に直接質問することはない。

資料

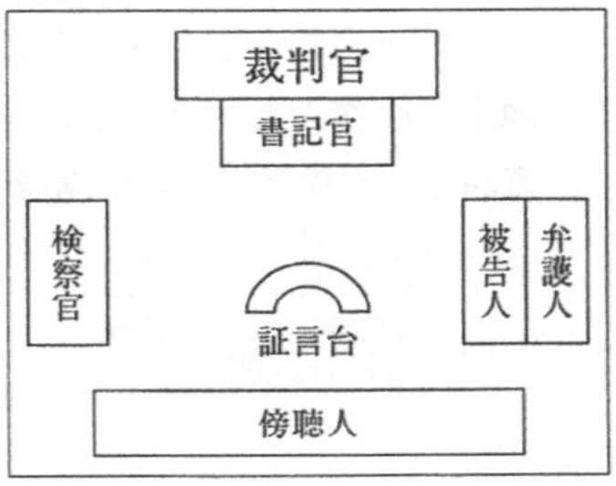

2022(R4) 鹿児島県公立高
教英出版

Ⅱ　次の略年表を見て，１～６の問いに答えよ。

年	できごと	
1871	ⓐ岩倉使節団がアメリカに向けて出発した ――――――――	A
1885	内閣制度が発足し，［①］が初代内閣総理大臣となった	
1902	日英同盟が結ばれた ――――――――――――――――	B
1914	ⓑ第一次世界大戦が始まった	
1929	ニューヨークの株式市場で株価が大暴落し［②］に発展した	
1951	サンフランシスコ平和条約が結ばれた ――――――――	C

１　［①］，［②］にあてはまる最も適当な人名とことばを書け。

２　ⓐが1871年に出発し，1873年に帰国するまでにおきたできごととして最も適当なものはどれか。

ア　王政復古の大号令の発表　　イ　日米和親条約の締結

ウ　徴兵令の公布　　エ　大日本帝国憲法の発布

３　ＡとＢの間の時期に「たけくらべ」，「にごりえ」などの小説を発表し，現在の５千円札にその肖像が使われていることでも知られている人物はだれか。

４　ⓑに関して，**資料**は，この大戦前のヨーロッパの国際関係を模式的に示したものである。**資料**中の［③］にあてはまる最も適当なことばを書け。

資料

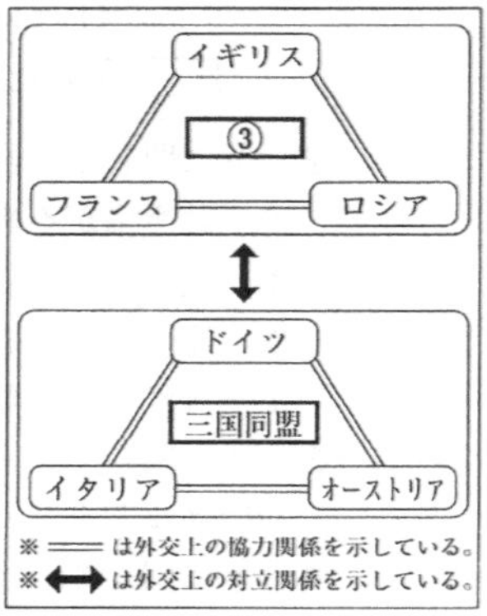

５　ＢとＣの間の時期に活動した人物について述べた次の文Ｘ，Ｙについて，それぞれの文に該当する人物名の組み合わせとして最も適当なものはどれか。

Ｘ　国際連盟本部の事務局次長として，国際平和のためにつくした。

Ｙ　物理学者で，1949年に日本人として初のノーベル賞を受賞した。

ア（Ｘ　新渡戸稲造　Ｙ　湯川秀樹）　イ（Ｘ　吉野作造　Ｙ　湯川秀樹）

ウ（Ｘ　新渡戸稲造　Ｙ　野口英世）　エ（Ｘ　吉野作造　Ｙ　野口英世）

６　Ｃ以降におこったできごとを，次のア～エから三つ選び，年代の古い順に並べよ。

ア　石油危機の影響で物価が上昇し，トイレットペーパー売り場に買い物客が殺到した。

イ　満20歳以上の男女による初めての衆議院議員総選挙が行われ，女性議員が誕生した。

ウ　男女雇用機会均等法が施行され，雇用における男女間の格差の是正がはかられた。

エ　アジア最初のオリンピックが東京で開催され，女性選手の活躍が話題となった。

Ⅲ　第二次世界大戦後には農地改革が行われ，**資料１**，**資料２**にみられるような変化が生じた。農地改革の内容を明らかにしたうえで，その改革によって生じた変化について書け。ただし，**政府**，**地主**，**小作人**ということばを使うこと。

資料１　**自作地と小作地の割合**

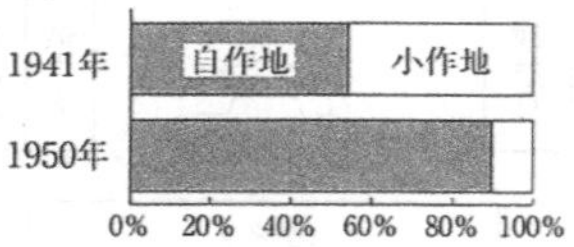

資料２　**自作・小作の農家の割合**

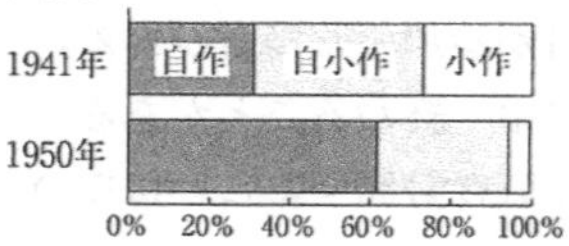

※資料２の補足
「自　作」：耕作地の90％以上が自己所有地の農家
「自小作」：耕作地の10％以上90％未満が自己所有地の農家
「小　作」：耕作地の10％未満が自己所有地の農家

（近現代日本経済史要覧から作成）

受検番号

合計得点

※90点満点

5

8 7 6 5 4 3 2 1

9点

3

4

Ⅲ Ⅱ

5 4

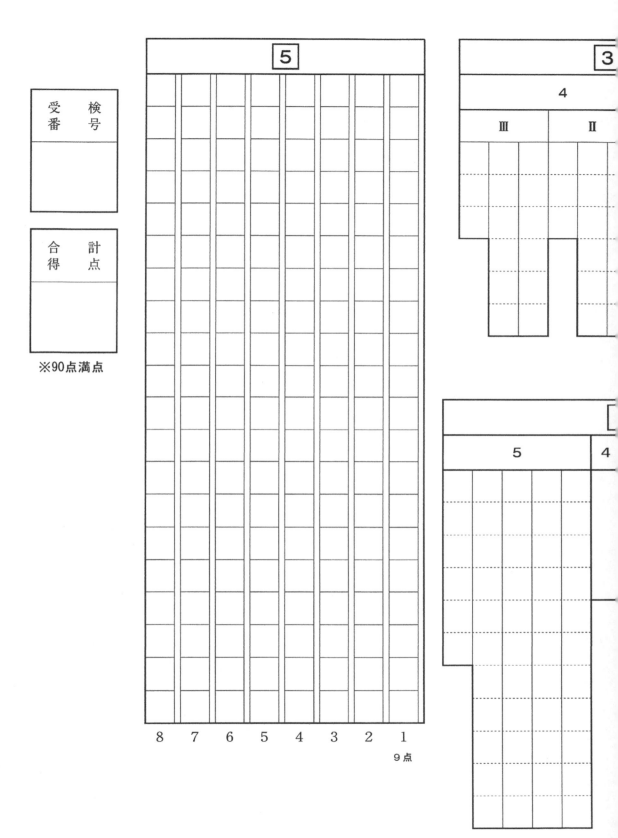

数学解答用紙

1

1	(1)		(2)		(3)		(4)	個	(5) 倍
2	$b =$	3		4	度	5			

2

1		2	
4	(1)	約　　　人	
	(2)	（方程式と計算過程） 答　$x =$　　　，$y =$	

3

1		（求め方や計算過程）

【解答

英　語　解　答　用　紙

1	1		
	2		
	3		
	4	→ →	
	5		
	6	(1)	(2)
	7		
2	1	①	②
	2	① ② ③	
	3	①	②
		③	

1．3点
2．3点
3．3点
4．3点
5．3点
6．3点×2
7．4点

1．2点×2
2．2点×3
3．2点×3
4．7点

You should buy (　X　・　Y　) because

【解答

理科解答用紙

1	1	①		②	
	2				
	3				
	4	①		②	
	5	(1)			
		(2)			
		(3)			
		(4)			Ω

2	I	1			
		2			cm/s
		3	a		b
		4			
		1			

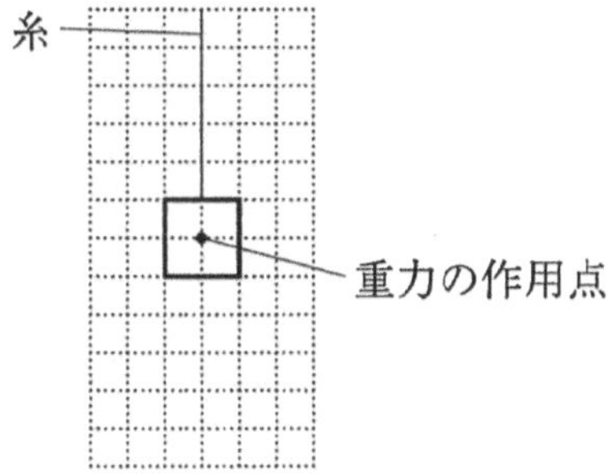

4	I	1		
		2	(1)	
			(2)	
			(3)	秒
	II	1		
		2		
		3		
		4		

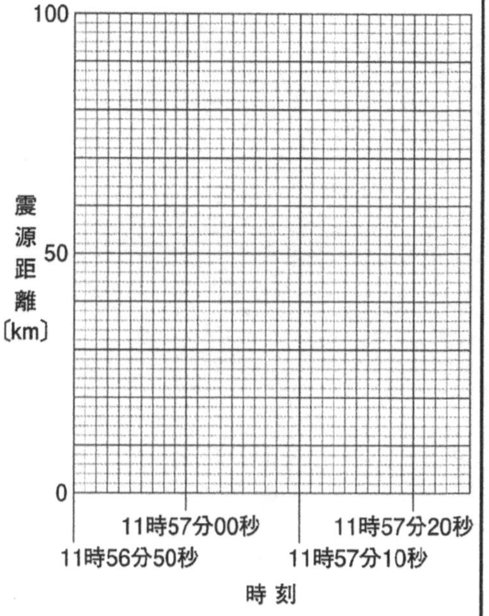

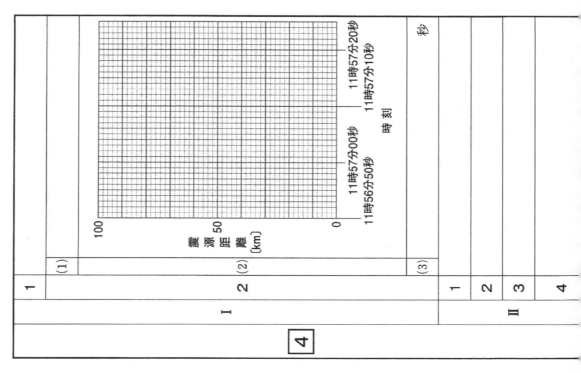

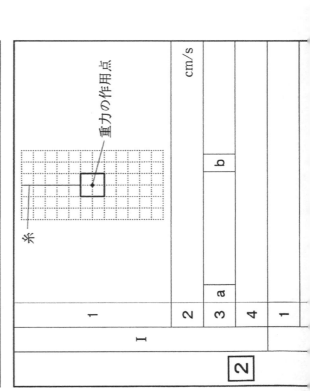

社 会 解 答 用 紙

1	Ⅰ	1	（山脈）
		2	
		3	
		4	
		5	
		6	(1)（1番目）
			(1)（2番目）
			(2)
	Ⅱ	1	
		2	
		3	
		4	(1)（漁業）
			(2)
		5	

2	Ⅱ	1	①
			②
		2	
		3	
		4	
		5	
		6	（ ）→（ ）→（ ）
	Ⅲ		

	Ⅰ	1	
		2	
		3	
		4	

【解答

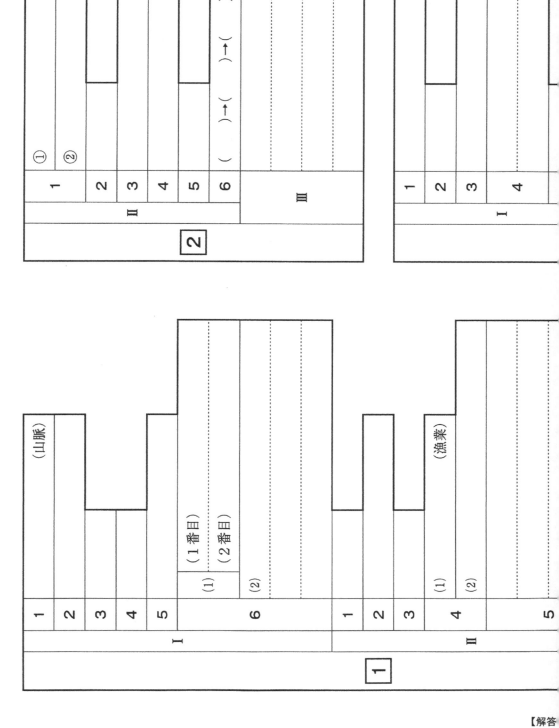

Ⅲ	(記号)	
	(理由)	

2	Ⅰ	1	
		2	
		3	
		4	
		5	
		6	(　　　)→(　　　)→(　　　)→(　　　)

3	Ⅱ	1	
		2	
		3	X
			Y
		4	
		5	ドル
	Ⅲ		スーパーマーケットは,

40

50

1 Ⅰ．２点×７
Ⅱ．１．２点
２．２点
３．２点
４．２点×２
５．３点
Ⅲ．４点

2 Ⅰ．１．２点
２．２点
３．２点
４．２点
５．２点
６．３点
Ⅱ．１．２点×２
２．２点
３．２点
４．２点
５．２点
６．３点
Ⅲ．３点

3 Ⅰ．１．２点
２．２点
３．２点
４．２点
５．２点
６．３点
Ⅱ．１．２点
２．２点
３．３点
４．２点
５．２点
Ⅲ．４点

受検番号	

合計得点	

※90点満点

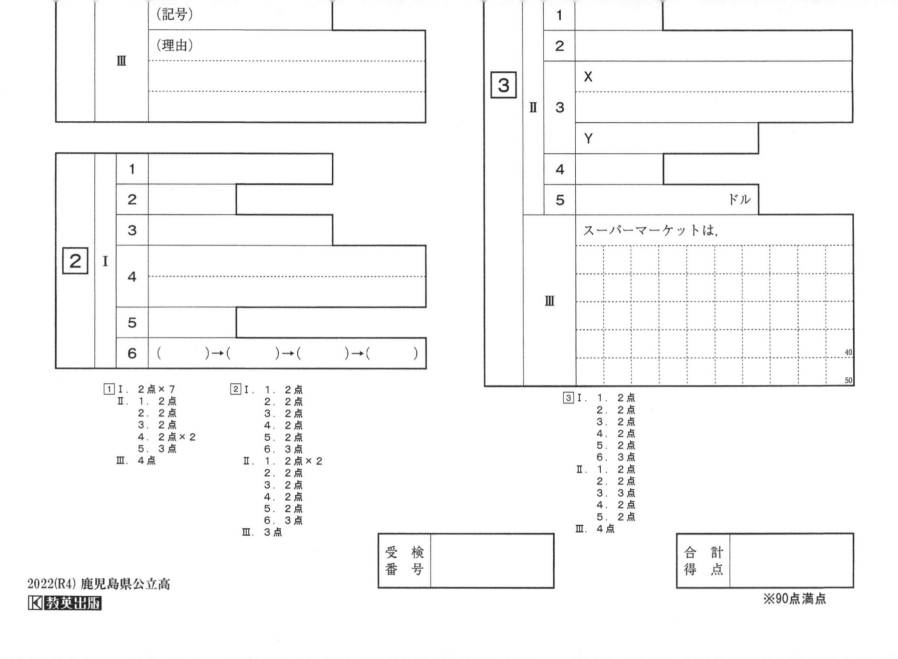

Ⅱ		
	3	
	4	

3	Ⅰ	1	(1)				
			(2)	a		b	
		2	(1)	ア	本	イ	本
				ウ	本		
			(2)				
	Ⅱ	1		a		b	
		2		記号		名称	
		3	(1)				
			(2)	試験管（　　　）と比べることで，			

1 1．2点
2．2点
3．2点
4．3点
5．(1)2点
(2)2点
(3)2点
(4)3点

2 Ⅰ．1．2点
2．2点
3．2点
4．3点
Ⅱ．1．2点
2．2点
3．2点
4．3点

受検番号	

5	Ⅰ	2	
		3	
		4	
	Ⅱ	1	
		2	
		3	g/cm³
		4	

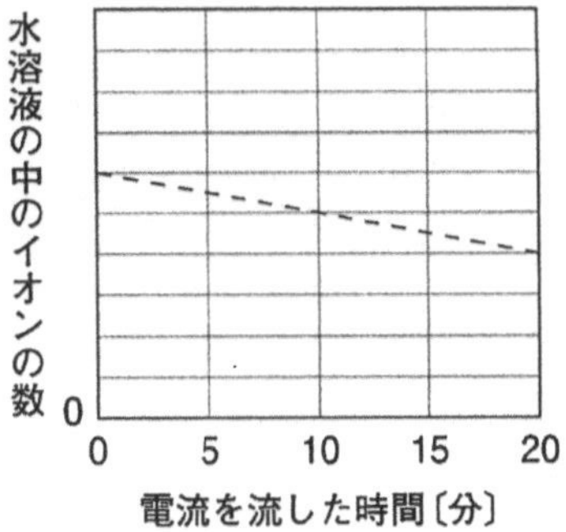

3 Ⅰ．1．2点×2
2．(1)2点
(2)3点
Ⅱ．1．2点
2．2点
3．(1)2点
(2)3点

4 Ⅰ．1．2点
2．(1)2点
(2)2点
(3)3点
Ⅱ．1．2点
2．2点
3．2点
4．3点

5 Ⅰ．2点×4
Ⅱ．1．2点
2．2点
3．3点
4．3点

合計得点	

※90点満点

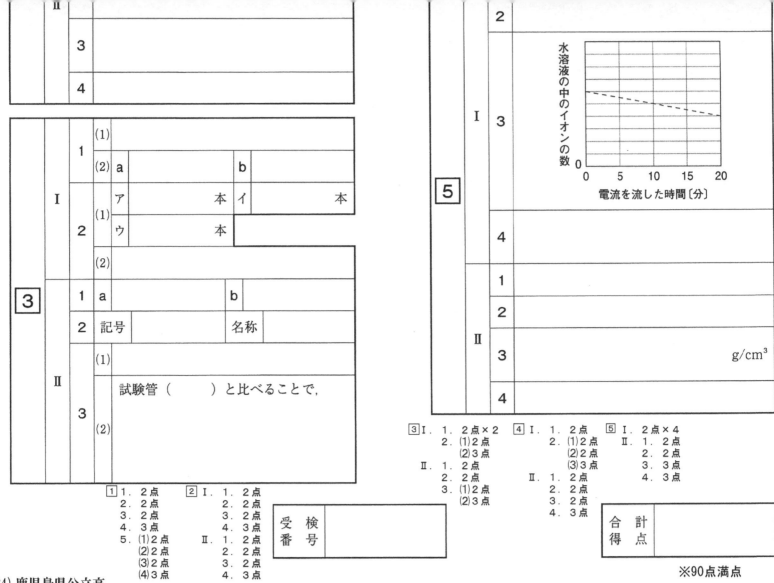

35

3	Ⅰ	1	2
	Ⅱ	1	2 ② ③ ④
	Ⅲ		

Ⅰ．３点×２
Ⅱ．１．３点
　　２．４点
Ⅲ．４点

4	1		
	2		
	3		
	4	40	
	5	15	
	6		

１．３点
２．４点
３．３点
４．４点
５．５点
６．３点×２

受検番号	

合計得点	

※90点満点

	(2)	Q（　　　,　　　）				答　a＝

4	1	度	3	（証明）
	2	EG : GD ＝		
	4	cm		
	5	倍		

5	1	色,　　cm					2	(2)	（求め方や計算過程） 答　　　cm
	2	(1)	ア		イ				
			ウ		エ				

1 3点×9
2 1．3点
　2．3点
　3．4点
　4．(1)3点
　　(2)4点

3 1．3点
　2．(1)3点
　　(2)3点
　　(3)4点
4 1．3点
　2．3点
　3．4点
　4．3点
　5．4点

5 1．4点
　2．(1)8点
　　(2)4点

受検番号	

合計得点	

※90点満点

国語解答用紙

1

1
(1)
(2) く
(3)
(4)
(5)
(6) る

2
画

1．2点×6
2．2点

2

1

2
Ⅰ
Ⅱ

3

4
自分がどう生きるのかを問わなければ、

5

1．2点
2．4点×2
3．4点
4．7点
5．5点

1
2
3

1．2点
2．3点
3．3点
4．Ⅰ．3点
　　Ⅱ．3点
　　Ⅲ．4点

1
2
3
Ⅰ

1．3点
2．3点
3．Ⅰ．3点
　　Ⅱ．4点
4．4点
5．6点

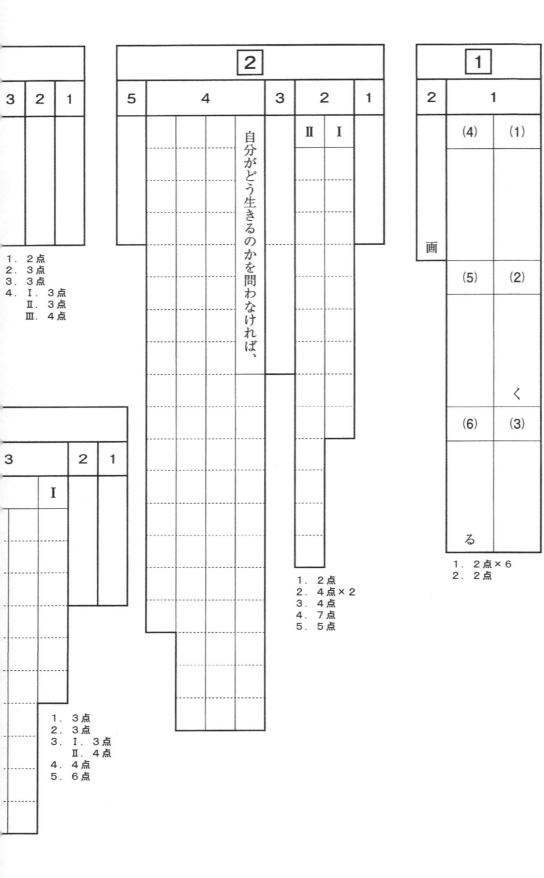

2　次のⅠ～Ⅲの問いに答えなさい。答えを選ぶ問いについては一つ選び，その記号を書きなさい。

Ⅰ　次は，歴史的建造物について調べ学習をしたある中学生と先生の会話の一部である。**1**～**6**の問いに答えよ。

生徒：鹿児島城にあった御楼門《ごろうもん》の再建に関するニュースを見て，門について興味をもったので，調べたことを次のようにまとめました。

羅城門《らじょうもん》	ⓑ東大寺南大門	守礼門《しゅれいもん》	日光東照宮の陽明門
平城京やⓐ平安京の南側の門としてつくられた。	源平の争乱で焼けた東大寺の建物とともに再建された。	ⓒ琉球王国の首里城の城門の１つとしてつくられた。	ⓓ江戸時代に，徳川家康をまつる日光東照宮につくられた。

先生：いろいろな門についてよく調べましたね。これらの門のうち，つくられた時期が，再建前の御楼門に最も近い門はどれですか。

生徒：御楼門がつくられたのは17世紀の前半といわれているので，江戸時代につくられた日光東照宮の陽明門だと思います。

先生：そうです。なお，江戸時代には，大名が１年おきに自分の領地を離れて江戸に滞在することを義務づけられた［　　　］という制度がありました。薩摩藩の大名が江戸に向かった際には御楼門を通っていたのかもしれませんね。ところで，門には，河川と海の境目など水の流れを仕切る場所につくられた「水門」というものもありますよ。

生徒：それでは，次はⓔ河川や海に関連した歴史をテーマにして調べてみたいと思います。

1　［　　　］にあてはまる最も適当なことばを書け。

2　ⓐがつくられる以前の時代で，次の三つの条件を満たす時代はどれか。

・多くの人々はたて穴住居で生活していた。
・中国の歴史書によると，倭は100ほどの国に分かれていた。
・銅鐸などの青銅器を祭りの道具として使っていた。

ア　縄文時代　　イ　弥生時代　　ウ　古墳時代　　エ　奈良時代

3　ⓑの中に置かれている，運慶らによってつくられた**資料１**の作品名を**漢字５字**で書け。

資料１

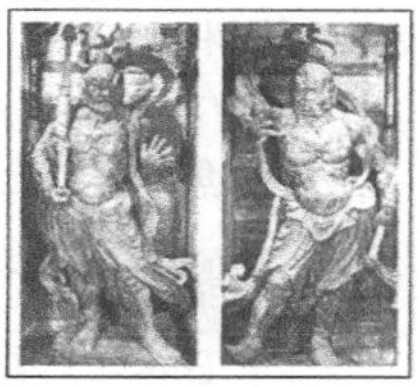

4　ⓒについて述べた次の文の［　　　　　］に適することばを，15世紀ごろの中継貿易を模式的に示した**資料２**を参考にして補い，これを完成させよ。

琉球王国は，日本や中国・東南アジア諸国から［　　　　　］する中継貿易によって繁栄した。

資料２

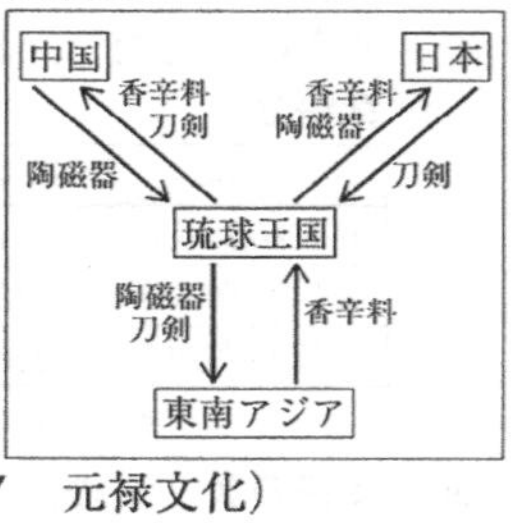

5　ⓓに描かれた**資料３**について述べた次の文の［Ｘ］，［Ｙ］にあてはまることばの組み合わせとして最も適当なものはどれか。

この作品は［Ｘ］が描いた［Ｙ］を代表する風景画であり，ヨーロッパの絵画に大きな影響を与えた。

ア（Ｘ　尾形光琳　　Ｙ　元禄文化）　　イ（Ｘ　葛飾北斎　　Ｙ　元禄文化）
ウ（Ｘ　尾形光琳　　Ｙ　化政文化）　　エ（Ｘ　葛飾北斎　　Ｙ　化政文化）

6　ⓔについて，次のできごとを年代の古い順に並べよ。

ア　ロシアの使節が，蝦夷地の根室に来航し，漂流民を送り届けるとともに，日本との通商を求めた。

イ　平治の乱に勝利したのち，太政大臣になった人物が，現在の神戸市の港を整備した。

ウ　河川に橋をかけるなど人々のために活動した人物が，東大寺に大仏を初めてつくるときに協力をした。

エ　スペインの船隊が，アメリカ大陸の南端を通り，初めて世界一周を成し遂げた。

資料３

2022(R4) 鹿児島県公立高
K 教英出版

Ⅱ　次の略地図を見て，１～５の問いに答えよ。

１　近畿地方で海に面していない府県の数を，略地図を参考に答えよ。

２　略地図中の**あ**で示した火山がある地域には，火山の大規模な噴火にともなって形成された大きなくぼ地がみられる。このような地形を何というか。

３　略地図中の**Ａ**～**Ｄ**の県にみられる，産業の特色について述べた次の**ア**～**エ**の文のうち，**Ｄ**について述べた文として最も適当なものはどれか。

ア　標高が高く夏でも涼しい気候を生かし，レタスなどの高原野菜の生産が盛んである。

イ　涼しい気候を利用したりんごの栽培が盛んで，国内の生産量の半分以上を占めている。

ウ　明治時代に官営の製鉄所がつくられた地域では，エコタウンでのリサイクルが盛んである。

エ　自動車の関連工場が集まっており，自動車を含む輸送用機械の生産額は全国１位である。

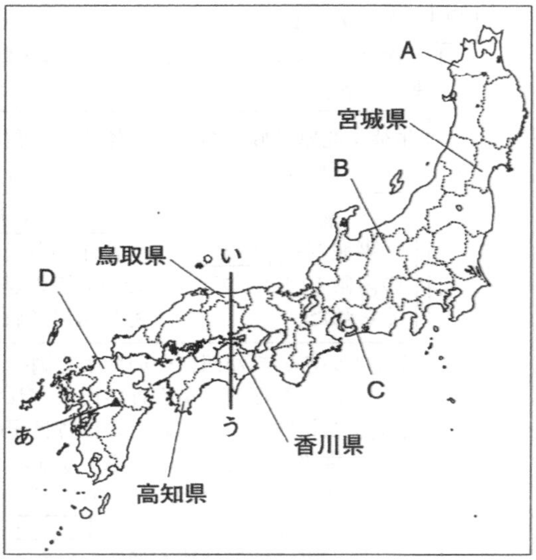

４　略地図中の**宮城県**ではさけやあわびなどの「育てる漁業」が行われている。「育てる漁業」に関してまとめた**資料１**について，次の(1)，(2)の問いに答えよ。

(1)　ⓐについて，このような漁業を何というか。

(2)　［　　　］にあてはまる最も適当なことばを書け。

資料１

【「育てる漁業」の種類 】
・魚や貝などを，いけすなどを利用して大きくなるまで育てて出荷する。
・ⓐ魚や貝などを卵からふ化させ，人工的に育てた後に放流し，自然の中で成長したものを漁獲する。
【 日本で「育てる漁業」への転換が進められた理由の一つ 】
・他国が200海里以内の［　　　］を設定したことにより，「とる漁業」が難しくなったから。

５　**資料２**は略地図中の**鳥取県**，**香川県**，**高知県**のそれぞれの県庁所在地の降水量を示している。**資料２**にみられるように，３県の中で**香川県**の降水量が特に少ない理由を，**資料３**をもとにして書け。ただし，**日本海**，**太平洋**ということばを使うこと。

資料２

	年降水量
鳥取県鳥取市	1931.3㎜
香川県高松市	1150.1㎜
高知県高知市	2666.4㎜

（気象庁統計から作成）

資料３　略地図中 い－う 間の断面図と季節風のようす

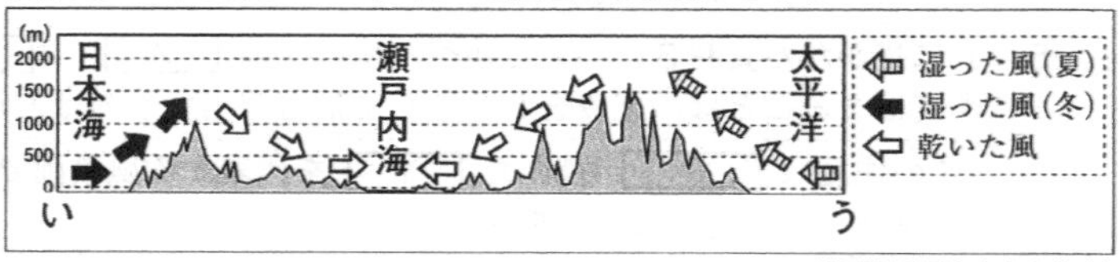

（地理院地図などから作成）

Ⅲ　**資料**の**Ｘ**，**Ｙ**の円グラフは，千葉県で特に貿易額の多い成田国際空港と千葉港の，輸入総額に占める輸入上位５品目とその割合をまとめたものである。成田国際空港に該当するものは**Ｘ**，**Ｙ**のどちらか。また，そのように判断した理由を航空輸送の特徴をふまえて書け。

資料

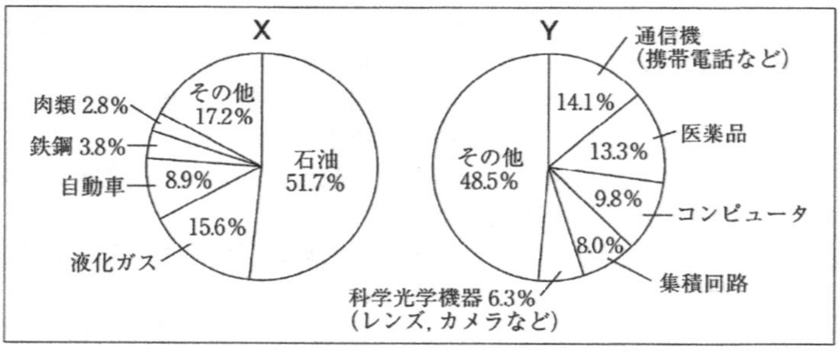

（日本国勢図会2021/22から作成）

1 次のⅠ～Ⅲの問いに答えなさい。答えを選ぶ問いについては一つ選び，その記号を書きなさい。

Ⅰ　次の略地図を見て，１～６の問いに答えよ。

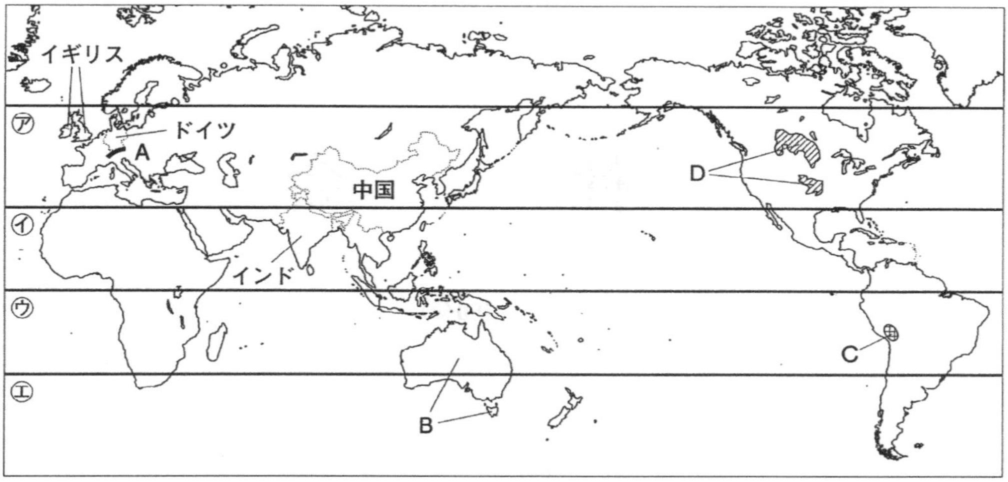

1　略地図中のAの山脈の名称を答えよ。

2　略地図中の㋐～㋓は，赤道と，赤道を基準として30度間隔に引いた３本の緯線である。このうち，㋓の緯線の緯度は何度か。北緯，南緯を明らかにして答えよ。

3　略地図中のBの国内に暮らす先住民族として最も適当なものはどれか。

ア　アボリジニ　　イ　イヌイット　　ウ　マオリ　　エ　ヒスパニック

4　略地図中のCで示した地域のうち，標高4,000 m付近でみられる気候や生活のようすについて述べた文として最も適当なものはどれか。

ア　夏の降水量が少ないため，乾燥に強いオリーブの栽培が盛んである。

イ　気温が低く作物が育ちにくく，リャマやアルパカの放牧がみられる。

ウ　季節風の影響を受けて夏の降水量が多いため，稲作が盛んである。

エ　一年中気温が高く，草原や森林が広がる地域で焼畑農業が行われている。

5　略地図中のDは，北アメリカにおいて，**資料１**中の［　　　］の農産物が主に栽培されている地域を示している。**資料１**中の［　　　］にあてはまる農産物名を答えよ。

資料１　主な農産物の輸出量の上位３か国とその国別割合(%)

農産物	輸出量上位３か国（%）
［　　　］	ロシア16.8　アメリカ13.9　カナダ11.2
とうもろこし	アメリカ32.9　ブラジル18.1　アルゼンチン14.7
大　豆	ブラジル44.9　アメリカ36.5　アルゼンチン4.9
綿　花	アメリカ41.9　インド12.1　オーストラリア11.2

（地理統計要覧2021年版から作成）

6　略地図中の**中国**，**ドイツ**，**インド**，**イギリス**について，次の(1)，(2)の問いに答えよ。

(1)　**資料２**の中で，割合の変化が１番目に大きい国と２番目に大きい国の国名をそれぞれ答えよ。

(2)　(1)で答えた２か国について，**資料３**において２か国に共通する割合の変化の特徴を書け。

資料２　各国の再生可能エネルギーによる発電量の総発電量に占める割合(%)

	2010年	2018年
中国	18.8	26.2
ドイツ	16.5	37.0
インド	16.4	19.0
イギリス	6.8	35.4

（世界国勢図会2021/22年版などから作成）

資料３　各国の発電エネルギー源別発電量の総発電量に占める割合(%)

	風力		水力		太陽光	
	2010年	2018年	2010年	2018年	2010年	2018年
中国	1.1	5.1	17.2	17.2	0.0	2.5
ドイツ	6.0	17.1	4.4	3.7	1.9	7.1
インド	2.1	4.1	11.9	9.5	0.0	2.5
イギリス	2.7	17.1	1.8	2.4	0.0	3.9

（世界国勢図会2021/22年版などから作成）

社　　　会

(50分)

注　　意

1　監督者の「始め」の合図があるまで開いてはいけません。
2　問題用紙は表紙を入れて７ページあり，これとは別に解答用紙が１枚あります。
3　受検番号は，解答用紙及び問題用紙の決められた欄に記入しなさい。
4　答えは，問題の指示に従って，**すべて解答用紙に記入しなさい。**
5　監督者の「やめ」の合図ですぐにやめなさい。

受検番号	

Ⅱ　たかしさんは，家庭のコンセントに＋極，－極の区別がないことに興味をもった。家庭のコンセントに供給されている電流について調べたところ，家庭のコンセントの電流の多くは，電磁誘導を利用して発電所の発電機でつくり出されていることがわかった。そこで電磁誘導について，**図**のようにオシロスコープ，コイル，糸につないだ棒磁石を用いて**実験１**，**実験２**を行った。

図

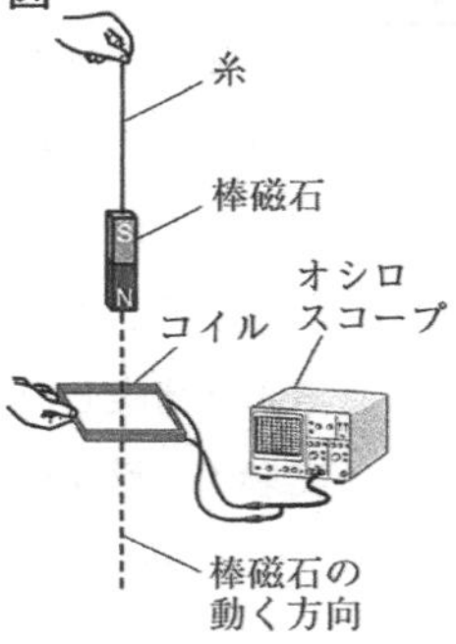

実験１　棒磁石を上下に動かして，手で固定したコイルに近づけたり遠ざけたりすると，誘導電流が生じた。

実験２　棒磁石を下向きに動かして，手で固定したコイルの内部を通過させると，誘導電流が生じた。

1　家庭のコンセントの電流の多くは，流れる向きが周期的に変化している。このように向きが周期的に変化する電流を何というか。

2　電磁誘導とはどのような現象か。「コイルの内部」ということばを使って書け。

3　**実験１**で，流れる誘導電流の大きさを，より大きくする方法を一つ書け。ただし，**図**の実験器具は，そのまま使うものとする。

4　**実験２**の結果をオシロスコープで確認した。このときの時間とコイルに流れる電流との関係を表す図として最も適当なものはどれか。

ア

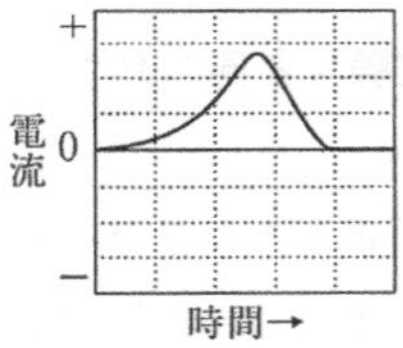

イ

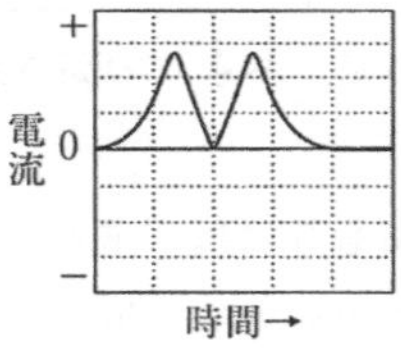

ウ

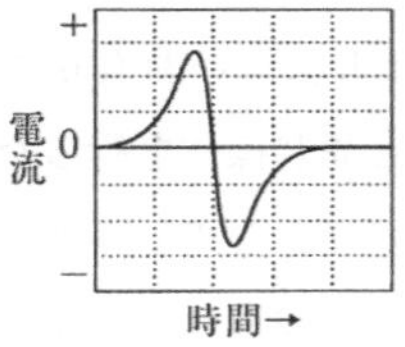

エ

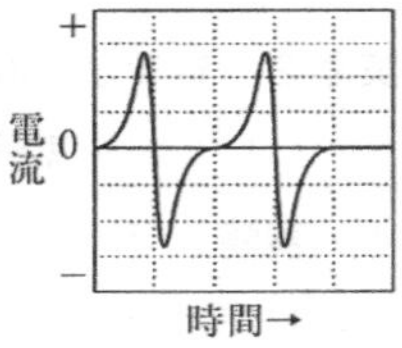

3　次のⅠ，Ⅱの各問いに答えなさい。答えを選ぶ問いについては記号で答えなさい。

Ⅰ　ひろみさんは，授業で血液の流れるようすを見るために，学校で飼育されているメダカを少量の水とともにポリエチレンぶくろに入れ，顕微鏡で尾びれを観察した。また，別の日に，水田で見つけたカエルの卵に興味をもち，カエルの受精と発生について図書館で調べた。

1　**図１**は，観察した尾びれの模式図である。(1)，(2)の問いに答えよ。

(1)　**図１**のXは，酸素を全身に運ぶはたらきをしている。Xの名称を書け。

(2)　Xは，血管の中にあり，血管の外では確認できなかった。ひろみさんは，このことが，ヒトでも同じであることがわかった。そこで，ヒトでは酸素がどのようにして細胞に届けられるのかを調べて，次のようにまとめた。次の文中の[a]，[b]にあてはまることばを書け。

図１

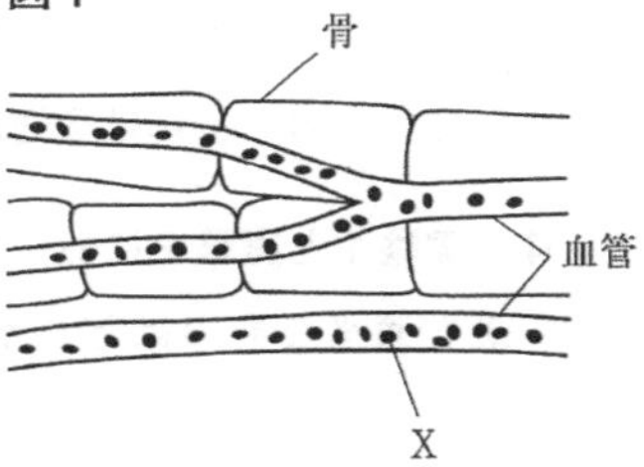

血液の成分である[a]の一部は毛細血管からしみ出て[b]となり，細胞のまわりを満たしている。Xによって運ばれた酸素は[b]をなかだちとして細胞に届けられる。

2 次のⅠ，Ⅱの各問いに答えなさい。答えを選ぶ問いについては記号で答えなさい。

Ⅰ　物体の運動を調べるために，**図1**のような装置を用いて**実験1**，**実験2**を行った。ただし，台車と机の間や滑車と糸の間の摩擦，空気の抵抗，糸の質量は考えないものとする。また，糸は伸び縮みしないものとし，台車は滑車と衝突しないものとする。

図1

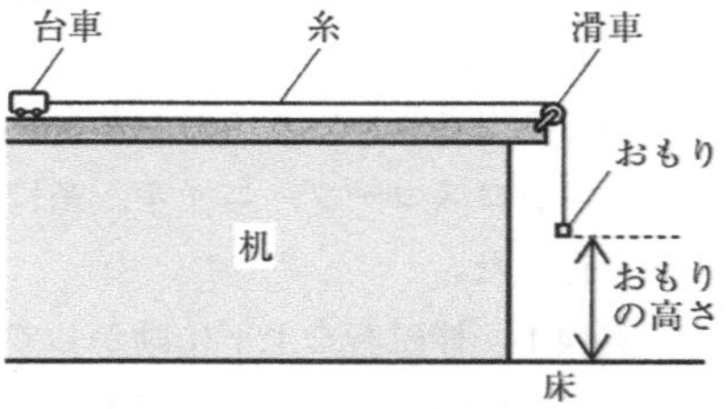

実験1　**図1**のように，水平な机の上で，台車に質量300 gのおもりをつけた糸をつないで滑車にかけ，台車を手で押さえて静止させた後，静かに手をはなした。手をはなしてから，0.1秒ごとにストロボ写真を撮影した。**図2**は，ストロボ写真に撮影された台車の位置を模式的に表したものである。また，**表**は，手をはなしてからの時間と，台車が静止していた位置から机の上を動いた距離を，ストロボ写真から求めてまとめたものの一部である。

図2

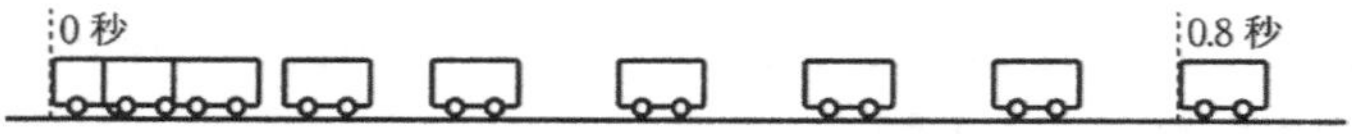

表

手をはなしてからの時間〔s〕	0	0.1	0.2	0.3	0.4	0.5	0.6	0.7	0.8
台車が静止していた位置から机の上を動いた距離〔cm〕	0	3.0	12.0	27.0	48.0	72.0	96.0	120.0	144.0

実験2　質量が300 gより大きいおもりを用いて，おもりの高さが**実験1**と同じ高さになるようにして，**実験1**と同じ操作を行った。

1　**実験1**で，おもりが静止しているとき，おもりには「重力」と「重力とつり合う力」の二つの力がはたらいている。おもりにはたらく二つの力を，解答欄の方眼に力の矢印でかけ。ただし，重力の作用点は解答欄の図中のとおりとし，重力とつり合う力の作用点は「•」で示すこと。また，質量100 gの物体にはたらく重力の大きさを1 Nとし，方眼の1目盛りを1 Nとする。

2　**実験1**で，手をはなしてからの時間が0.2秒から0.3秒までの台車の平均の速さは何cm/sか。

3　**実験1**に関する次の文中の［ a ］にあてはまる数値を書け。また，［ b ］にあてはまることばを書け。

> **実験1**で，手をはなしてからの時間が［ a ］秒のときに，おもりは床についた。おもりが床についた後は台車を水平方向に引く力がはたらかなくなり，台車にはたらく力がつり合うため，台車は等速直線運動をする。これは「［ b ］の法則」で説明できる。

4　**実験1**と**実験2**において，手をはなしてからの時間と台車の速さの関係を表すグラフとして最も適当なものはどれか。ただし，**実験1**のグラフは破線（---），**実験2**のグラフは実線（──）で示している。

ア

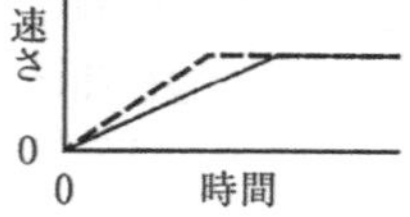

イ

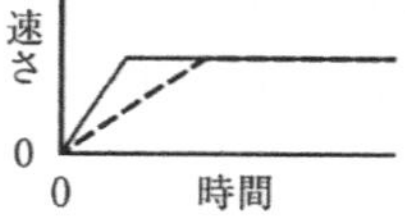

ウ

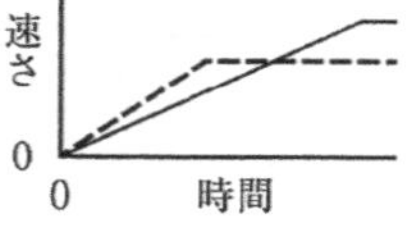

エ

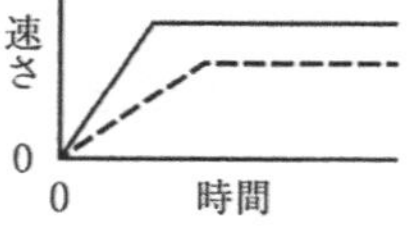

1 次の各問いに答えなさい。答えを選ぶ問いについては記号で答えなさい。

1　虫めがねを使って物体を観察する。次の文中の①，②について，それぞれ正しいものはどれか。

> 虫めがねには凸レンズが使われている。物体が凸レンズとその焦点の間にあるとき，凸レンズを通して見える像は，物体の大きさよりも ①（ア　大きく　　イ　小さく）なる。このような像を ②（ア　実像　　イ　虚像）という。

2　木や草などを燃やした後の灰を水に入れてかき混ぜた灰汁（あく）には，衣類などのよごれを落とす作用がある。ある灰汁にフェノールフタレイン溶液を加えると赤色になった。このことから，この灰汁の pH の値についてわかることはどれか。

ア　7より小さい。　　イ　7である。　　ウ　7より大きい。

3　両生類は魚類から進化したと考えられている。その証拠とされているハイギョの特徴として，最も適当なものはどれか。

ア　後ろあしがなく，その部分に痕跡的に骨が残っている。

イ　体表がうろこでおおわれていて，殻のある卵をうむ。

ウ　つめや歯をもち，羽毛が生えている。

エ　肺とえらをもっている。

4　地球の自転に関する次の文中の①，②について，それぞれ正しいものはどれか。

> 地球の自転は，1時間あたり ①（ア　約15°　　イ　約20°　　ウ　約30°）で，北極点の真上から見ると，自転の向きは ②（ア　時計回り　　イ　反時計回り）である。

5　ひろみさんは，授業でインターネットを使って桜島について調べた。調べてみると，桜島は，大正時代に大きな噴火をしてから100年以上がたっていることがわかった。また，そのときの溶岩は大正溶岩とよばれ①安山岩でできていること，大正溶岩でおおわれたところには，現在では，②土壌が形成されてさまざまな生物が生息していることがわかった。ひろみさんは，この授業を通して自然災害について考え，日頃から災害に備えて準備しておくことの大切さを学んだ。ひろみさんは家に帰り，災害への備えとして用意しているものを確認したところ，水や非常食，③化学かいろ，④懐中電灯やラジオなどがあった。

図

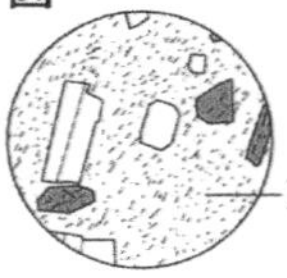

(1)　下線部①について，安山岩を観察すると，図のように石基の間に比較的大きな鉱物が散らばって見える。このようなつくりの組織を何というか。

(2)　下線部②について，土壌中には菌類や細菌類などが生息している。次の文中の□にあてはまることばを書け。

> 有機物を最終的に無機物に変えるはたらきをする菌類や細菌類などの微生物は，□とよばれ，生産者，消費者とともに生態系の中で重要な役割をになっている。

(3)　下線部③について，化学かいろは，使用するときに鉄粉が酸化されて温度が上がる。このように，化学変化がおこるときに温度が上がる反応を何というか。

(4)　下線部④について，この懐中電灯は，電圧が 1.5 V の乾電池を2個直列につなぎ，電球に 0.5 A の電流が流れるように回路がつくられている。この懐中電灯内の回路全体の抵抗は何 Ω か。

2022(R4) 鹿児島県公立高
教英出版

理　　科

（50分）

注　　意

1　監督者の「始め」の合図があるまで開いてはいけません。

2　問題用紙は表紙を入れて８ページあり，これとは別に解答用紙が１枚あります。

3　受検番号は，解答用紙及び問題用紙の決められた欄に記入しなさい。

4　答えは，問題の指示に従って，**すべて解答用紙に記入しなさい。**

5　監督者の「やめ」の合図ですぐにやめなさい。

受検番号	

英語聞き取りテスト台本

（実施時間　約11分33秒）

※教英出版注
音声は，解答集の書籍ＩＤ番号を教英出版ウェブサイトで入力して聴くことができます。

〈チャイムの音四つ〉

これから，英語の聞き取りテストを行います。問題用紙の２ページを開けなさい。

英語は１番から４番は１回だけ放送します。５番以降は２回ずつ放送します。メモをとってもかまいません。

（約３秒間休止）

では，１番の問題を始めます。まず，問題の指示を読みなさい。

（約13秒間休止）

それでは放送します。

Alice :　Hi, Kenji.　Did you do anything special last weekend ?
Kenji :　Yes, I did.　I watched a baseball game with my father at the stadium.
Alice :　That's good.　Was it exciting ?
Kenji :　Yes !　I saw my favorite baseball player there.

（約10秒間休止）

次に，２番の問題です。まず，問題の指示を読みなさい。

（約13秒間休止）

それでは放送します。

David :　I want to send this letter to America.　How much is it ?
Officer :　It's one hundred and ninety yen.
David :　Here is two hundred yen.　Thank you.　Have a nice day.
Officer :　Hey, wait.　You forgot your 10 yen.
David :　Oh, thank you.

（約10秒間休止）

次に，３番の問題です。まず，問題の指示を読みなさい。

（約20秒間休止）

それでは放送します。

Takeru :　I'm going to see a movie this Friday.　Do you want to come with me ?
Mary :　I'd like to, but I have a lot of things to do on Friday.　How about the next day ?
Takeru :　The next day ?　That's OK for me.

（約15秒間休止）

次に，４番の問題です。まず，問題の指示を読みなさい。

（約15秒間休止）

それでは放送します。

Here is the weather for next week.　Tomorrow, Monday, will be rainy.　You'll need an umbrella the next day too, because it will rain a lot.　From Wednesday to Friday, it will be perfect for going out.　You can go on a picnic on those days if you like.　On the weekend, the wind will be very strong.　You have to be careful if you wear a hat.　I hope you will have a good week.

（約10秒間休止）

英語聞き取りテスト台本

4　留学生の Linda があなたに SNS 上で相談している。添付されたカタログを参考に，あなたが Linda にすすめたい方を◯で囲み，その理由を二つ，合わせて25～35語の英語で書け。英文は２文以上になってもかまわない。

	X	Y

価格	~~8,600円~~　4,300円	2,900円
特徴	化学繊維（防水）	綿（天然素材）
重さ	970 g	590 g
容量	30 L	20 L

3　次のⅠ～Ⅲの問いに答えなさい。

Ⅰ　次の英文は，中学生の Yumi が，奄美大島と徳之島におけるアマミノクロウサギ（Amami rabbits）の保護について英語の授業で行った発表である。英文を読み，あとの問いに答えよ。

Amami-Oshima Island and Tokunoshima Island became a Natural World Heritage Site* last year. Amami rabbits live only on these islands, and they are in danger of extinction* now. One of the biggest reasons is car accidents*. This graph* shows how many car accidents with Amami rabbits happened every month over* 20 years. There are twice as many car accidents in September as in August because Amami rabbits are more active* from fall to winter. The accidents happened the most in December because people drive a lot in that month. Look at this picture. People there started to protect them. They put this sign* in some places on the islands. It means, "Car drivers must [　　　　] here." It is very important for all of us to do something for them.

Yumi が見せた写真

注　Natural World Heritage Site　世界自然遺産　　danger of extinction　絶滅の危機
　　car accidents　自動車事故　　graph　グラフ　　over～　～の間（ずっと）
　　active　活発な　　sign　標識

1　下線部 This graph として最も適当なものを下のア～エの中から一つ選び，その記号を書け。

ア
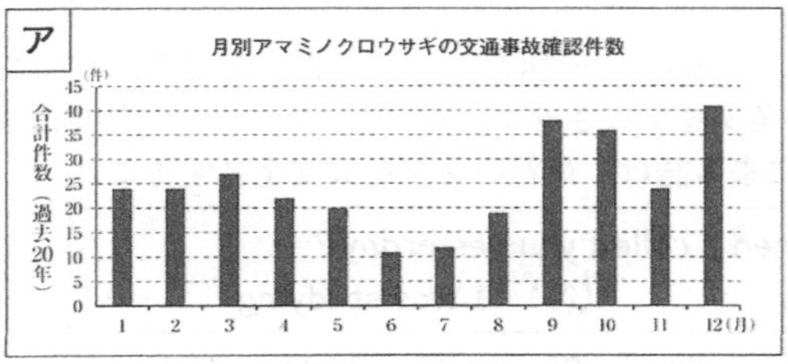

イ
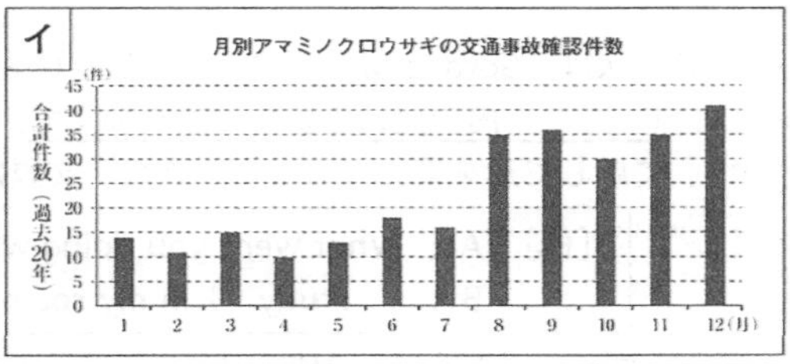

ウ
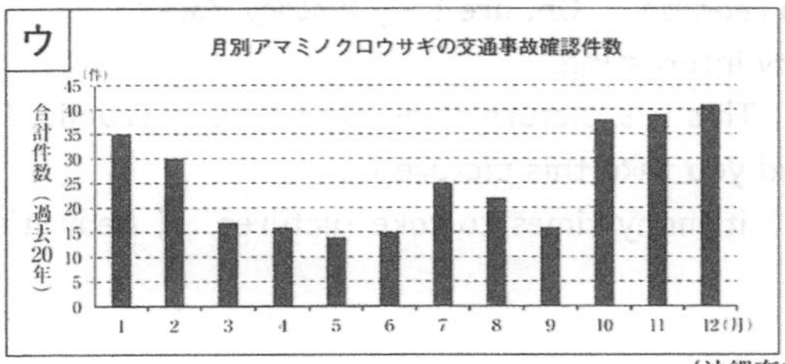

エ
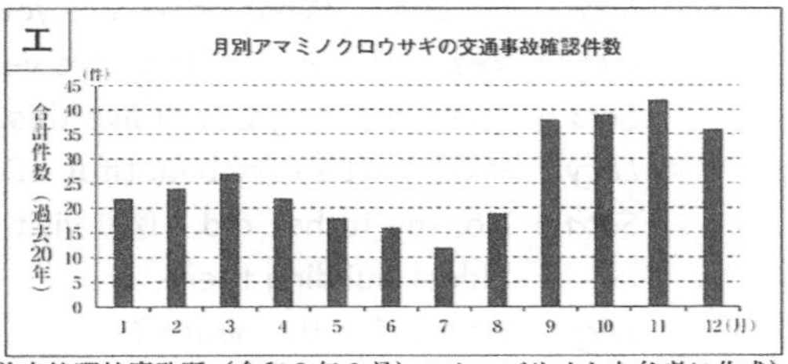

（沖縄奄美自然環境事務所（令和２年９月）のウェブサイトを参考に作成）

2　本文の内容に合うように [　　　　] に適切な英語を補って英文を完成させよ。

教英出版

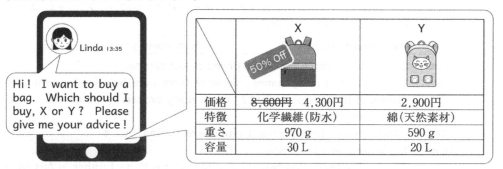

2 次の1～4の問いに答えなさい。

1　Kenta と留学生の Sam が東京オリンピック（the Tokyo Olympics）やスポーツについて話している。下の①，②の表現が入る最も適当な場所を対話文中の〈　ア　〉～〈　エ　〉の中からそれぞれ一つ選び，その記号を書け。

① Shall we play together ?	② How about you ?

Kenta : Sam, did you watch the Tokyo Olympics last summer ?

Sam : Yes, I watched many games. Some of them were held for the first time in the history of the Olympics, right ? I was really excited by the games. 〈　ア　〉

Kenta : What sport do you like ?

Sam : I like surfing. In Australia, I often went surfing. 〈　イ　〉

Kenta : My favorite sport is tennis. 〈　ウ　〉

Sam : Oh, you like tennis the best. I also played it with my brother in Australia. Well, I'll be free next Sunday. 〈　エ　〉

Kenta : Sure ! I can't wait for next Sunday ! See you then.

Sam : See you.

2　次は，Yuko と留学生の Tom との対話である。（　①　）～（　③　）に，下の　　　　内の［説明］が示す英語1語をそれぞれ書け。

Yuko : Hi, Tom. How are you ?

Tom : Fine, but a little hungry. I got up late this morning, so I couldn't eat（　①　）.

Yuko : Oh, no ! Please remember to eat something next Sunday morning.

Tom : I know, Yuko. We're going to Kirishima to（　②　）mountains again. Do you remember when we went there last time ?

Yuko : Yes. We went there in（　③　）. It was in early spring.

［説明］
① the food people eat in the morning after they get up
② to go up to a higher or the highest place
③ the third month of the year

3　次は，Sota と留学生の Lucy との対話である。①～③について，［例］を参考にしながら，（　　　）内の語に必要な2語を加えて，英文を完成させよ。ただし，（　　　）内の語は必要に応じて形を変えてもよい。また，文頭に来る語は，最初の文字を大文字にすること。

［例］ A : What were you doing when I called you yesterday ?
B :（　study　）in my room.　　　　（答）I was studying

Sota : Hi, Lucy. What books are you reading ? Oh, are they history books ?

Lucy : Yes. ①（ like ）. They are very interesting.

Sota : Then, maybe you will like this. This is a picture of an old house in Izumi.

Lucy : Wow ! It's very beautiful. Did you take this picture ?

Sota : No, my father did. ②（ visit ）it many times to take pictures. I hear it's the oldest building there.

Lucy : How old is the house ?

Sota : ③（ build ）more than 250 years ago.

Lucy : Oh, I want to see it soon.

※教英出版注
音声は，解答集の書籍ＩＤ番号を教英出版ウェブサイトで入力して聴くことができます。

1 **聞き取りテスト** 放送の指示に従って，次の１～７の問いに答えなさい。英語は１から４は１回だけ放送します。５以降は２回ずつ放送します。メモをとってもかまいません。

1　これから，Alice と Kenji との対話を放送します。先週末に Kenji が観戦したスポーツとして最も適当なものを下の**ア**～**エ**の中から一つ選び，その記号を書きなさい。

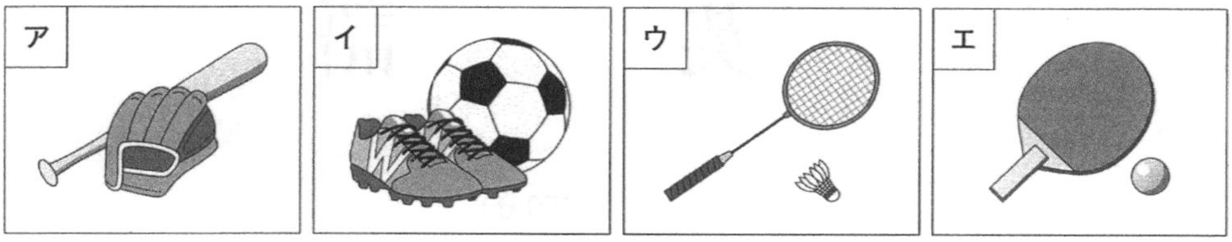

2　これから，留学生の David と郵便局員との対話を放送します。David が支払った金額として最も適当なものを下の**ア**～**エ**の中から一つ選び，その記号を書きなさい。

ア　290円　　**イ**　219円　　**ウ**　190円　　**エ**　119円

3　これから，Takeru と Mary との対話を放送します。下はその対話の後で，Mary が友人の Hannah と電話で話した内容です。対話を聞いて，（　　）に適切な英語１語を書きなさい。

Hannah :　Hi, Mary.　Can you go shopping with me on (　　)?
Mary :　Oh, I'm sorry.　I'll go to see a movie with Takeru on that day.

4　あなたは留学先のアメリカで来週の天気予報を聞こうとしています。下の**ア**～**ウ**を報じられた天気の順に並べかえ，その記号を書きなさい。

5　あなたは研修センターで行われるイングリッシュキャンプで，先生の説明を聞こうとしています。先生の説明にないものとして最も適当なものを下の**ア**～**エ**の中から一つ選び，その記号を書きなさい。

ア　活動日数　　**イ**　部屋割り　　**ウ**　注意事項　　**エ**　今日の日程

6　あなたは英語の授業で Shohei のスピーチを聞こうとしています。スピーチの後に，その内容について英語で二つの質問をします。

(1)　質問を聞いて，その答えを英語で書きなさい。

(2)　質問を聞いて，その答えとして最も適当なものを下の**ア**～**ウ**の中から一つ選び，その記号を書きなさい。

ア　We should be kind to young girls.
イ　We should wait for help from others.
ウ　We should help others if we can.

7　これから，中学生の Kazuya とアメリカにいる Cathy がオンラインで行った対話を放送します。その中で，Cathy が Kazuya に質問をしています。Kazuya に代わって，その答えを英文で書きなさい。２文以上になってもかまいません。書く時間は１分間です。

英　　語

（50分）

注　　意

1　監督の「始め」の合図があるまで開いてはいけません。

2　**問題の[1]は放送を聞いて答える問題です。**

3　問題用紙は表紙を入れて７ページあり，これとは別に解答用紙が１枚あります。

4　受検番号は，解答用紙及び問題用紙の決められた欄に記入しなさい。

5　答えは，問題の指示に従って，**すべて解答用紙に記入しなさい。**

6　**問題の[2]の３，[2]の４，[4]の５**については，次の指示に従いなさい。

※　一つの下線に１語書くこと。
※　短縮形（I'm や don't など）は１語として数え，符号（，や？など）は語数に含めない。
（例１）No,　I'm　not.　【３語】
（例２）It's　June　30　today.　【４語】

7　監督者の「やめ」の合図ですぐにやめなさい。

受検番号	

2　次の**1**～**4**の問いに答えなさい。

1　$a<0$ とする。関数 $y=ax^2$ で，x の変域が $-5 \leqq x \leqq 2$ のときの y の変域を a を用いて表せ。

2　次の四角形ABCDで必ず平行四辺形になるものを，下の**ア**～**オ**の中から2つ選び，記号で答えよ。

ア　AD // BC，AB = DC

イ　AD // BC，AD = BC

ウ　AD // BC，∠A = ∠B

エ　AD // BC，∠A = ∠C

オ　AD // BC，∠A = ∠D

3　右の図のように，鹿児島県の一部を示した地図上に3点A，B，Cがある。3点A，B，Cから等距離にある点Pと，点Cを点Pを回転の中心として180°だけ回転移動（点対称移動）した点Qを，定規とコンパスを用いて作図せよ。ただし，2点P，Qの位置を示す文字P，Qも書き入れ，作図に用いた線は残しておくこと。

4　**表**は，A市の中学生1200人の中から100人を無作為に抽出し，ある日のタブレット型端末を用いた学習時間についての調査結果を度数分布表に整理したものである。次の(1)，(2)の問いに答えよ。

(1)　**表**から，A市の中学生1200人における学習時間が60分以上の生徒の人数は約何人と推定できるか。

(2)　**表**から得られた平均値が54分であるとき，x，y の値を求めよ。ただし，方程式と計算過程も書くこと。

表

階級(分)	度数(人)
以上　　未満	
0 ～ 20	8
20 ～ 40	x
40 ～ 60	y
60 ～ 80	27
80 ～ 100	13
計	100

2　等式 $3a-2b+5=0$ を b について解け。

3　右の図のように，箱Aには，2，4，6の数字が1つずつ書かれた3個の玉が入っており，箱Bには，6，7，8，9の数字が1つずつ書かれた4個の玉が入っている。箱A，Bからそれぞれ1個ずつ玉を取り出す。箱Aから取り出した玉に書かれた数を a，箱Bから取り出した玉に書かれた数を b とするとき，$\sqrt{ab}$ が自然数になる確率を求めよ。ただし，どの玉を取り出すことも同様に確からしいものとする。

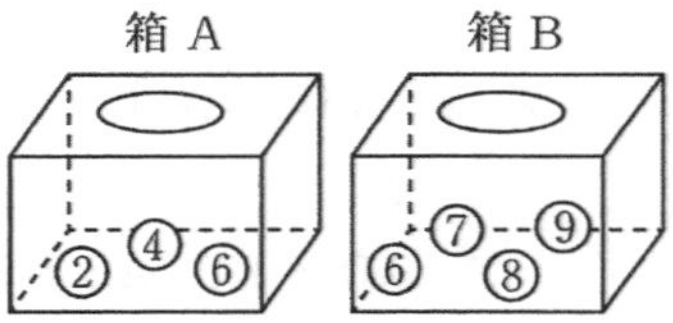

4　右の図で，3点A，B，Cは円Oの周上にある。
$\angle x$ の大きさは何度か。

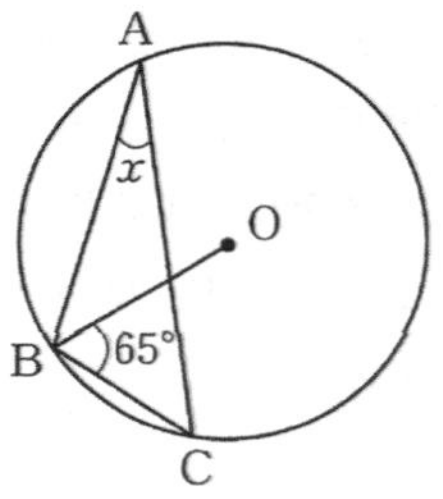

5　**表**は，1964年と2021年に開催された東京オリンピックに参加した選手数と，そのうちの女性の選手数の割合をそれぞれ示したものである。2021年の女性の選手数は，1964年の女性の選手数の約何倍か。最も適当なものを下のア～エの中から1つ選び，記号で答えよ。

表

	選手数	女性の選手数の割合
1964 年	5151 人	約 13 %
2021 年	11092 人	約 49 %

（国際オリンピック委員会のウェブサイトをもとに作成）

ア　約2倍　　**イ**　約4倍　　**ウ**　約8倍　　**エ**　約12倍

1 次の**1**～**5**の問いに答えなさい。

1 次の(1)～(5)の問いに答えよ。

(1) $4 \times 8 - 5$ を計算せよ。

(2) $\frac{1}{2} + \frac{7}{9} \div \frac{7}{3}$ を計算せよ。

(3) $(\sqrt{6} + \sqrt{2})(\sqrt{6} - \sqrt{2})$ を計算せよ。

(4) 2けたの自然数のうち，3の倍数は全部で何個あるか。

(5) 右の図のように三角すいABCDがあり，辺AB，AC，ADの中点をそれぞれE，F，Gとする。このとき，三角すいABCDの体積は，三角すいAEFGの体積の何倍か。

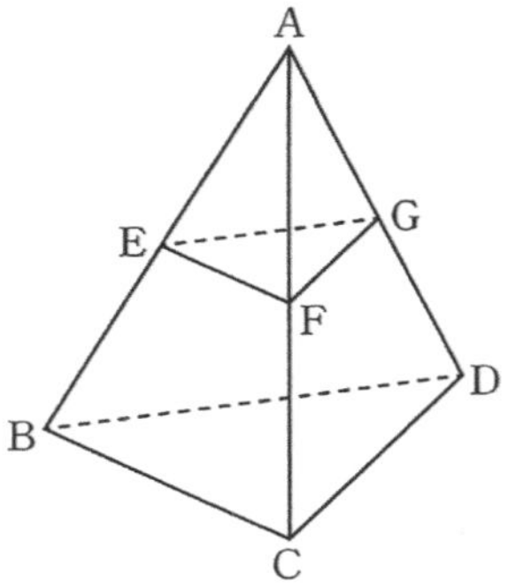

数　　学

（50分）

注　　意

1　監督者の「始め」の合図があるまで開いてはいけません。

2　問題用紙は表紙を入れて８ページあり，これとは別に解答用紙が１枚あります。

3　受検番号は，解答用紙及び問題用紙の決められた欄に記入しなさい。

4　答えは，問題の指示に従って，**すべて解答用紙に記入しなさい**。計算などは，問題用紙の余白を利用しなさい。

5　監督者の「やめ」の合図ですぐにやめなさい。

受検番号	

3　――線部①「そら寝入りして」とあるが、これはどういうことか。最も適当なものを次から選び、記号で答えよ。

ア　仕事の疲れから眠気に勝てず、うたた寝をしたということ。
イ　商品の提供を待っている間に、うたた寝をしたということ。
ウ　大した利益にならないと思い、寝たふりをしたということ。
エ　無理な注文をしたことを恥じ、寝たふりをしたということ。

4　次は、本文をもとに話し合っている先生と生徒の会話である。[Ⅰ]～[Ⅲ]に適当な言葉を補って会話を完成させよ。ただし、[Ⅰ]には本文中から最も適当な六字の言葉を抜き出して書き、[Ⅱ]・[Ⅲ]にはそれぞれ十五字以内でふさわしい内容を考えて現代語で答えること。

先　生　「亭主はかの男を呼びつけて何と命じて、男はどのような行動をしましたか。」
生徒A　「はい。亭主は『[Ⅰ]』と命じました。」
生徒B　「そして、かの男は鍬を使って、堅い地面に苦労しながら亭主の言いつけに従いました。」
先　生　「では、かの男が大変な思いをして作業に臨んでいることは、どのような様子からわかりますか。」
生徒B　「はい。かの男が[Ⅱ]様子からわかります。」
生徒C　「でも、小石や貝殻しか出てこなかったんですよね。『銭はあるはづ』と言ったのはなぜだろう。」
生徒B　「私もそれが不思議でした。亭主の目的はなんだったのかなあ。」
生徒A　「……もしかして、地面の下には最初から銭はなかったのではないかな。本当の目的は、かの男に[Ⅲ]ということを身をもってわからせたかったんだよ。」
生徒C　「なるほど。そうすることで、かの男に商売をする上での心構えを伝えたかったんだね。」
先　生　「いいところに気づきましたね。この亭主がしたことには奥深い意図があったのですね。」

4

次の文章を読んで、あとの1～5の問いに答えなさい。

> 十七歳の篤《あつし》は、大相撲の取組前に力士の名を呼び上げる呼出《よびだし》として朝霧《あさぎり》部屋に入門した。名古屋場所の準備作業の合間に、呼出の兄弟子である直之《なおゆき》や達樹《たつき》と三人で昼食をとろうとしている。

「ここだけの話なんですけど。今度、呼出の新弟子が入るらしいっすよ」

「えっ、マジっすか」

思わず篤は叫んでいた。

何人か兄弟子が振り返ったので、達樹が「ここだけの話なんだから、でかい声出すな」と顔をしかめた。

「だってそれ、本当っすか」

「本当だよ。嘘《うそ》ついてどうすんだよ」①達樹はさらに眉間に皺《しわ》を寄せた。「光太郎さんが辞めて今、欠員出てるし。さっそく来場所あたり見習いで入ってくるらしいよ」

周囲に聞こえないように、達樹は声をひそめて言う。

直之さんが「へえー。じゃあ、篤ももう兄弟子じゃん」と楽しそうに相づちを打つと、ちょうど料理ができたとの放送があり、揃《そろ》って注文した品を取りに行った。

直之さんがきしめんを、達樹が味噌《みそ》ラーメンをすすっている間、二人は名古屋の行きつけの店の話で盛り上がっていた。しかし篤の頭はずっと、呼出の新弟子が入ってくるということでいっぱいだった。しばらくボーッとしていたのだろう。「お前のうまそうじゃん。ちょっとちょうだい」と達樹に冷やし担々麺《たんたんめん》を食べられ、篤はようやく我に返った。

十五時前に一日の作業が終わると、直之さんが「喉渇いたし、ちょっとひと休みしてから帰らねえ?」と今度はお茶に誘ってきた。篤もすっかり喉が渇いていたので、誘われるがまま、隣の駅近くにある喫茶店に入った。

ところが注文したアイスコーヒーが運ばれてくるやいなや、「達樹が言ってた話だけど。お前、新弟子が入ってくるのが不安なんだろ」と言い当てられア、ぎくりとした。

どうやらその話をするつもりで、お茶に誘ったらしい。午後の篤は、何度か手が止まってしまい、たびたび注意を受けていた。ここ数場所は、そのように注意されることはなかったので、直之さんが②異変に気づくのも無理はない。

「……ああ、はい。そうっすね」

またみっともないことをしてしまった、と思ったが仕方なく白状した。その新弟子は、呼び上げや(注)土俵築《どひょうつき》、太鼓なんかも、そのうち自分より上手くこなすかもしれないと不安になり、思考とともに、手も止まっていた。

篤の返事を聞くと、直之さんは小さくため息をついた。

「なんでお前はそんなに自信なさげなんだよ。この一年で、お前は充分変わったよ。だって、ほら」

そう言って直之さんは手を伸ばして、篤の腕を軽く叩《たた》く。上腕には小さな力瘤《ちからこぶ》がついていた。思い返せば一年前の篤の腕は枝のように細くて、ひたすらにまっすぐな線を描いていた。

「その腕だって、土俵築ちゃんとやってきたからじゃん。呼び上げだってたまに調子外すけど、声も太くなってきたし。太鼓も、テンポゆっくりめになるけど必死になって叩いてるって(注)進《すすむ》さんから聞いたぞ」

「……なんか、褒められイてる気がしません」

「ああ、ごめんごめん」

直之さんが、仕切り直すようにアイスコーヒーを一口飲んだ。

「お前は怒られることも失敗することもたくさんあったけどさ、一年間、逃げずにやってきただろ。ちゃんと、お前は頑張ってたよ。近くで見てきた俺が言うんだから、間違いない」

そうきっぱりと言われて、思わず直之さんの顔をまじまじと見た。

直之さんは一瞬、何だよと渋い顔をしたが、話を続けた。

「まだできないことも多いかもしれないけど、この一年、真面目にやってきただけでも充分偉いじゃん。今みたいに不安になるのも、お前がこの仕事に真剣になってる証拠だよ。たとえ新弟子がめちゃくちゃできる奴《やつ》でもさ、大丈夫。お前なら、これからもちゃんとやっていける」

お前なら、ちゃんとやっていける。

今しがたかけられウた言葉が、耳の奥で響く。

同い年なのに仕事ができて、しかも頼りがいのある直之さんみたいになりたいと、ずっと思ってきた。まだ目標は達成できないかもしれないが、その直之さん本人から認められ、胸がすっと軽くなるのがわかった。

……そっか。こんな俺でも、大丈夫なんだな。

直之さんは急に真顔になって、もう二度とこんなこと言わねえからな、とストローを咥《くわ》え、黙ってアイスコーヒーを吸い上げた。

「あの……ありがとうございます」

それでも篤が深々と頭を下げると、③直之さんは少しだけ笑ってみせた。

名古屋場所前日の(注)土俵祭《どひょうまつり》でも、最後に(注)触れ太鼓の番があった。

担《かつ》いでいる太鼓を、兄弟子がトトントントンと打ち鳴らす音を、篤も一緒に歩きながら聞いていた。先月練習したのと同じ節回しのはずなのに、篤が叩いていた音とは違った。軽やかで、何の引っかかりもなく聞こえる。

耳元でその音を聞きながら、明日からいよいよ土俵上の戦いが幕を開けるのだと実感した。最後に力強くトトン、と音が鳴り、土俵祭が終わった。

土俵祭の帰り、名古屋城の石垣をバックに赤や緑、橙《だいだい》と色とりどりの力士幟《のぼり》がはためいているのが見えた。その幟に囲まれるようにして、呼出が太鼓を叩くための櫓《やぐら》が組まれている。

去年、篤が初めて呼出として土俵に上がったのも、この名古屋場所だった。研修の期間があったとはいえ、当時は相撲のことは何もわかっていなかった。わかっていなかったけれど、青空に鮮やかな彩《いろど》りを添える幟や、空に向かってそびえる櫓は粋で気高く、美しかった。

そして今、一年が経《た》って同じ景色を見ている。

来年この景色を見るとき、俺はどうなっているのだろう。新しく入ってきた呼出に対して、ちゃんと「兄弟子」らしくいエられるだろうか。できる仕事は増えているだろうか。朝霧部屋からは、関取が誕生しているだろうか。

一年後はまだわからないことだらけだ。

④それでも、もう不安に思わなかった。

（鈴村ふみ「櫓太鼓がきこえる」による）

(注) 土俵築＝土俵づくり。
進さん＝ベテランの呼出で、若手呼出の憧れの的でもある。篤が入門した際の指導役。
土俵祭＝場所中の安全を祈願する儀式。
触れ太鼓＝本場所の前日に、翌日から相撲が始まることを知らせる太鼓。

1　━━線部ア〜エの中から、働きと意味が他と異なるものを一つ選び、記号で答えよ。

2　──線部①における達樹の様子を説明したものとして、最も適当なものを次から選び、記号で答えよ。

ア　新弟子が入門してくることに納得がいかない様子。
イ　自分の話を疑ってくる篤に不満を抱いている様子。
ウ　自分への礼儀を欠いた篤の口調に怒っている様子。
エ　場所前の準備作業の疲れと空腹で機嫌が悪い様子。

3　次の文は、──線部②における篤の「異変」について説明したものである。［Ⅰ］には、本文中から最も適当な六字の言葉を抜き出して書き、［Ⅱ］には、二十五字以内の言葉を考えて補い、文を完成させよ。

［Ⅰ］が入門してくると聞いた篤は、これから先、仕事をしていくうちに［Ⅱ］を感じて、冷静ではいられなくなっている。

4　──線部③について、直之さんの気持ちを説明したものとして、最も適当なものを次から選び、記号で答えよ。

ア　感謝の言葉に照れくささを感じつつも、篤を励ますことができてうれしく思っている。
イ　自分の元から巣立つことに寂しさを感じつつも、篤が兄弟子になることを喜んでいる。
ウ　仕事の様子に多少の不安を感じつつも、篤に後輩ができることを誇らしく思っている。
エ　思わず本音を話したことに恥ずかしさを感じつつも、篤の素直な態度に感動している。

5　──線部④とあるが、それはなぜか。五十字以内で説明せよ。

5　令和三年七月、「奄美大島、徳之島、沖縄島北部及び西表島《いりおもてじま》」が世界自然遺産に登録されました。また、薩摩藩が行った集成館事業は平成二十七年に「明治日本の産業革命遺産　製鉄・製鋼、造船、石炭産業」として世界文化遺産に登録されています。このことを受けて、「自然や文化など先人が残してくれたものを引き継ぐために私たちは何をするべきか」をテーマに、国語の授業で話し合いをしました。次は、話し合いで出された三人の意見です。あとの(1)～(6)の条件に従って、作文を書きなさい。

Aさん　鹿児島県は屋久島も世界自然遺産に登録されています。私たちは、先人が残してくれたこれらの遺産を大切に守っていく必要があると思います。

Bさん　屋久島では、世界遺産に登録されたことで、自然・歴史・文化を守るために新たな問題が出てきていると聞いたことがあります。

Cさん　私たちが住む地域には過去から現在へと引き継がれてきたすばらしい自然・歴史・文化がたくさんあります。それらの財産を未来に残していくために、私たちができることを考えていきましょう。

条件

(1)　**Cさん**の提案を踏まえて書くこと。

(2)　二段落で構成すること。

(3)　第一段落には、あなたが未来に残したいと思う具体的なものをあげ、それを引き継いでいく際に想定される問題を書くこと。

(4)　第二段落には、第一段落であげた問題を解決するためにあなたが取り組みたいことを具体的に書くこと。

(5)　六行以上八行以下で書くこと。

(6)　原稿用紙の正しい使い方に従って、文字、仮名遣いも正確に書くこと。